中国特色社会主义新的社会阶层理论研究

（1978—2017）

张若云　著

中国社会科学出版社

图书在版编目（CIP）数据

中国特色社会主义新的社会阶层理论研究：1978－2017／张若云著．
—北京：中国社会科学出版社，2024.3
ISBN 978－7－5227－3254－1

Ⅰ．①中… Ⅱ．①张… Ⅲ．①阶层—社会结构—理论研究—
中国—1978－2017 Ⅳ．①D663

中国国家版本馆CIP数据核字（2024）第051767号

出 版 人 赵剑英
责任编辑 刘 洋
责任校对 张爱华
责任印制 王 超

出 版 中国社会科学出版社
社 址 北京鼓楼西大街甲158号
邮 编 100720
网 址 http://www.csspw.cn
发 行 部 010－84083685
门 市 部 010－84029450
经 销 新华书店及其他书店

印 刷 北京君升印刷有限公司
装 订 廊坊市广阳区广增装订厂
版 次 2024年3月第1版
印 次 2024年3月第1次印刷

开 本 710×1000 1/16
印 张 16.5
插 页 2
字 数 246千字
定 价 86.00元

序

1949年以来，我国逐渐形成了以工农联盟为基础的、人民当家作主的社会主义制度，建立起以工人阶级、农民阶级和知识分子阶层为基本要素的阶级格局。40多年的改革开放，经济社会迅速发展，传统的两大阶级、一大阶层的阶级格局受到以下两个方面的冲击。

一是新的社会阶层不断涌现。从体制方面看，40多年的改革开放最大的成就，就是中国特色社会主义市场经济体制一步步地建立和健全。在这一历史背景下，一方面，传统工人阶级、农民阶级和知识分子阶层已经出现了巨大变化，城市中的下岗工人、农民工、合同工，农村里经营着各种农业产业的新农民，从业于非公有制经济实体中的知识分子，各种所有制企业中的法人群体、管理者群体、科技研发群体、市场营销群体，处于边缘状态的弱势群体……可以说，传统的阶级阶层分野日渐模糊，新阶层、新群体不断涌现，是这40多年中连绵不断的历史景观，以至于传统的工人、农民、知识分子的称谓已经难以准确概括这些新的社会阶层的内涵与外延；另一方面，为了认识和把握社会阶级阶层领域内不断出现的新状况，我们也适时地用社会主义事业的“劳动者”“建设者”“爱国者”“非公有制经济代表人士”“新的社会阶层人士”等新称谓，来指称这些新兴的社会阶层，意在将其团结在中国共产党周围，组织起新时期的爱国统一战线，整合全民族的力量建设具有中国特色的社会主义，然而，这也在一定程度上显示出既有理论在认识这类新事物时的局促和艰难——用传统的阶级划分和阶级斗争理论解释当下的阶级阶层分野，显得方枘圆凿，难以科学地、令人信服地认识和把握现今社会中的阶级变迁和阶层分化。

二是社会各阶层之间的利益不断分化。在传统的计划经济体制之内，尽管存在着工农之间、城乡之间、全民所有制和集体所有制之间的利益矛盾，然而经济结构的单一性和社会阶级阶层利益的整体性，一直是这一经济结构中矛盾的主导方面，利益分化不明显，阶级阶层之间的合作协调是主流，国家倡导的集体主义价值观、全国一盘棋的大局意识，大体符合这种状况。随着社会主义市场经济体制的逐步建立健全，原有的平均主义和“大锅饭”的利益格局被打破，所有制多样化、就业方式多样化、分配方式多样化、社会阶级阶层多样化成为经济社会发展的常态过程。随着人均收入的普遍提高，物质和文化生活水平的大幅提升，一方面是按劳分配、按贡献分配的价值观已经深入人心，公平正义是人民群众的普遍期许，另一方面则由于经济社会发展的不平衡，分配领域内各种弊端逐渐显现，导致住房、医疗、教育、养老等基本民生问题日渐突出，城乡差距、区域差距、贫富差距愈发明显，干群关系、劳资关系等社会阶层关系矛盾日益显化，土地征用、房屋拆迁、企事业单位改制等引发的社会矛盾与问题依然存在，群体性事件时有发生。

明晰界定产权、健全法制，保障分配领域的公平正义，合理合法地实行按劳动、按贡献分配，是社会主义市场经济体制中利益结构的基本价值和原则。实践发展呼唤理论创新，处于经济社会结构和社会阶级阶层结构显著进化变迁的历史阶段，必须依据新时期阶层分化的实际，反思和重建中国特色社会主义的阶级阶层理论，深刻认识以新的社会阶层为代表的阶层分化的历史趋势，弄清楚当前我国社会阶级阶层结构的新动向，把握其内在的规律，并用以指导改革实践，深化经济结构和分配体制改革，促进新的社会阶层之间、社会各阶级阶层之间的相辅相成、和谐相处，整合全民族力量实现中华民族伟大复兴，是历史赋予马克思主义理论工作者的无可推卸的责任。

1939 年，毛泽东在《〈共产党人〉发刊词》中，称“武装斗争”“统一战线”和“党的建设”为中国革命的“三大法宝”，并系统归纳和总结了 18 年来的新民主主义阶级阶层理论的创新点，认为所谓武装斗争，就是“在无产阶级领导之下的农民战争”，因此，在中国必须将农民视为无产阶级的“坚固的同盟者”，把城市小资产阶级视为无产阶级的“可靠同盟者”。以此为基础，坚决实行对包括民族资产阶级在内的资产阶级既联合又斗争的统一战线，团结了最广大的人民群众，最终取得新民主主义革命的胜利。

实践证明，这一科学认识和把握中国城乡资本主义生产力的阶级阶层理论，正确界定了“谁是我们的敌人、谁是我们的朋友”这一新民主主义革命中的首要问题，有效地团结了绝大多数的人民群众，奠定了新民主主义阶级阶层理论的思想基础。从这一基本历史视角出发，全面梳理和审视新时代中国特色社会主义阶级和阶层理论，以推进这一理论的创新和发展，就是张若云《中国特色社会主义新的社会阶层理论研究（1978—2017）》一书（以下简称“本书”）的基本着眼点和目标。

首先，本书将新时期的“新的社会阶层”的产生，以及执政党相关的思想和观念，作为创新中国共产党阶级阶层理论的出发点。当年毛泽东与党内“左”、右倾机会主义对于民族资产阶级的错误认识展开坚决斗争，对于民族商品生产和民族资产阶级的历史价值和作用进行科学评估，得到实事求是的清醒意识并用以指导实践，从而取得了新民主主义革命的胜利。新时期中国共产党改革开放的历史实践，也是建立在对商品生产和市场经济的重新认识之上，允许“私营业主”等非公有制经济要素的生存和发展，是新时期社会阶层分化的开端。本书回顾了这段新的社会阶层逐渐建立和发展的历史，强调了我们今天的成果的来之不易及其历史必然性。

其次，梳理了从经典马克思主义阶级阶层理论到新民主主义阶级阶层理论的思想创新和发展过程，从而为新时期中国特色社会主义阶级阶层理论的开拓铺垫了思想基础。继承基础上的创新永远是思想发展的基本状态，本书将工农联盟和无产阶级专政作为经典马克思主义阶级阶层理论的前提，紧紧抓住新民主主义关于中国城乡资本主义的科学描述，彰显出这一理论体系中关于民族资本主义的理论亮点，将其视为中国化马克思主义阶级阶层理论的重大创新，并将其作为中国特色社会主义阶级阶层理论的思想前提。

最后，对于中国特色社会主义新的社会阶层理论进行了历史和逻辑相统一的分析。这里所谓的历史分析，是指本书回顾和反思了40年来中国共产党新的社会阶层理论创新的发展过程，将其中的历史要点归纳出来并进行评价；这里所谓的逻辑分析，是指本书在回顾历史的基础上，分别剖析了这一理论创新过程中的经济社会条件、制度基础等“基本要素”，并阐释了这一创新与新时期统一战线理论创新之间互为表里的关系，从而将新的社会阶层理论的价值指向，定义为从新民主主义革命时期的“各得其所”，到改革开放初期的“共同富裕”，再到当下的“共享发展”，这样几个大的逻辑阶段，有力地彰显出人民群众的根本利益和诉求，是中国共产党新的社会阶层理论创新的出发点和归宿。这样的叙事结构，提纲挈领、简洁明了，既便于理解，又令人印象深刻。

张若云是我的学生，她从2012年至2018年跟随我攻读硕士和博士学位。六年间她刻苦钻研，勤奋努力，终于取得了令人瞩目的成绩，学位论文获得了外审专家和答辩专家的一致肯定，顺利毕业并拿到了学位。本书是一部以中国共产党新的社会阶层理论为对象的理论专著，瑕疵和稚嫩在所难免，但它横跨马克思主义理论、历史学、思想史、社会学等学科，其中引人深思、可圈可点之处亦不在少数，对于该领域的研究，可谓筚路蓝缕，其学术价值十分明显。毕业后她一直关注这个研究方向，并将这个领域纳入中长期课题的规划，相信她会不断有新的成果面世。

苏志宏

2020年8月31日于清迈

前　言

改革开放40多年来，社会主义市场经济条件下的中国社会阶层结构发生了历史性的变革，出现了广泛分布在各类新经济组织和新社会组织中的新的社会阶层。他们的产生、发展和壮大极大地丰富了新时期人民群众的主体内涵，是新时期我国社会阶层结构变化的最主要特征。与其他社会阶层相比较，新的社会阶层年龄结构偏低，学历结构偏高，在高新科技、教育科研、创新开发、金融管理等知识密集型领域占有重要地位。因此，新的社会阶层人士与作为第一生产力的科学技术之间有着最为紧密的关联，或可说，他们已成为当下中国先进生产力的操作运行者和促进推动者。

作为中国共产党在探索中国特色社会主义道路的实践过程中出现的新事物、新情况、新问题，如何团结、鼓励和引导这些层出不穷又变动不居的新的社会阶层群体，使他们成长为社会主义现代化发展的有生力量，是“中国特色社会主义新的社会阶层理论”建构的现实依据和内在要求。在新的历史条件下，中国特色社会主义新的社会阶层理论力求从方法论层面将阶级分析与阶层分析融为一体，使传统马克思主义阶级分析理论实现中国化发展和创新，并成为中国特色社会主义理论体系的重要组成部分，以充分彰显中国特色社会主义制度的优越性。

据此，本书将马克思主义阶级分析理论与社会阶层分析理论有机结合，主要论述了改革开放以来，我国新的社会阶层经历了从20世纪80年代恢复原工商业个体户、私营业主的合法性地位，到90年代非公有制经济全面崛起，非公有制经济群体迅速发展壮大，再到21世纪以来，信息全球化背景下形成的以技术、知识、管理为资本的非公有制经济人士和自由择业知识分子为主体的实践发展历程。与此同时，党中央在社会生产力与生产关系问题上不断解放思想并创新理论，在充分尊重社会主义初级阶段的现实国情、充分尊重人民群众根本利益诉求的基础上，对这些既已形成的社会阶层群体经由“承认—肯定—鼓励”的认识过程，最终赋予他们“中国特色社会主义事业建设者”的全新身份，与社会主义劳动者，拥护社会主义、拥护祖国统一和致力于中华民族伟大复兴的爱国者共同组成了新时期的爱国统一战线。“以人民为中心”的发展理念，争取、团结和引导新的社会阶层一起实现“共同富裕”的中国特色社会主义新的社会阶层理论得以产生、丰富和发展。随着社会历史不断向前推进，这些新的社会阶层还将源源不断地为中国特色社会主义新的社会阶层理论发展注入新的生命力。

目　录

绪　论

第一节　研究背景

自党的十一届三中全会以来，我国经济社会制度层面发生历史性变迁，尤其是非公有制经济作为公有制经济的必要补充，其从业人员获得合法性地位，冲破了"两个阶级，一个阶层"的基本社会结构。随着产业结构优化升级和科技自主创新能力提高，社会利益格局重塑，思想观念日益多元，中国社会阶层结构出现了三个方面的变化。一是出现了改革开放以前所没有的，以非公有制经济人士和自由择业知识分子为主体，集中于新的经济组织和新的社会组织中的新的社会阶层。① 二是由包括知识分子在内的工人、农民、干部等组成的传统劳动者阶层发生巨大调整和转变，一个由"新工人"②"新农民"为基本组成部分的社会主义劳动者大军迅速发展壮大。三是随着收入差距的逐步扩大，"蚁族""边缘中产阶级""新穷人"③ 等社会弱势群体不断分

---

① 国家统计局数据显示：2016 年，城镇个体工商户和私营企业的就业人员分别比 2012 年增长 52.9% 和 59.9%，2012—2016 年，城镇私营单位中，股份有限公司、港澳台商投资、外商投资等非公有单位就业人员从 7194 万人增加到 10374 万人，比重从 47.2% 上升到 58.0%；与之形成鲜明对比的是国有、集体、股份合作、国有独资等公有单位就业人员从 8042 万人下降到 7514 万人，比重从 52.8% 下降到 42.0%。（《就业形势持续向好　民生之本亮点纷呈——党的十八大以来经济社会发展成就系列之十一》，中国信息报，http://www.zgxxb.com.cn/jqtt/201707240005.shtml，2017 年 7 月 24 日。）

② 吕途：《中国新工人：迷失与崛起》，法律出版社 2013 年版，第 3 页。

③ 汪晖：《两种新穷人及其未来——阶级政治的衰落、再形成与新穷人的尊严政治》，《开放时代》2014 年第 6 期。

化出来。第三次全国经济普查资料显示，我国小微企业数量达785万家，占全部企业比重的95.6%。其中，私营小微企业数量达545.5万家，占全部小微企业的69.5%，从业人员为3152.2万人，占全部小微企业总人数的60.5%；有限责任公司数量为139.3万家，相关从业人员为3152.2万人，分别占全部小微企业数量和从业人员的17.7%和21.4%。①

根据中共中央《关于巩固和壮大新世纪新阶段统一战线的意见》(2006年7月24日颁布)，“新世纪新阶段的统一战线”由“全体社会主义劳动者、社会主义事业的建设者、拥护社会主义的爱国者和拥护祖国统一的爱国者”四个部分组成。首先，“全体社会主义劳动者”包括工人、农民、知识分子、干部和解放军指战员等传统劳动者阶层，也涵盖了21世纪以来逐渐进入人们视野的“新工人”“新农民”“新穷人”等新的劳动者群体；其次，“社会主义事业的建设者”主要包括个体户、私营企业主、民营科技企业的创业人员和技术人员、外资企业的管理技术人员、中介组织的从业人员和自由职业人员所组成的“新的社会阶层”；最后，“拥护社会主义的爱国者”和“拥护祖国统一的爱国者”则主要包括了国内劳动者、建设者中拥护社会主义的“党外人士代表”，以及港澳台和各国侨胞中拥护祖国统一的爱国人士。

2007年，中央统战部原副部长陈喜庆在回答新的社会阶层发展态势时指出，我国新的社会阶层“目前大约有5000万人，加上在相关行业的所有从业人员，总人数约1.5亿人。他们掌握或管理着10万亿元左右的资本，使用着全国半数以上的技术专利，直接或间接地贡献着全国近1/3的税收”②。这些新的社会阶层人士身份变化快，工作地域和领域的流动性很大，涉及中国经济和社会生活的各个领域、各个行业，与国内各阶层、各方面甚至国外经济组织或个人有着广泛交往。

① 田芬：《小微企业发展状况研究》，国家统计局官网，http://www.stats.gov.cn/tjzs/tjsj/tjcb/dysj/201509/t20150921_1247703.html，2015年9月21日。

② 叶晓楠：《知识水平高　社会影响大　“新阶层”带来新动力》，《人民日报》（海外版）2007年3月17日第2版。

陈喜庆认为，新的社会阶层具有以下八大基本特征：（1）从传统社会母体中分化出来；（2）知识分子人数占相当比重；（3）主要集中于非公有制经济组织；（4）收入水平普遍较高；（5）职业和身份的流动性和变化性较大；（6）政治诉求和参政意识愈益强烈；（7）绝大多数是党外人士；（8）具有不断扩大的趋势。

陈喜庆指出，新的社会阶层在推动经济社会发展中发挥着重要积极作用，总体上是好的，但内部构成复杂，素质参差不齐，在快速成长的同时，仍处于尚未成熟的关键可塑期。因此，这是一个充满朝气、能力强、责任大的群体，需要党和政府以社会主义核心价值观正确引导其在各自的领域充分发挥自身优势，树立良好社会形象，传递强大正能量，为推动经济社会健康、持续发展起到积极作用。① 据统计，到2007年6月底，在18.7万户全国规模以上的非公有制企业中，有16.4万户已建立党组织。② 目前，中央已将培养选拔新的社会阶层代表人士纳入党外代表人士队伍建设的总体规划。③ 2010年2月，胡锦涛指出，要“加快调整国民收入分配结构”④，建设“纺锤形”社会。同年4月，温家宝总理在《求是》杂志发表文章，提出要“逐步形成中等收入者占多数的‘橄榄型’分配格局”。2012年，党的十八大报告在关于2020年实现全面建成小康社会宏伟目标的新要求中，将“中等收入群体持续扩大”作为“人民生活水平全面提高”的基本指标。因此，新的社会阶层丰富了新时期人民群众的主体内涵，是中国共产党科学把握社会结构变化以整合全社会力量实现全面建成小康社会的关键。

---

① 黄金雄：《激发新社会阶层的正能量》，人民网，http://theory.people.com.cn/n1/2017/0830/c40531-29502812.html，2017年8月30日。

② 谢志强：《新社会阶层进十七大的重要意义》，人民网，http://theory.people.com.cn/GB/40764/105054/105055/7323761.html，2008年5月30日。

③ 叶晓楠：《知识水平高　社会影响大　“新阶层”带来新动力》，《人民日报》（海外版）2007年3月17日第2版。

④《胡锦涛文选》第3卷，人民出版社2016年版，第344页。

第二节　国内外研究现状

一　国内研究现状

2002 年，陆学艺等人在《当代中国社会阶层研究报告》一书中对既有社会阶层结构变化作了总体分析，提出以职业为基础，按组织资源、经济资源、文化资源的占有状况，把当代中国社会结构划为包括国家与社会管理者阶层，经理人员阶层，私营企业主阶层，专业技术人员阶层，办事人员阶层，个体工商户阶层，商业、服务业员工阶层，产业工人阶层，农业劳动者阶层，城乡无业、失业、半失业人员阶层在内的十个阶层。陆学艺指出，目前中国的社会阶层结构正在向现代社会阶层结构变化，在这一过程中，“以专业技术人员、办事人员、个体工商户、商业服务业员工为主的社会中间层将逐渐成为多数”，目前，我国社会阶层结构还只是现代社会阶层结构的雏形。① 2003 年，陆学艺及其研究团队根据《当代中国社会阶层研究报告》中的调查结果，在《当代中国社会阶层的分化与流动》中指出，在这个雏形中社会阶层的位序已经确立，不同于改革开放以前中国实行的身份分层和政治分层，现代社会流动机制正在形成并正在逐渐代替传统社会的流动机制。现阶段中国社会阶层结构是在经济结构调整发展的过程中，自然、自发形成的，存在许多问题和不合理之处，因此还需要一个与社会主义现代化建设相适应的过程。②

陆学艺等人的研究反映了新时期中国经济体制、社会结构、利益格局和思想观念的巨大变化，是在传统二元对立的阶级划分标准已经明显不适用于现实变化的情况下，对我国社会阶层结构性特征的创新性研究，不仅对以后中国社会结构研究起到了奠基作用，也为中国共产党探索中国特色社会主义新的社会阶层理论提供了参考视角。

---

① 陆学艺：《当代中国社会阶层研究报告》，社会科学文献出版社 2002 年版，第 44、46 页。

② 陆学艺：《当代中国社会阶层的分化与流动》，《江苏社会科学》2004 年第 4 期。

（一）新的社会阶层研究

2006 年，胡锦涛在全国统战工作会议上着重强调了做好新的社会阶层人士统战工作的重大意义。新的社会阶层何以在改革开放以后发展壮大起来，其结构性特征是什么，以及中国共产党如何加强新时期对新的社会阶层的统一战线工作，引导其在社会主义现代化建设中发挥积极作用，作为一项重大的实践课题和理论课题引起了学术界的广泛关注，围绕这一课题，学者们从不同视角和维度展开了深入研究。

1. 新的社会阶层的由来、结构特征以及发展趋势

李拓在《和谐与冲突——新时期中国阶级阶层结构问题研究》一书中将新的社会阶层概括为：乡镇企业职工，个体劳动者和个体工商户阶层，私营企业主阶层，企业家阶层，雇工阶层，第三产业职工阶层等。① 武三中在《中国新社会阶层产生的社会根源》一文中指出，新的社会阶层是在党的路线、方针、政策指引下，通过诚实劳动、工作和合法经营形成的，为发展社会主义事业作出了贡献。他们的出现体现了我国社会阶层结构发生的新变化——社会流动频率程度加大、社会成员职业经常变化、社会成员身份复杂交织。② 王建平、马林芳在对新的社会阶层结构特征深入分析以后指出，他们中许多人是从传统工人、农民、干部和知识分子中分离出来的，与工农阶级和新时期知识分子有着天然的联系。③ 王锦丽描述了新的社会阶层的动态开放性，认为其在分化过程中始终处于很不稳定的状态，成员的身份、职业和人数不断变化，凭借个人素质、能力和机遇，每个社会成员都有可能进入这一阶层中，且这一特点在我国社会转型时期将表现得越来越显著。④ 王四炯指出，作为一个整体的新的社会阶层是相对稳定的，但个

---

① 李拓：《和谐与冲突——新时期中国阶级阶层结构问题研究》，中国财经经济出版社 2002 年版。

② 武三中：《中国新社会阶层产生的社会根源》，《广州社会主义学院学报》2004 年第 4 期。

③ 王建平、马林芳：《新社会阶层的构成、特征及其政治参与》，《学术交流》2009 年第 5 期。

④ 王锦丽：《论新社会阶层的特征及作用》，《法制与社会》2009 年第 30 期。

人的社会身份是流动的、易变的。一方面，新的社会阶层是推动我国经济发展的一支重要力量，是现代化发展的动力源之一；另一方面，新的社会阶层的内部成员与其他社会阶层的相互流动、渗透仍在进行，就个体身份来说，新的社会阶层处于不断发展变化之中。①

已有研究中还包括对一定地区范围内的新的社会阶层进行实证调查分析：上海市人民政府发展研究中心在对以中青年专业技术人才为主体的上海新的社会阶层人士进行深入调查分析以后，提出了应当在鼓励支持创新创业的全社会通用政策以外，积极搭建高效的技术信息、专业辅导、资金融通、人才集聚、市场对接等平台与渠道。② 此外，马艳的《宁夏新社会阶层发展现状的量化分析与引导——基于宁夏回族自治区的问卷调查》③，杨君武的《新社会阶层统战工作现存问题及其对策初探——以湖南省为例》④，以及陈雯、何雨发表的《新社会阶层政治参与研究——基于江苏的调查数据》⑤，都是针对某一省或某一地区新的社会阶层结构性特征的研究，为各级地方政府规划好、开展好、贯彻好针对新的社会阶层的统一战线工作提供了现实依据。

2. 新的社会阶层的阶层意识、政治参与度和政治认同

谭元敏指出，很多人误认为新的社会阶层是素质整体不高，趁着改革开放的东风一夜暴富起来的群体。事实上，他们中的绝大多数人对中国共产党和社会主义有较强的认同感，有较高的思想政治素质。⑥ 郑曙村、郭永奎认为，新的社会阶层中越来越多的人的参政议政意识增强，

---

① 王四炯：《改革开放以来我国新社会阶层的现状及发展趋势》，《沈阳大学学报》2009 年第 6 期。

② 张海东、陈群民、李显波：《上海新社会阶层人士调查报告》，《科学发展》2017 年第 3 期。

③ 马艳：《宁夏新社会阶层发展现状的量化分析与引导——基于宁夏回族自治区的问卷调查》，《湖北省社会主义学院学报》2016 年第 6 期。

④ 杨君武：《新社会阶层统战工作现存问题及其对策初探——以湖南省为例》，《湖北省社会主义学院学报》2016 年第 6 期。

⑤ 陈雯、何雨：《新社会阶层政治参与研究——基于江苏的调查数据》，《甘肃行政学院学报》2009 年第 3 期。

⑥ 谭元敏：《论对新社会阶层认识的误区》，《社科纵横》2009 年第 2 期。

为寻求政治地位，开始主动参与国家的政治生活，为经济发展出谋划策，提出了许多有建设性的意见。与此同时，他们的政治需求呈现出功利性、不均衡性、复杂性、自我实现愿望强烈的特征。因此，正确引导新的社会阶层在社会主义民主政治建设、社会建设中发挥正面影响，是中国共产党急需解决的重大问题。[①] 陈燕红提出，新的社会阶层的主流是好的，但也不排除在利益驱使下，一些私营企业主和个体户为了使自己的利益最大化，不惜损害国家和人民的利益。对于这种情况，国家必须依法进行查处，同时要加大监督力度，最后积极引导他们遵纪守法。[②] 王远启谈到，新的社会阶层在新世纪新阶段的政治参与有了长足发展，但仍存在无形的主体障碍、机制障碍和政治文化障碍，党和政府应积极寻求应对之策，以增强新时期党的凝聚力。[③] 文道贵和陈志宇指出，形成于我国经济社会改革实践中的新的社会阶层，其政治意识和政治参与方式独具特殊性，必须分析其特点，采取有效的政策措施，引导他们有序发展，使其成为推动我国社会主义各项事业发展的积极因素。[④] 李蓬指出，应通过制度载体、管理载体、文化载体三个方面的创新，帮助新的社会阶层辨明是非，强化新时期统战工作的感染力、实效性和可接受性。[⑤] 郑琦认为，必须拓宽社团同党和政府之间的制度化沟通渠道，增强社团内部的治理能力建设和党组织建设，大力培养和选拔新的社会阶层代表人士，才能在针对新的社会阶层的统战工作中更好地发挥社团的纽带作用。[⑥]

---

① 郑曙村、郭永奎：《当前我国新社会阶层的政治需求及其引导》，《当代世界与社会主义》2008 年第 1 期。

② 陈燕红：《新社会阶层政治参与存在的问题及对策分析》，《学术月刊》2008 年第 14 期。

③ 王远启：《新社会阶层政治参与障碍试析》，《河北省社会主义学院学报》2008 年第 3 期。

④ 文道贵、陈志宇：《新社会阶层的政治参与及执政党的政策引导》，《社会主义研究》2005 年第 6 期。

⑤ 李蓬：《新社会阶层统战工作载体的创新》，《中央社会主义学院学报》2009 年第 5 期。

⑥ 郑琦：《发挥社团纽带作用，做好新社会阶层的统战工作》，《毛泽东邓小平理论研究》2007 年第 4 期。

3. 新的社会阶层的政治地位及其社会功能

李培林提出，伴随社会结构深刻转型、利益格局深刻调整所产生的新的社会矛盾，体现出社会价值观念的差异性。那些客观生活状况与主观预期差距最大的人是产生较强冲突意识的主体。[①] 张兆本指出，新的社会阶层在实现自身利益的同时，增加了国家的税收，充实了国库，已经成为国家税收的主要来源。同时，在日益严峻的就业压力面前，新经济组织和新社会组织扩开就业门路，吸收了大量闲置劳动力，缓解了就业压力。[②] 刘庆东、韩宏亮提出，加强对新的社会阶层的整合，是巩固和增强党的执政基础的需要，符合政党执政的一般规律。中国共产党必须增强社会主义核心价值体系的吸引力，有针对性地加强新的社会阶层的思想政治工作，搭建意见表达平台，拓宽政治参与渠道，提高这一阶层政治参与程度和水平，特别是要加强对民间组织的领导，不断增强民间组织的吸引力，从而实现对新的社会阶层的整合。[③]

（二）相关概念研究

1. 中产阶层研究

20 世纪 40 年代以后，西方发达国家的社会阶层结构中出现了以专业技术人员和专职管理者为代表的新中间阶层。随着 80 年代改革开放，中国社会出现了类似西方现代科层制[④]社会结构中的“白领”职业群体，学者们通常称之为“中产阶层”“中间阶层”“中产阶级”，官方话语体系一般将他们称为“中等收入群体”或“中等收入者阶层”。由于学者们在具体采用什么指标体系来解释这类群体的问题上莫衷是一，所以学

---

① 李培林：《社会冲突与阶级意识》，社会科学文献出版社 2009 年版。

② 张兆本：《“中国特色社会主义事业的建设者”——新社会阶层社会角色的科学定位》，《理论前沿》2001 年第 24 期。

③ 刘庆东、韩宏亮：《加强新社会阶层整合的对策思考》，《当代世界与社会主义》2010 年第 3 期。

④ 科层制：是德国社会学家马克斯·韦伯提出的一种行政管理体制，是由训练有素的专业人员依照既定规则持续运作的行为模式。[张萍芬：《关于韦伯的科层制理论》，《河北理工大学学报》（社会科学版）2011 年第 6 期。]

界始终无法准确定义中产阶层。以陆学艺、李春玲、李培林、张翼、李强、周晓虹为代表的社会学研究者奠定了当前国内中产阶层研究的基本框架，大致描绘出我国中产阶层的发展历程、结构特点、价值取向、社会影响，但由于这类研究细致庞杂、更仆难数，本书只摘取了部分对本研究具有重要参考价值的篇目予以介绍说明。

（1）中产阶层的内涵。陆学艺在《当代中国社会阶层研究报告》中提出："所谓中间阶层，是指以从事脑力劳动为主，靠工资及薪金谋生，具有谋取一份较高收入、较好工作环境及条件的职业就业能力及相应的家庭消费能力，有一定的闲暇生活质量；对其劳动、工作对象拥有一定的支配权；具有公民、公德意识及相应修养的社会地位分层群体。"① 李春玲指出，新中产阶级与政府基本建立起了良好的互动关系，但阶级内部也存在不同声音。同时还提出了"边缘中间阶级"的概念。② 李强提出，在传统中等收入阶层衰弱的同时，新的中等收入阶层正在形成，他们共同组成了今天中国的中等收入阶层。③ 周晓虹在《中国中产阶级：现实抑或幻象》一文中将中国当代社会"中产阶层"的群体分为以下六类：第一，1978 年以后新生的私营企业家和乡镇企业家；第二，伴随第一类群体同时产生的小业主、小商贩等自营者以及其他形式的个体户（不包括资本和规模较小的）；第三，与党和国家机构有连带关系的党政干部、知识分子和国营企业领导人；第四，因引进外资而产生的"外企白领"（包括在外资企业工作的中方管理阶层和高级员工）；第五，企业和社会组织的管理者；第六，因高新技术产业发展和新业态的出现而产生的高收入群体。④

① 陆学艺：《当代中国社会阶层研究报告》，社会科学出版社 2002 年版，第 252 页。

② 李春玲：《比较视野下的中产阶级形成——过程、影响以及社会经济后果》，社会科学文献出版社 2009 年版，第 125 页。

③ 中国的中等收入阶层共分为四大类：一是所谓"新中等收入阶层"，这个阶层的基本特征是年纪轻，一般都具有较高的学历，有新的专业知识，懂外语，会电脑，大多就职于三资企业、新兴行业，收入较高，在消费行为上有着很强的高消费倾向；二是传统意义上的干部和知识分子阶层；三是效益比较好的国有企业、股份制企业的职工阶层；四是大量的个体、私营经营者。（李强：《中国中等收入阶层的构成》，《湖南师范大学社会科学学报》2003 年第 4 期。）

④ 周晓虹：《中国中产阶级：现实抑或幻象》，《天津社会科学》2006 年第 2 期。

（2）中国中产阶层的划分标准。李春玲提出，如果以职业、收入、消费、主观认同的单项指标计算，那么以上四类代表型中产阶层人口在总人口中占有较大比例，但如果按综合指标来定义，则只有4.1%的人符合通常意义上的现代中产阶层标准。[①] 李培林指出，“中等收入阶层”不是以“收入”的单一指标可以准确定义和描述的概念，作为一个“阶层”，它是包含职业、收入、生活质量和社会结构特征等综合指标的复合概念。[②] 龚志宏认为，中等收入者是指在社会发展的一定阶段，收入水平处于全社会中间位置，生活比较富裕、生活水平相对稳定的居民群体。因此，他们是经济社会稳定发展的重要因素，应扩大这部分群体规模以优化社会结构形态。[③] 王开玉和方金友认为，中产阶层是“一定时期一定地域内收入水平略高于当地平均水平且稳定保持在较宽裕水平的城乡居民群体”[④]。张滢提出，划分现代中产阶层的标准是多元综合的，一般包括收入水平、职业归类、教育程度、生活质量、自我认同、社会声望等一系列标准。[⑤]

（3）中国中产阶层的主观认同与社会功能。胡联合和胡鞍钢指出，应当从扩大和整合中产阶层这两个基本路径切入，在更大程度上发挥我国中产阶层的社会“稳定器”功能。[⑥] 刘欣指出，中产阶级所生长的市场经济又镶嵌在既有的政治权威结构中。[⑦] 李强认为，中国的中间阶层外部受国际经济关系制约，内部因经济利益、生活方式、思想文化差异而分化，整体力量仍然弱小。[⑧] 李培林和张翼的研究指出，中产

---

① 李春玲：《中国当代中产阶层的构成及比例》，《中国人口科学》2003年第6期。

② 李培林：《社会学视野中的中等收入阶层》，《湖南师范大学社会科学学报》2003年第4期。

③ 龚志宏：《扩大中等收入者比重与构建和谐社会》，《河南师范大学学报》（哲学社会科学版）2007年第3期。

④ 王开玉、方金友：《中国中等收入者研究》，社会科学文献出版社2006年版。

⑤ 张滢：《论扩大中产阶层与和谐社会构建》，《消费导刊》2007年第4期。

⑥ 胡联合：《政治学最高法则下的中产阶层稳定器建构战略——兼与张翼先生商榷》，《社会科学》2009年第1期。

⑦ 李春玲：《比较视野下的中产阶级形成——过程、影响以及社会经济后果》，社会科学文献出版社2009年版，第150页。

⑧ 李强：《关于中产阶级和中间阶层》，《中国人民大学学报》2001年第2期。

阶级内部分化，其收入水平决定着中产阶级的主观认同度。[①] 张宛丽强调，从现阶段中国社会结构转型的现实情况来看，中间阶层具有三种社会功能：（1）社会主义市场经济秩序的行为示范功能；（2）创建和引导现代化社会价值观及社会规范的功能；（3）缓冲社会利益矛盾的功能。[②] 周晓虹认为，中国的中产阶级之所以呈爆发式增长，既是经济转型期的必然结果，也与官方的承认和引领密不可分，因而，在消费上他们是前卫的，在政治上是后卫的，[③] 这种倾向表明他们普遍赞成以渐进的方式推进现代化民主政治。[④]

2. "新穷人""新农民""新工人"群体研究

近年，学界开始关注城乡户籍制度调整过程中大量产生的农民工群体，以及产业结构调整催生出的商业服务工人。黄宗智、汪晖、贺雪峰、吕途等人关于"新穷人""新农民""新工人"等新社会群体的研究，则反映出进入21世纪以后，尤其是2008年世界金融危机以来，中国社会阶层结构的新变化和发展。如黄宗智认为，由于法律体制和社会制度不完善，中国经济的辉煌成绩是以大量非正规经济群体的廉价劳动换来的，他们组成了改革开放三十几年来中国经济社会中的新劳动群体。如何引导这部分群体在多元意识观念下达成共识，成为官方在新时期的重要议题；[⑤] 汪晖研究了"新工人"与"新穷人"群体如何构成当代中国"穷人"的两面，以及他们如何在身份不确定的窘境中争取自己的权益，从而走向自为；[⑥] 贺雪峰根据村社成员的变化划分出五类农户，除纯农户以外的其他四类（非农户、进城户、半进城户、兼业户）则根据进城务工经商程度差异而进行区分，他们是新时

① 李培林、张翼：《中国中产阶级的规模、认同和社会态度》，《社会》2008年第2期。

② 张宛丽：《对现阶段中国中间阶层的初步研究》，《江苏社会科学》2002年第4期。

③ 周晓虹：《中产阶级：何以可能与何以可为?》，《江苏社会科学》2002年第6期。

④ 周晓虹：《中国中产阶层调查》，社会科学文献出版社2005年版，第14—20页。

⑤ 黄宗智：《重新认识中国劳动人民——劳动法规的历史演变与当前的非正规经济》，《开放时代》2013年第5期。

⑥ 汪晖：《两种新穷人及其未来——阶级政治的衰落、在形成与新穷人的尊严政治》，《开放时代》2014年第6期。

期典型的“新农民”。然而农村人口流动性的增强也带来了诸多土地分配问题；[①] 吕途在《中国新工人：迷失与崛起》[②]《中国新工人：文化与命运》[③] 中，以纪实访谈的方式展现了新生代农民工“农村回不去，城市留不下”的两难境遇以及思想变化。

3. 相关学位论文

当前，已有博士学位论文的研究视野主要集中于中国共产党关于新的社会阶层政策、理论的创新发展领域。如管前程在《新社会阶层政治参与研究》（2009）中对新的社会阶层的政治参与的价值、状况与问题等进行了梳理；[④] 宋华忠的《新社会阶层的兴起与中国共产党领导权实现路径》（2013）以“党的领导权”为理论源头，分析了中国共产党领导新的社会阶层的四种主要路径；[⑤] 史为磊的《社会主义和谐视野下我国中等收入阶层研究》（2014）较为全面地探讨了中等收入阶层的经济功能、社会功能、政治功能与中国社会现实的内在关系，以及该阶层遭遇的发展瓶颈和问题，并提出了相关策略。[⑥] 相关硕士论文有梁淼的《中共对我国新社会阶层的政策变迁研究》（2014）、易蓓的《新社会阶层网络舆情分析与引导机制研究》（2012）、邓向辉的《当代中国新社会阶层及其统一战线工作》（2006）、刘丽峰的《协商民主视域下的新社会阶层统战工作研究》（2013）。

二　国外研究现状

新的社会阶层是伴随我国社会主义改革实践，尤其是社会主义市场经济深入发展而产生的有中国特色的新事物和新经济主体，国外研

---

① 贺雪峰：《农民的分化与土地利益分配问题》，《法学论坛》2010 年第 6 期。

② 吕途：《中国新工人：迷失与崛起》，法律出版社 2013 年版。

③ 吕途：《中国新工人：文化与命运》，法律出版社 2015 年版。

④ 管前程：《新社会阶层政治参与研究》，博士学位论文，中共中央党校研究生院，2009 年。

⑤ 宋华忠：《新社会阶层的兴起与中国共产党领导权实现路径》，博士学位论文，中共中央党校研究生院，2013 年。

⑥ 史为磊：《社会主义和谐视野下我国中等收入阶层研究》，博士学位论文，中共中央党校研究生院，2014 年。

究鲜少涉及我国这一社会阶层。但在西方社会，与“新的社会阶层”相对接近的社会概念是第二次世界大战以后，西欧各国现代化转型过程中大量涌现的“中产阶级”。现代西方社会的发展与拥有强大的中产阶级密切相关，而中产阶级是在肯定资本的正面价值基础上逐渐壮大起来的，经典马克思主义资本价值理论为这种社会关系的逐渐递进奠定了理论基础。作为新马克思主义阶级理论的代表人物，埃里克·奥林·赖特在其《后工业社会中的阶级：阶级分析的比较研究》一书中提出了“剥削和支配路径”的阶级分析范式，这与他的中产阶级理论一脉相承。他认为，后工业时代社会阶级结构中“绝大多数人口与生产资料相分离、为了生存而不得不在劳动市场上出卖他们的劳动力”①，这些既不拥有生产资料，通过出卖劳动力求得生存的人看起来又不像是工人阶级，通俗地说，他们是后工业时代的“中产阶级”。他们在生产中与权利的关系（他们统治着工人，同时又受资本家控制并在生产中受剥削），以及他们所拥有的技术和专长使他们处在阶级关系中的矛盾位置上，这就模糊了传统雇佣关系仅有的资本家和工人之间的单一对立关系。赖特在运用马克思主义阶级分析方法解读后工业社会阶级问题的过程中深化了“中产阶级”问题，从而使马克思主义阶级分析理论获得了批判的发展。

20世纪50年代初，美国社会学家C·赖特·米尔斯（C. Wright Mills），在《白领——美国的中产阶级》一书中提出“中产阶级”② 这一概念，掀起了西方国家对以“白领”为代表的新中产阶级的研究热潮。米尔斯以“职业”作为划分美国中产阶级的主要标准，认为美国的中产阶级主要由依附于政府机关、大机构大企业、各种事业单位的专门从事行政管理与技术服务工作的人员构成，将研究视角从以农场主、企业主、小生产者等为主的老中产阶级身上转移到了以知识、技

① ［美］埃里克·奥林·赖特：《后工业社会中的阶级：阶级分析的比较研究》，陈心想、皮小林、杨玉明、陈阳译，辽宁教育出版社2004年版，第20页。

② ［美］C·赖特·米尔斯：《白领——美国的中产阶级》，杨小东等译，浙江人民出版社1987年版。

术等文化资本为谋生手段的新中产阶层身上，其研究使国内外学界开始关注当代中产阶级的生活状态、消费方式以及权力的实现路径。布罗代尔则在其《15 至 18 世纪的物质文明、经济和资本主义》一书中，详细地论述了市场化对于中间阶层形成的关键作用。①

塞缪尔·亨廷顿曾说："中间阶层与稳定的关系，颇似富裕与稳定的关系一样，一支庞大的中间阶层犹如普遍富裕一样，是政治上的一支节制力量。"② 里查德·帕克则指出，由于中产阶级涵盖了上层中产阶级和下层中产阶级两个群体，因而它不是一个同质性概念。③ 在《社会学——关于社会化形式的研究》中，德国学者盖奥尔格·西美尔指出，一个社会的中间等级占社会总人口数越多就越趋于稳定。④ 托克维尔在其著名的《论美国的民主》一书中指出，中产阶级关心私有财产、追求物质享乐、普遍是基督教徒，以上因素决定了这一群体在制度改革方面的保守性，他们由此成为了保障美国社会稳定发展的重要因素。⑤ 李普赛特在《政治人——政治的社会基础》中认为，中产阶级能够缓和社会底层的政治态度，又能够改善社会上层对社会底层的偏见，因而具有调节和缓和社会矛盾冲突的功能。⑥

李成等海外华裔学者较为全面地论述了超越经济转型的新兴中国中产阶级的概念、特点、演变过程及其与世界其他地区相关阶层动向的比较，对中国中产阶层与国家政府之间的关系，其壮大是否有利于中国社会政治稳定，以及能否为全球性问题贡献一份力量等问题进行

---

① 王永年：《马克思的"中间阶层"理论及其在我国社会主义市场经济条件下的意义》，《当代经济研究》2004 年第 10 期。

② ［美］塞缪尔·P·亨廷顿：《变化社会中的政治秩序》，王冠华等译，生活·读书·新知三联书店 1989 年版，第 251 页。

③ 王建平：《中产阶级研究：理论视角及其局限》，《天府新论》2004 年第 3 期。

④ ［德］盖奥尔格·西美尔：《社会学——关于社会化形式的研究》，林荣远译，华夏出版社 2002 年版，第 133—458 页。

⑤ ［法］托克维尔：《论美国的民主》，董果良译，商务印书馆 2017 年版。

⑥ ［美］西莫·马丁·李普赛特：《政治人——政治的社会基础》，张绍宗译，上海人民出版社 2011 年版，第 45—55 页。

了探讨。①

三　已有研究的启示

第一，改革开放进程越深入，中国社会结构转型越剧烈。2008 年以来，中国社会阶层结构变化正在发生新一轮的变迁和调整，反映出继 1999 年提出“新兴社会阶层”概念之后，中国社会阶层结构的变化开始明显地体现在既有劳动者群体——工人、农民之中（新工人、新穷人），此其一；其二，新产生的“建设者”群体——新的社会阶层——也开始了新一轮的分化和重组。“新的社会阶层”概念，作为已有研究的整合和概括，就是对这种新趋势的回应，反映出执政党对于当前社会结构新趋势的认识水平和理论创新。第二，陆学艺等人提出按三种资源作为社会阶层划分标准的科学方法，反映出传统的按生产资料所有制性质二元对立地划分社会阶级的理论已经不再适用于当前的实际情况，从而创新出新的符合中国实际情况的社会阶层划分标准。经济全球化趋势的迅速发展，资本与科技、生产与消费、按劳分配与按要素分配、产权和利益的深刻分化，等等，都是产生当前中国社会阶级分化、阶层重组、群体更新的社会经济根源，都在丰富和发展着历史唯物主义关于生产力决定生产关系、经济基础决定上层建筑的矛盾运动原理，推动着马克思主义中国化向纵深发展。这些都是研究“新的社会阶层理论”中无可规避的问题。第三，汪晖、黄宗智、吕途等人的研究，反映出社会公正问题随着社会阶层分化的日益加剧，如何在改革开放过程中体现公平正义这一社会主义本质，使所有群体或阶层，尤其是弱势群体和阶层能够共享改革发展成果，是社会主义社会的基本属性和根本要求。第四，史为磊等人的论文，也许对于某一重大问题（如扩大中等收入群体、新的社会阶层政治参与扩大等）有比较全面深刻的研究，拓宽了中国特色社会主义理论研究的视野，但没有将研究视野指向历史唯物主义基本原理的中国

---

① ［美］李成编著：《“中产”中国：超越经济转型的新兴中国中产阶级》，许效礼、王祥钢译，上海译文出版社 2013 年版。

化创新和发展上。因此，对中国共产党新的社会阶层理论的研究，尤其是从其中国化发展历程中挖掘其原创性贡献是当前既有研究中尚付阙如而又不可或缺的组成部分。

第三节 研究意义

一 理论研究意义

中国特色社会主义新的社会阶层理论在不断顺应新时期新形势的现实变化中发展创新。（1）经典马克思主义的阶级结构和阶级地位分析，是这一理论体系中进行无产阶级革命的基本出发点和主要理论依据；（2）毛泽东新民主主义理论体系中关于传统剥削阶级（地主、富农、民族资产阶级、英美资产阶级在中国的代表势力等）与传统劳动者阶级（工人、农民和城市小资产阶级），都同样具有“各得其所”的经济、政治和文化权利的中国化马克思主义阶级分析理论，是对经典阶级分析理论的划时代的理论创新；（3）新时期邓小平新的社会阶层理论的阐释，一方面是对毛泽东中国化社会分析理论的与时俱进的继承（承认非公有制经济成分的不可或缺性，承认这些经济体制中的从业者的合法性），另一方面是中国特色社会主义新的社会阶层理论的奠定者；（4）这一理论在“三个代表”重要思想、以人为本构建社会主义和谐社会、以人民为中心的发展思想等理论创新中又得到了充实和发展。

新的社会阶层理论体现了中国共产党对于改革开放以来中国经济社会所发生的深刻的阶级结构调整和变动的认识，是中国共产党带领中国人民大众实现中国特色社会主义建设目标的重要理论。研究中国特色社会主义新的社会阶层理论，对于推进马克思主义阶级分析理论的中国化创新，进一步丰富中国特色社会主义理论体系，具有极为重要的理论价值。

二 实践指导意义

一是关于新的社会阶层的研究与党的统一战线工作发展战略高度

契合，对标国家宏观方针政策，研判社会阶层结构动态发展，尤其是新的社会阶层的生成、发展、流变与再组织化等，把握新的社会阶层发展的时代趋势和实践历程，有助于更深刻地理解我国社会结构的现代化发展转型。

二是在非公有制经济发展过程中不断壮大的新的社会阶层，作为新时期中国特色社会主义事业建设者，与全体社会主义事业劳动者以及拥护社会主义、拥护祖国统一的爱国者组成了最广泛的联盟。中国特色社会主义新的社会阶层理论是在不断总结党和政府关于新的社会阶层的统战经验基础上所形成的中国共产党统一战线理论的原创性成果，其必然能够为其他统战对象组织动员事务提供借鉴和参考，从而在实践层面体现统战工作的开拓性。

三是新的社会阶层是中国共产党在新形势下进行中国特色社会主义建设事业的根本力量，是改革攻坚阶段实现中华民族伟大复兴的历史任务的基本动力。随着产业结构升级，新兴业态不断出现，新的社会阶层还将继续扩展壮大，因此，考察和阐释中国共产党关于新的社会阶层的认识发展过程，对于团结、凝聚和引导广大新的社会阶层人士将智慧、才能凝聚投入到中国特色社会主义事业建设中具有重要意义。

第四节　研究对象

有学者认为，改革开放以来，伴随产业升级和城镇化进程不断推进，我国经济社会呈现“交织＋互动＋同步”的特征，基于这一时代背景，我国社会阶层出现新老演化，产生了“蚁族”（未稳定就业大学毕业生）、“工蜂”（高校青年教师）、“洄游”（返乡青年）、新生代农民工、城市新移民等新社会群体。这些新的社会群体在人口结构上以“新生代”为主体，分布在以大城市为中心的辐射圈，主要在“体制外”行业领域从事知识型、技术型工作，处于中等收入水平，但收入分化比较明显，通过“线上线下”交错的方式进行社会交往，群体内部分化组合形态多样，自我分化扩张能力强，也因此在利益诉求方面各异其趣，政治立场趋于主流但保有理性批判精神，价值观念积极正面，具有较强危机意识。[①] 王建平、马林芳认为，新的社会阶层不仅仅是社会分层和社会资源分化意义上的社会概念，而且是由计划经济向市场经济转向过程中的体制外的政治力量，是体现社会参与和社会整合的政治概念。他们是高风险、高收入群体，其拥有的经济资源与文化资源日渐趋于一致，尽管在职业、地域方面的流动性和可变性较大，但他们的风险意识、竞争意识和创新精神较传统社会阶层都更强烈。[②]

2007 年 6 月，就如何定义转型时期“新的社会阶层”的问题，官方认为，新的社会阶层既是一个社会概念，又是一个政治概念。在加快社会利益诉求多元化，对社会整合和社会治理方式提出新的要求方面，其表现为前者；在推动我国民主政治建设，扩大公民有序的政治参与，批判社会现状方面，新的社会阶层又表现出作为政治概念的双重属性。[③] 2013 年 3 月，习近平在全国人民代表大会上指出：“一切非公有制经济人士和其他新的社会阶层人士，要发扬劳动创造精神和创业精神，回馈社会，造福人民，做合格的中国特色社会主义事业的建设者。”[④] 标志着中央已将新的社会阶层视为我国社会结构转型和经济转轨的最核心内容之一。根据习近平的意见，《中国共产党统一战线工作条例》（试行）（2015 年）正式将“新的社会阶层人士”单列为统战工作的 12 个方面之一。

2015 年 8 月 4 日，中共中央统战部微信账号“统战新语”发文解读“新的社会阶层人士”。文章指出，“新的社会阶层人士”的概念有狭义和广义之分，从狭义上讲，新的社会阶层人士专指“自由择业知

---

① 廉思、冯丹、芦垚：《当前我国新社会阶层的特征分析、杠杆作用以及工作思考——关于新社会阶层的调研报告》，《中国青年研究》2016 年第 11 期。

② 王建平、马林芳：《新社会阶层的构成、特征及其政治参与》，《学术交流》2009 年第 5 期。

③ 刘杰：《如何定义“新社会阶层”》，人民网，http://theory.people.com.cn/GB/49154/49156/5674454.html，2007 年 4 月 27 日。

④ 《十八大以来重要文献选编》（上），中央文献出版社 2014 年版，第 236—237 页。

识分子”。从广义上讲，则主要包括四大群体：（1）民营企业和外资企业的管理人员和技术人员（指受聘于这两类企业，且掌握企业核心技术和经营管理的专门知识者）；（2）中介组织和社会组织从业人员（包括律师、会计师、评估师、税务师、专利代理人等提供知识性产品服务的社会专业人士，以及社会团体、基金会、民办非企业单位从业者）；（3）自由职业人员（指不供职于任何经济组织、事业单位或政府部门，在国家法律、法规、政策允许的范围内，凭借自己的知识、技能与专长，为社会提供某种服务并获取报酬者）；（4）新媒体从业人员（指以新媒体为平台或对象，从事或代表特定机构从事投融资、技术研发、内容生产发布以及经营管理活动者）。①

2020 年 12 月 21 日，中央正式印发《中国共产党统一战线工作条例》，其中新增加了“新的社会阶层人士统一战线工作”一章，强调要坚持信任尊重、团结引导、组织起来、发挥作用的思路，发挥新的社会阶层人士在建设中国特色社会主义事业中的重要作用。② 这四类群体区别于此前划定的统战范畴。原来所讲的“私营企业主、个体工商户”则不再被称为“新的社会阶层人士”，而是被归入了“非公有制经济人士”。因此，从某种意义上来讲，狭义范畴的新的社会阶层是统战工作中的四类具体对象，但广义范畴的新的社会阶层则指代改革开放以来不断涌现的更大规模的经济群体。

本书所研究的“新的社会阶层”主要指自改革开放以来，社会主义市场经济背景下，伴随非公有制经济的发展壮大而出现的一个有别于传统社会主体，其规模巨大、内部构成复杂多元，在认同和接受主流价值体系的同时，有着多元化利益诉求、价值判断和价值选择，对中国经济转轨和社会转型起着根本作用的社会性政治主体。这个特别

① 《官方解读中国“新社会阶层”人士》，中国新闻网，http://www.chinanews.com/gn/2015/08-04/7447147.shtml，2015 年 8 月 4 日。

② 新华社：《新时代统一战线工作的基本遵循——中央统战部负责人就〈中国共产党统一战线工作条例〉答记者问》，http://www.gov.cn/zhengce/2021-01/05/content_5577381.htm，2021 年 1 月 5 日。

且十分重要的社会阶层，脱胎于传统社会结构母体，是生产力在生产关系上的最新体现。他们在改革开放的社会环境中成长起来，因而普遍具有理性意识和宽容精神，热衷于社会公共事务。因此，新的社会阶层既是中国经济持续发展的新的着力点，又是构建合理社会结构与增进社会和谐程度的生长点。

（一）新的社会阶层实践发展的政策节点

1. 新的社会阶层的形成阶段（1978—1992）

这个阶段主要是个体户、私营业主等新经济要素的所有者在市场经济体制中逐渐形成，其合法性身份逐渐被确立的过程。这一阶段可以分别以 1981 年 10 月 17 日中共中央、国务院颁发的《关于广开门路，搞活经济，解决城镇就业问题的若干决定》为起点，以 1992 年邓小平南方谈话为截止点。

2. 新的社会阶层的发展壮大阶段（1992—2005）

这一阶段主要以党中央正式确立社会主义市场经济体制为我国的基本经济体制（党的十四大，1992 年 10 月），承认“按要素分配”的合法性（党的十五大，1997 年 9 月），承认“新兴社会阶层”为社会主义的建设者（2001 年 7 月），取消农业税（2005 年 12 月），这样四个里程碑式的重大政治经济事件为标志，奠定了非公有制经济及其相应的社会阶层和群体（包括“新农民”“新工人”）在中国发展壮大的社会经济条件。这一阶段可以将党的十四大作为起点，将 2005 年取消农业税作为终点。

3. 新的社会阶层的丰富深化阶段（2006—2015）

2006 年 3 月，十届人大四次会议通过了《关于国民经济和社会发展第十一个五年规划纲要的决议》，提出了建设社会主义新农村、建设资源节约型、环境友好型社会、推进社会主义和谐社会建设等重大决策，标志着新的社会阶层的发展进入了丰富和深化阶段。一方面 2008 年的世界性金融危机及其给我国带来的巨大冲击，使得新的社会阶层所带来的一系列社会矛盾及其所由以产生的深层次的社会结构性矛盾比较充分地暴露出来；另一方面，正如党的十七大报告（2007 年 10

月）所指出的，必须在经济发展过程中通过保障和改善民生实现“强社会”，努力推动建设全体人民“学有所教、劳有所得、病有所医、老有所养、住有所居”的社会主义和谐社会。说明促进社会公平正义正在得到执政党的高度重视。引导新的社会阶层健康发展成为执政党的关注焦点之一。以社会主义核心价值观引领社会思潮、凝聚社会共识，将其作为依靠、团结、教育、引导新的社会阶层认同中国特色社会主义的基本思想文化建设路径。

（二）新的社会阶层理论发展的时间节点

新的社会阶层的出现、成长和壮大，既反映了市场经济体制在改革开放过程中逐步发展，中国社会结构随之发生了巨大变化，同时也反映出，中国共产党人对马克思主义阶级分析理论进行了一系列中国化理论创新，逐步建立起了中国特色社会主义理论体系中的“新的社会阶层理论”。作为新民主主义时期毛泽东阶级分析理论与时俱进的发展创新，可以将“新的社会阶层理论”的形成、丰富和发展视为与其在实践的形成、丰富和发展相互建构、同步发展的过程。

1. 中国共产党新的社会阶层理论形成阶段（1978—1992）

这一时期，一方面，执政党对什么是社会主义，怎样建设社会主义的认识在不断深化。从1981年10月中央提出，“在社会主义公有制经济占优势的根本前提下，实行多种经济形式和多种经营方式长期并存，是我党的一项战略决策，决不是一种权宜之计”① 起，到1992年邓小平南方谈话中关于“计划和市场都是经济手段，不是社会主义与资本主义的本质区别”，以及“社会主义的本质是解放生产力，发展生产力，消灭剥削、消除两极分化，最终达到共同富裕”等一系列判断，最终为新的社会阶层的实践发展铺平了理论道路；另一方面，对于像“傻子瓜子”“鱼塘风波”等雇工问题的争论，反映出这一时期的执政党对于究竟什么是新的社会阶层以及如何处理与这一阶层关系的认识还不够明确和统一。此后，邓小平关于新的社会阶层及其与社会主义

① 《改革开放三十年重要文献选编》（上），中央文献出版社2008年版，第223页。

经济制度内在关联的论述，奠定了中国特色社会主义新的社会阶层理论的基本框架。

2. 中国共产党新的社会阶层理论丰富和创新阶段（1992—2006）

1992 年社会主义市场经济体制在中国确立，标志着新的社会阶层的成长壮大获得了制度条件。2001 年，江泽民在庆祝中国共产党成立八十周年大会上的讲话中第一次提出“新的社会阶层”的概念，并对其现状和发展趋势进行了阐述，充分彰显出中国特色社会主义道路、理论和制度自信；2005 年国家取消了农业税，提出了新农村建设规划；2006 年，中央在关于新世纪新阶段统一战线工作的纲领性文件中首次提出，社会阶层结构中“出现了大量新的社会阶层”，作为中国特色社会主义事业的建设者，他们是新时期统一战线的新主体。这些政策性和理论性阐释，标志着一个新的社会阶层理论框架正在迅速形成。

3. 中国共产党新的社会阶层理论调整和发展阶段（2007—2015）

党的十七大正式提出以人为本的科学发展观，以及社会主义和谐社会建设、新农村建设等一系列相关制度改革，标志着中国共产党对于中国特色社会主义理论认识的深化。党的十八大报告提出要“毫不动摇鼓励、支持、引导非公有制经济发展，保证各种所有制经济依法平等使用生产要素、公平参与市场竞争、同等受到法律保护”等论述，标志着执政党关于新的社会阶层理论认识的深化。正如习近平总书记在“8 · 19”讲话（2013 年 8 月）中指出的：“人民是具体的而不是抽象的。坚持人民性，要认真研究不同群众的思想文化需求。工人、农民、人民解放军、干部、知识分子，老人、青年、孩子，不同群众需求的共性是哪些、个性是哪些，要弄清楚，以便有的放矢开展工作。对社会上出现的一些新的人群，如蚁族、北漂、海归、海待、散户等，也要有针对性地开展工作。要处理好点、线、面的关系，既加强面的广泛覆盖、线的分类指导，又注意把工作做到每个点上，‘一把钥匙开一把锁’。”这里提出的要关注“社会上出现的一些新的人群”，区分“面的广泛覆盖、线的分类指导”，“处理好点、线、面的关系”等论述，尤其是“中国梦是每一个中国人的梦”的论断，代表了中国共产党关于新的社会阶层认识的最新发展，需要理论工作者深入发掘和系统归纳。2015 年 9 月印发的《中国共产党统一战线工作条例(试行)》(以下简称《条例（试行)》）对“新的社会阶层人士”具体范畴的划定，在此前 2006 年中共中央发布的《关于巩固和壮大新世纪新阶段统一战线的意见》中的“六种人”，即私营企业主、个体工商户、私营企业和外资企业的管理技术人员、中介组织从业人员、自由职业人员等的基础上做了进一步调整。《条例》（试行）将“新的社会阶层人士”与“非公有制经济人士”进行了区分，将“新的社会阶层人士”单列为新的统战工作对象，具体包括以下四类群体：私营企业和外资企业的管理技术人员、中介组织和社会组织从业人员、自由职业人员、新媒体从业人员。私营企业主与个体工商户不再隶属于统战话语体系中的“新的社会阶层人士”范畴。但在具体范畴的变化调整中，“新的社会阶层人士”的本质并没有改变，即他们是中国特色社会主义事业的建设者。《条例(试行)》第二十六条提出，“引导非公有制经济人士爱国、敬业、创新、守法、诚信、贡献，做合格的中国特色社会主义事业建设者”①，标志着培养新的社会阶层的公民道德素质和思想文化建设，成为当前中国思想文化领域内的重大课题。

第五节　研究框架

本书旨在通过梳理改革开放以来，社会主义市场经济条件下，新的社会阶层的发展历程和脉络，探索中国特色社会主义新的社会阶层理论的建构历程，以丰富和充实新时代中国特色社会主义理论体系，为更多从事相关研究的学者提供新的理论视角，为实践中国特色社会主义道路提供理论参考。

全书共分为五个部分。第一部分主要论述这一选题产生的研究背景、研究对象、研究意义，并在国内外已有研究的基础上明确该研究

① 《中国共产党统一战线工作条例（试行)》，人民出版社 2015 年版，第 17 页。

的必要性和可操作性。第二部分主要是对中国特色社会主义新的社会阶层理论进行理论回溯，确立了以新民主主义革命时期毛泽东阶级分析理论为马克思主义阶级分析理论中国化的起点。第三部分主要探讨改革开放以来，中国共产党对于在实践中不断发展壮大的新的社会阶层，经历了从“看一看”“试一试”到赋予其社会主义事业建设者身份的认识过程，同时也是中国特色社会主义新的社会阶层理论形成、发展、丰富和创新的过程。第四部分从生产力与生产关系的角度回答了社会主义的本质问题，新的社会阶层得以在此基础上获得制度性发展和政治上的合法性地位，探讨了中国特色社会主义新的社会阶层理论的基本要素。第五部分主要揭示了新的社会阶层的理论价值意蕴。

第一章

中国特色社会主义新的社会阶层理论溯源

马克思、恩格斯所创立的马克思主义阶级分析理论，以“剩余价值理论”为逻辑起点，揭示了资本主义社会阶级不平等的制度性根源。同时，通过阶层分析进一步补充说明了无产阶级与资产阶级之间的矛盾对立关系。随着马克思主义阶级分析理论与社会主义国家革命、建设的实践相结合，这一理论开始具有鲜明的民族性特征。列宁在俄国革命过程中，通过对农民阶级进行分层，第一次提出将农民作为社会主义革命力量的观点，又在新经济政策时期意识到，在生产力不发达的历史阶段，一定程度上的资本主义经济有利于社会经济正常运转，小资产阶级是社会阶层结构中数量庞大且十分重要的群体。由此，在传统马克思主义阶级分析理论的基础上合理借鉴和吸收了阶层分析理论，使二者实现了有机结合。在以民族矛盾为社会主要矛盾的近代中国，以毛泽东为代表的中国共产党人灵活运用马克思主义阶级分析方法，抓住中国“双半”社会的特殊历史背景，深入分析中国社会各阶层状况，形成了中国革命的两次阶段性胜利：第一阶段是在大革命时期，以国共合作为标志的反帝反封建的资产阶级民主革命运动；第二阶段是在新民主主义革命时期，形成了以全国各民族各阶层联合抗日为共识，以城乡中间阶级为核心的最广泛的抗日民族统一战线。尽管新中国成立后的前 30 年，社会主义“一化三改造”造成了“两个阶级，一个阶层”的社会结构状态，但正反两方面的历史经验表明，毛泽东在新民主主义革命时期所创立的中国化阶级分析理论，隐去了马克思主义阶级分析理论在国际共产主义运动中的阶级斗争色彩，创造性地实现了其中国化发展，奠定了中国特色社会主义新的社会阶层理论的思想基础。

第一节　马克思主义阶级分析理论

阶级分析理论肇始于18、19世纪法国和英国的经济学家、历史学家在研究社会经济和历史发展规律时，所使用的阶级观点和分析方法。古典经济学家如亚当·斯密、大卫·李嘉图等，仅限于从工资和利润的对立、利润和地租的对立出发将阶级利益有意识地对立起来。马克思在研究19世纪西方先发工业国家的过程中，通过批判地吸收古典经济学阶级分析方法，形成了以剩余价值理论为基石，以占有多少生产资料来界定阶级属性和社会地位，具有鲜明阶级斗争色彩的传统马克思主义阶级分析理论。这一过程中阶层分析作为马克思对社会关系结构，尤其是无产阶级与资产阶级矛盾对立的深刻分析和说明，是对马克思主义阶级分析理论的必要补充。①

一　马克思主义阶级分析理论的合理内核

马克思主义阶级分析理论以剩余价值理论为基础，深刻揭示了资本主义社会阶级关系矛盾对立的根源，以及资本主义经济运行的基本规律。1865年，马克思在第一国际总委员会会议上的报告（中译本名为《工资、价格和利润》）中简明扼要地阐述了剩余价值的形成过程。他指出：工人每天的生活必需品的平均量由一定的平均劳动量和劳动时间所决定，但“资本家支付了工人劳动力的一天或一周的价值，就

① 马克思在《剩余价值理论》《共产党宣言》《1848年至1850年的法兰西阶级斗争》《路易·波拿巴的雾月十八日》《机器。自然力和科学的应用》《资本论》第3卷等经典著述中，曾运用阶层分析方法对资本主义社会下的社会结构特征及其发展变化趋势进行论述，其话语体系中的“中间阶层”的内涵随着社会历史条件的改变而不断发展和丰富。

有权整天或整周地使用这个劳动力或迫使它去工作”①，而超出维持或再生产这个劳动力所必须的劳动量的价值，就是剩余价值。资本家和工人之间的实力悬殊，使资本家能够强迫工人生产出比他们向工人提供维持生计所需要的物品更多的产品，工人生产出的这些剩余产品，又以利润的形式归资本家所有。“剩余价值首先被这个资本家所占有，然后按一定的经济规律在整个资本家阶级中进行分配，构成地租、利润、资本积累的基础，总之，即非劳动阶级所消费或积累的一切财富的基础。”② 这种社会化生产和资本主义私人占有的不相容性，表现为“个别工厂中生产的组织性和整个社会中生产的无政府状态之间的对立”③，在社会结构上就表现为“无产阶级和资产阶级的对立”④，据此，马克思指出：“现代的资产阶级私有制是建立在阶级对立上面、建立在一些人对另一些人的剥削上面的产品生产和占有的最后而又最完备的表现。”⑤

二　马克思主义阶级分析理论的价值导向

剩余价值理论的发现，意味着“消灭阶级社会的不平等”是马克思主义阶级分析理论的基本价值导向和理想追求。《共产党宣言》开篇即言明，自原始公社解体以来的人类社会历史，“都是阶级斗争的历史”⑥，随着社会分工的出现，“社会开始分裂为各个独特的、终于彼此对立的阶级”⑦。马克思在这里旗帜鲜明地指出：资产阶级生产方式的出现使阶级对立更简单化了，整个社会日益分裂为资产阶级和无产阶级两大敌对的阵营。“资产阶级生存和统治的根本条件，是财富在私

---

① 《马克思恩格斯选集》第2卷，人民出版社2012年版，第48页。
② 《马克思恩格斯选集》第3卷，人民出版社2012年版，第726页。
③ 《马克思恩格斯文集》第9卷，人民出版社2009年版，第290页。
④ 《马克思恩格斯文集》第9卷，人民出版社2009年版，第288页。
⑤ 《马克思恩格斯选集》第1卷，人民出版社2012年版，第414页。
⑥ 《马克思恩格斯选集》第1卷，人民出版社2012年版，第400页。
⑦ 《马克思恩格斯选集》第1卷，人民出版社2012年版，第400页。

人手里的积累，是资本的形成和增殖；资本的条件是雇佣劳动"①，建立在资本主义私有制经济之上的所有政治、法律和意识形态，都是资产阶级作为统治阶级对无产阶级的彻底支配。

在马克思恩格斯这里，阶级作为一个经济范畴，其形成与生产力发展程度、社会分工的发育程度和所有制性质密切相关。与此同时，阶级又是一个历史范畴，是在人类进入文明时期以后才出现，并将在物质条件极其发达的社会阶段自我瓦解，消灭阶级需要具备一定的物质条件。马克思恩格斯认识"阶级社会"的最大贡献和创新在于将阶级与所有制联系起来，从生产过程而不是收入与分配领域找到阶级划分的根源，从而提供了阶级分析的科学方法。资本对剩余价值的追逐是导致社会生产资料分配不均，一无所有的劳动力被资本家彻底占有的根源。"阶级"正是在生产资料私有化，在一部分人占有另一部分人的一切生活资料和生产这些生活资料所必需的原料和工具的过程中产生的，因此，"生产资料的占有状况"成为马克思进行阶级划分的判断标准。在此基础上，列宁在《伟大的创举》中提出："一些大的集团，这些集团在历史上一定的社会生产体系中所处的地位不同，同生产资料的关系（这种关系大部分是在法律上明文规定了的）不同，在社会劳动组织中所起的作用不同，因而取得归自己支配的那份社会财富的方式和多寡也不同。所谓阶级，就是这样一些集团，由于它们在一定社会经济结构中所处的地位不同，其中一个集团能够占有另一个集团的劳动。"② 阶级是社会矛盾对立冲突的产物，是人类社会发展历程中不可避免的概念范畴，列宁也由此认为，"阶级关系"是阶级社会中最根本和最主要的东西，"没有它，也就没有马克思主义"③。

马克思在《1848 年至 1850 年的法兰西阶级斗争》中提出，社会主义就是无产阶级的阶级专政，"是达到消灭一切阶级差别，达到消灭这些差别所由产生的一切生产关系，达到消灭和这些生产关系相适应

① 《马克思恩格斯选集》第 1 卷，人民出版社 2012 年版，第 412 页。
② 《列宁选集》第 4 卷，人民出版社 2012 年版，第 11 页。
③ 《列宁全集》第 41 卷，人民出版社 1986 年版，第 92 页。

的一切社会关系，达到改变由这些社会关系产生出来的一切观念的必然的过渡阶段"①。尽管这一提法为马克思主义阶级斗争学说提供了思想资源，但其作为马克思解决当时社会结构性矛盾的大胆设想，蕴含着马克思主义阶级分析理论的核心价值取向——"消灭阶级社会的不平等"，尤其是消灭资本主义社会制度的结构性矛盾。

三 马克思主义阶级分析理论的重要补充

马克思主义阶级分析理论作为一个科学而又复杂的理论体系，并不是一成不变的，随着社会历史的发展，特别是因社会分工细化，社会阶层分化，其内涵和外延得以不断发展和丰富。因此，阶层分析成为对这一理论的重要补充。马克思在《共产党宣言》中就指出："以前的中间等级的下层，即小工业家、小商人和小食利者，手工业者和农民——所有这些阶级都降落到无产阶级的队伍里来了，有的是因为他们的小资本不足以经营大工业，经不起较大的资本家的竞争；有的是因为他们的手艺已经被新的生产方法弄得不值钱了。"② 资本主义大工业的发展却使这些阶级日渐没落，无产阶级从他们中间得到补充；从革命立场来看，马克思认为，这些处于没落状态的中间等级，为维护生存，也与资产阶级作斗争，但他们是保守的，"他们甚至是反动的"，他们的革命立场取决于他们即将转入的阶级队伍，因而不具有革命性。更准确地说，这些中间等级对待革命具有极大的动摇性。只有作为大工业本身产物的无产阶级是能够彻底摧毁"官方社会的整个上层"的革命阶级。③

通过参与当时西欧资本主义各国的无产阶级革命，马克思恩格斯在阶级分析的基础上，对当时社会各阶层的分化，对每一阶层生产资料的占有状况、生产方式的发展程度以及革命立场展开了具体而深入的分析，形成了色彩斑斓的阶层板块——农民阶级由传统封建社会的

① 《马克思恩格斯选集》第1卷，人民出版社2012年版，第532页。
② 《马克思恩格斯选集》第1卷，人民出版社2012年版，第408页。
③ 《马克思恩格斯选集》第1卷，人民出版社2012年版，第411—412页。

有产者分裂为土地贵族、大佃农、半无产阶级、农业无产者等阶层，工人阶级中分化出了与广大贫苦工业无产阶级相对立的工人贵族，以及在资本主义生产方式占支配地位的社会中将向上或向下分化的诸多中间等级。这些客观存在的多元化社会阶层表明，马克思主义阶级分析理论所反映的社会阶层的表层结构有着“多元化社会分层”的共识基础，[①] 它与阶级斗争学说共同构成了马克思主义阶级分析理论的不同面向。正是通过对农民和中间阶级深入细致的研究，马克思恩格斯认识到他们在革命中的不稳定性，他们向上或向下分化的趋势意味着其对待革命的两面性，正是在这一现实基础上，马克思和恩格斯提出了“工农联合”的设想，为进入帝国主义时代以后，原来落后的东方国家掀起社会主义革命风潮提供了思想养料。列宁领导的俄国社会主义革命和建设，以及毛泽东领导的新民主主义革命，作为马克思主义阶级分析理论与东方落后国家具体国情相结合的产物，都充分印证了阶级分析与阶层分析在新的历史时期和社会土壤中有了具体的发展。

第二节　列宁对马克思主义阶级分析理论的发展

马克思主义阶级分析理论是将理论与实践高度统一的方法论体系，由于各民族国家所呈现出的差异性，马克思主义政治家、革命家和社会学家在分析和解构资产阶级与无产阶级矛盾斗争的同时，都不可避免地需在传统马克思主义阶级分析的基础上，对社会各阶层进行更深入细致的考察。社会现实基础，即生产力发展水平与生产关系的调整，及其对社会结构发展和变化的影响，决定了马克思主义阶级分析理论一经俄国社会主义革命胜利，必然会有一个新的历史转向。从落后的半亚细亚国家的特殊国情出发，列宁将“阶层分析”引入对俄国社会关系结构的分析，马克思主义阶级分析理论也在从战时共产主义到新

① 郇思源：《对马克思主义阶级阶层理论的再认识》，《岭南学刊》2005 年第 3 期。

经济政策的转型中获得了与时俱进的发展，从实践层面实现了马克思主义阶级关系理论的俄国式创新。

1917年十月革命以前，资本主义在封建农奴制背景深厚的俄国已经有一定程度的发展，但处在传统封建宗法势力与资本主义双重压迫下的俄国农民，与西欧资本主义国家的农民相比，仍然是一国之中“最没有权利和最受俄国社会中农奴制残余压迫的阶级”①，他们受前资本主义制度的剥削和压迫更为深重。农奴制改革基本完成以后，资本向农村社会渗入，使俄国农村社会阶级结构迅速发生分化。在《俄国资本主义的发展》中，列宁具体分析了俄国农村人口结构，他认为，由于不少地主归入了食利者、官吏和显贵等阶层，因此，地主阶级的人数就显得微不足道了，“完全可以把俄国全部农业人口看作农民”。他将当时俄国9700万农民分为三个基本类别：（1）主要由无产者和半无产者阶层组成的“下等户”，他们“是无财产的并且主要或一半以出卖劳动力为生的人口”；（2）极贫穷的小业主构成的“中等户”，这部分人口的主要生活来源是独立的小生产经济，只有遇到丰收年份时，他们的收支才勉强相抵；（3）以富裕的小业主为主体的“上等户”，“他们剥削相当数目的有份地的雇农和日工以及各种雇佣工人”。② 鉴于1905—1906年农民在一系列重大政治事件中所表现出的比社会革命党人知识分子以及劳动派知识分子更强烈的革命性，③ 为了夺取国家政权，列宁在《社会民主党对农民运动的态度》中提出，“农村无产阶级

① 《列宁全集》第4卷，人民出版社2013年版，第199页。

② 除此之外，列宁依照农业生产人口的划分方式，对工商业人口与非生产人口也进行了划分，找到了与农业人口经济地位相对应的各个社会阶层：非生产人口中，有明显的大资产阶级（一切食利者）、一部分资产阶级知识分子、文武大官员等，约150万人。与之相对应的另一极大致分为以下几个经济阶层：“约有200万归入无产者与半无产者（一部分流氓无产者），约有190万归入极贫穷的小业主，约有150万归入富裕的小业主，其中包括大部分职员、管理人员、资产阶级知识分子等等。”在工商业人口中，按生产中的地位划分圣彼得堡工业人口的话，则大资产阶级占7%左右，富裕的小业主占10%，极贫穷的小业主占22%，其余61%都属于工业无产阶级。（《列宁全集》第3卷，人民出版社1984年版，第461—462页。）

③ 《列宁全集》第27卷，人民出版社1990年版，第94页。

和农民资产阶级的阶级对抗是不可避免的”[①]，在新的战场上，我们必须团结农村无产阶级和整个工人阶级，一起反对农村资产阶级。

列宁通过对农村社会各阶层所处的经济地位、土地占有量和受剥削程度的分析，将广大贫苦农民与农村资产阶级矛盾对立的关系，作为俄国社会主义革命的有利因素，找到了俄国布尔什维克党领导下的无产阶级革命的同盟者，正是那些“终生劳苦不得温饱的被压迫被剥削者”[②]。列宁实践了“工农联盟”的口号，这意味着，农民阶级从传统马克思主义阶级分析理论的边缘，走向了革命风暴的中心，开始成为一股新的革命力量，并被纳入落后国家进行资产阶级革命的范畴，而这，与列宁对农民内部的阶层划分密不可分。

一　阶级分析与阶层分析相结合实现工农联盟

1918—1920 年俄国国内战争时期，由于意识形态对垒、民族矛盾尖锐，刚刚建立起新政权的苏维埃俄国国内社会各阶级之间矛盾尖锐，为缓解特殊历史条件下的政权危机，稳定社会秩序，苏维埃政府实行了“战时共产主义政策”[③]。1920 年前后，战时共产主义政策的后效开始显现，俄国经济迅速衰退、粮食产量大幅下降。列宁开始认识到，落后的殖民地半殖民地国家要搞社会主义建设，首先要取得无产阶级领导下的资产阶级革命的胜利，因而必须处理好两个层面的社会阶级阶层关系问题。

一方面，工人阶级必须联合绝大多数农民（农业无产者、半无产者、小块土地所有者和中农）。1920 年，列宁在《民族和殖民地问题

① 《列宁全集》第 11 卷，人民出版社 1987 年版，第 223 页。

② 《列宁全集》第 13 卷，人民出版社 1987 年版，第 226 页。

③ 战时共产主义政策，作为应对战争环境的紧急策略，在短时间内发挥了巨大效力，但余粮收集制、国内贸易国有化、实物配给制、劳动义务制、全国工业国有化等政策，导致了生产资料极端集中，商品生产、流通、分配由国家控制的经济体制，以及高度集权的政治体制，同时，“阶级斗争”在这一时期获得了至高无上的意识形态权威。虽然在当时收到了预期效果，但最终，由于触动了农民的根本利益，伤害了人民生产劳动的积极性，引起了俄国社会各阶级阶层的巨大反弹。

提纲初稿》中提出：各国共产党必须帮助那些“封建关系或宗法关系、宗法农民关系占优势的比较落后的国家和民族”，帮助他们搞资产阶级民主解放运动，共产国际甚至要同这些国家的资产阶级民主派结成临时联盟，[①] 尤其是同农民的联盟（而这并不完全 = 资产阶级）。[②] 在《土地问题提纲初稿》中，列宁进一步分析了农村中的被剥削劳动群众有以下几个部分。第一，农业无产阶级（包括年工、季节工、日工在内的雇佣工人）。他们是各国共产党需争取的农村人口基本力量。长久以来的革命经验已经证明，“城市无产阶级同农民的亲密团结才使我们的政权得以巩固。只有无产阶级，在贫苦农民的帮助下，才坚持了反对一切敌人的斗争”[③]。第二，半无产者或小块土地农民。1919 年，俄共（布）的纲领曾明确提出：“俄共在全部农村工作中仍然是依靠农村无产者阶层和半无产者阶层”，并“尽量使他们接近城市无产阶级，使他们摆脱农村资产阶级和小私有者利益的影响”。[④] 在列宁看来，如果党的工作得当，这部分农民就会成为共产党的可靠拥护者。第三，小农。列宁指出，以上三类农村居民的总和构成一切资本主义国家农村人口的多数。关于小农，列宁还注意到了一个重要问题，即农村中出现了一股十分重要的力量——居于富农和贫苦农民之间的中农阶层。列宁认为“中农”从经济地位上来说是小农，即小私有制者。布尔什维克党人对待中农的态度经历了一个由“妥协”到“联合”的转变过程。无产阶级的胜利能够立刻给他们以利益，因此，从政治立场来说，无产阶级应对这部分农民采取中立政策，即在无产阶级同资产阶级的斗争中使他们保持中立。[⑤] 在给各级工人、农民和红军代表苏维埃的电报草稿中，列宁指出，“苏维埃政权从来没有在任何问题上宣布过要同中农作斗争，也没有进行过这种斗争。一切与此背道而驰的办法或措

① 《列宁选集》第 4 卷，人民出版社 2012 年版，第 220—221 页。

② 《列宁选集》第 4 卷，人民出版社 2012 年版，第 829 页。

③ 《列宁全集》第 35 卷，人民出版社 1985 年版，第 209 页。

④ 《列宁全集》第 36 卷，人民出版社 1985 年版，第 113 页。

⑤ 《列宁选集》第 4 卷，人民出版社 2012 年版，第 224—227 页。

施都应该受到最严厉的斥责，都应该加以制止。社会主义政府必须实行同中农妥协的政策"①，而不是消灭中农。随着白卫分子②不断暴动，面对日益严峻的国内形势，以列宁为代表的苏维埃政府为寻求更大范围的同盟势力，提出无产阶级仅与中农妥协是不够的，还必须与中农结成同盟。列宁强调，联合中农而非完全剥夺是"我们对待资产阶级和对待中农的基本区别"③。为配合政治上的"联合"，在经济政策方面，列宁认为，"在多数资本主义国家里，无产阶级政权决不应该立即完全废除私有制，并且无论如何都要保证小农和中农不仅保留他们原有的土地，而且使他们的土地扩大到他们平素租种的全部面积（废除地租）"④。以上这三类阶层构成了一切资本主义国家农村人口的多数，与之相对应的是占有较多生产资料和土地并常年雇佣农业工人的农村资产者，亦即富农。国内反动势力与帝国主义相勾结，富农收购大量粮食却囤积居奇、大发横财，但由于富农数量少，其性质上与地主和资本家有差异，所以无产阶级在政治上必须镇压其反革命阴谋，但在对待大农（资本主义企业主）的土地问题上，列宁表示，"无产阶级国家政权应当保留大农的土地，只在他们反抗被剥削劳动者的政权时才加以没收"⑤。在列宁这里，带有资本主义色彩的中农和大农没有成为无产阶级暴力剥夺的对象，保留他们最基本的土地以保障他们的生存权利，而他们已经具有的农业生产规模将在物质条件成熟之时，成为发展社会化大农业的基础。只有当无产阶级完全平定剥削者的一切反抗，并实现大规模集体生产和全国电气化以后，城市才能运用工业技术为提高一般农业劳动的生产率打下基础。这意味着，工农阶级由前一阶段的政治、军事联盟转向了以经济联盟为基础的全面合作关系，

---

① 《列宁全集》第35卷，人民出版社1985年版，第44页。

② "白卫分子"指在苏联建国初期（1918—1920年）内战中反对苏联共产党的军队，主要由支持沙皇的保皇党、军国主义者、自由民主分子和温和社会主义者组成，与苏联红军对立。

③ 《列宁全集》第36卷，人民出版社1985年版，第185页。

④ 《列宁选集》第4卷，人民出版社2012年版，第227页。

⑤ 《列宁选集》第4卷，人民出版社2012年版，第228页。

且蕴含着以生产力水平提高为衡量标准的国家发展战略思想。

从农村社会各阶层的分化，以及随之不断变化和调整的苏维埃经济政策可以看出，以列宁为首的俄国共产党人根据俄国社会的现实情况和革命的需要，认识到以小农经济为基础的俄国社会不能脱离农民对土地私有的需求。因为哪怕是在最先进的资本主义国家里，还保留着大土地占有者对附近小农的剥削制，所以无产阶级国家必须把小农所承租的土地，无偿地交给原租地者使用，最终得以从经济、政治和军事领域实现工人阶级与农民阶级的“合唱”①，这种全面的阶级联盟极大地巩固了无产阶级政权。

另一方面，透过民族和殖民地问题，列宁创造性地提出各殖民地和落后国家的无产阶级与资产阶级联合的可能性。列宁在1918年春天和新经济政策时期两度分析过苏维埃俄国“阶梯式的经济结构”②，即5层阶梯式的生产力水平，以及与之相适应的经济结构：代表原始生产力的、极端落后的宗法封建土地经济；中世纪落后生产力代表——以手工和半手工劳动为基础的小商品经济；机械化或半机械化的近代不太发达的生产力，在生产关系上与私人资本主义经济相适应；大企业中社会化、机械化程度较高的现代生产力的代表——国家资本主义经济；大中企业中比较发达的现代生产力的代表——社会主义经济。其中，第一种“宗法封建土地经济”是落后生产力的代表，后两种社会经济结构相对缺乏成熟的物质基础条件。以新经济政策初期三种经济成分的占比来看，“小商品经济占51.6%，社会主义经济占38.5%，私人资本主义经济占8.9%”③，从数据来看，小商品经济与私人资本主义经济的总和占当时社会经济结构的一半以上，他们既是先进生产力和生产关系的代表，同时也是向社会主义经济过渡的必由之路。

---

① 马克思认为，若没有这种合唱，它在一切农民国度中的独唱都会成为孤鸿哀鸣。（《马克思恩格斯选集》第1卷，人民出版社2012年版，第9页。）

② 王东：《改革之路的真正源头》，北京大学出版社1990年版，第257页。

③ 王东：《改革之路的真正源头》，北京大学出版社1990年版，第257页。

“多层次的经济结构”对应着“多层次的社会关系结构”，俄国社会生产力落后且具有小资产阶级的性质，决定了“俄国的基本力量以及社会经济的基本形式”与任何资本主义国家一样，“这些社会经济的基本形式就是资本主义、小商品生产和共产主义”，相对应的阶级是“资产阶级、小资产阶级（特别是农民）和无产阶级”。[①] 苏维埃领导下的俄国要向社会主义顺利过渡，实现全俄电气化与国家资本主义的设想，必须面对以私有制小农经济为基础的俄国社会正在迅速工业化的严峻现实，依托本国既有的资本主义社会经济基础，允许自由贸易；处理好与资产阶级的关系，才能广泛调动起全俄的劳动积极性，增强国家经济活力，改变生产力落后的情况；还应善于利用资本主义国家之间的多对矛盾，借资本主义生产方式条件下的有利因素恢复和发展国内经济，将国内阶级矛盾转向生产力发展，聚焦经济建设。

二　新经济政策时期对商品经济和资产阶级的新认识

1921 年春，俄共（布）第十次代表大会决定由战时共产主义转向新经济政策。届时，俄共党内关于新经济政策仍存在争议，一部分人担心小资产阶级、资产阶级和资本主义的加强会威胁到俄国无产阶级政权稳定。针对这些议论，列宁反驳道：“从资本主义向社会主义过渡可以有各种不同的形式”，如果一个国家的大工业占优势，或不占优势但十分发达，“那么直接向共产主义过渡是可能的”。[②]

新经济政策时期，粮食税逐渐替代了余粮征集制，促进了小农经济的发展，列宁认为，尽管在生产经营方式上仍然以小农经济为主体，但在经济水平上农村已经均衡化了，大部分人口在阶层地位上成了中农。因此，要改造小农经济使之逐渐向规模化、电气化、机械化农业生产转化，需要一个漫长的时间来奠定物质基础。苏维埃政府应当尽量满足小农的需求，“第一，需要有一定的流转自由，需要给小私有主

---

① 《列宁选集》第 4 卷，人民出版社 2012 年版，第 60 页。

② 《列宁选集》第 4 卷，人民出版社 2012 年版，第 464 页。

一定的自由。第二，需要弄到商品和产品”①，要实现第二个需求必须建立在实现第一个需求的基础上，即实现流转自由，也就是贸易自由。1922 年，列宁指出俄共（布）十大会议政治报告提纲中的两个要点：“上面有国家资本主义（租让），下面同小农妥协”②（自由贸易），就是新经济政策的实质：“第一，无产阶级国家准许小生产者有贸易自由；第二，对于大资本的生产资料，无产阶级国家采用资本主义经济学中叫作‘国家资本主义’的一系列原则。”③ 这表明，当时的苏维埃俄国领导者充分尊重社会发展规律，以生产力发展为原则，探索出了一条在无产阶级政权领导下，允许资本主义生产方式合理存在，两种彼此对立的社会形态相互妥协兼容，以求间接地迂回地向社会主义迈进的道路。可以说，新经济政策从某种程度上创新了无产阶级与资产阶级二元对立的阶级关系，使国内各阶级阶层关系暂时缓和，进而广泛调动起人民群众的劳动积极性，在特殊历史时期为俄国经济发展提供了有利的社会政治环境。

列宁领导的社会主义革命，是在一个小农经济占统治地位的落后国度进行的无产阶级革命。能否动员广大农民群众积极参与革命，实现工农联盟，关系着革命的成败。在国内外矛盾复杂交织的双重压力下，列宁一方面通过分析农村社会各阶层的经济地位、革命立场以及他们相互之间的关系，将传统马克思主义阶级分析理论以“生产资料占有情况和劳动力使用量”为阶级划分标准，发展成为以阶级分析为基础的“经济地位和革命立场”为划分标准（的阶层分析），找到了在小农背景深厚的俄国社会，无产阶级领导的社会主义革命和建设，必须团结包括贫农、中农、小商业者、手工业主等在内的同盟军，实现“工农联盟”，同时，确定了以资本家、地主、富农为主的革命对象，解决了如何“分清敌友”的现实问题；另一方面，正如马克思所说，旧的历史时期向新的历史时期发展的过程中，具有新的生命力的

① 《列宁选集》第 4 卷，人民出版社 2012 年版，第 448 页。

② 《列宁全集》第 41 卷，人民出版社 1986 年版，第 362 页。

③ 《列宁全集》第 43 卷，人民出版社 1987 年版，第 263 页。

东西总是从上一个历史阶段中产生出来。传统马克思主义阶级分析理论由于其鲜明的阶级斗争色彩，往往忽视了社会各阶层之间的利益共识和价值共识，列宁则通过对不断变化的社会阶层结构的分析，认识到缺乏物质基础的俄国社会必须保留和允许以私有制为核心的资本主义生产方式，使无产阶级与资产阶级在“发展社会生产力”的问题上达成共识。在全世界尚未存在社会主义国家的情况下，列宁实现了马克思恩格斯阶级分析理论与俄国社会现实相结合的历史性发展，策略性地将阶层分析纳入马克思主义阶级分析的范围，使二者实现了有机结合，开辟了马克思主义阶级分析理论的新方向，为殖民地和落后国家的无产阶级革命树立了理论和实践相结合的典范，尤其是对毛泽东在领导新民主主义革命时期思考中国社会性质、革命道路、阶层结构特殊性等问题产生了深远影响。

第三节　新民主主义革命时期毛泽东阶级分析理论

毛泽东阶级分析理论是在解决中国革命实践问题的过程中，历史地运用马克思主义阶级分析理论的必然结果。一方面，它强调社会各阶级之间的冲突、矛盾，通过“分清敌我”，找到了中国革命的对象和动力，明确指出人民大众与大地主大资产阶级所代表的帝国主义和封建势力之间的矛盾，是中国社会阶级矛盾的主要方面，从而动员起以农民和小资产阶级为主体的广大无产阶级，以及以城乡民族资产阶级为核心的“中间阶级”，组成最广泛的抗日民族统一战线。另一方面，通过深入细致地分析社会各阶级阶层多元化的利益需求，形成了以“各得其所”① 为核心价值诉求的社会共识，在民族危亡之际发挥了修

① 苏志宏提出，“各得其所”在特殊历史条件下，由于兼顾了社会各阶级、阶层、团体、个人的利益诉求，因而成为中国共产党在新民主主义革命时期实现马克思主义大众化认同的社会核心价值诉求，亦即新民主主义意识形态体系的基本内涵。（苏志宏：《马克思主义大众化的公民认同研究》，中国社会科学出版社2017年版，第38—40页。）

复与缓和阶级矛盾，整合社会阶层的重要作用，实践了社会各阶级阶层“互助互让”的人民民主共和国。

在阶级分析与阶层分析有机结合、相互建构的过程中，毛泽东阶级分析理论成为马克思主义阶级分析理论中国化发展和创新的起点，它既延续了传统马克思主义阶级分析理论，从阶级矛盾出发，为寻求公平正义而冲破社会制度的内核，又紧密结合中国革命的现实，赋予这一理论以强烈的中国风格与民族特征，也为新时期中国共产党新的社会阶层理论重返阶级分析和借鉴阶层分析，提供了极具理论价值与现实意义的参照标准。

一 毛泽东阶级分析理论的现实起点：“分清敌友以动员群众”

毛泽东在新民主主义革命时期，以列宁的“多层次经济结构论”为基础，结合中国半殖民地半封建社会形态下各阶级阶层的关系特点，形成了以“经济地位决定革命态度”为判断标准的社会结构分析方法[①]，为党在革命形势不断变化发展过程中驾驭革命形势奠定了基础。尤其是通过抓住中国社会“两头小，中间大”的鲜明特征，灵活而有针对性地把握中国资产阶级民主革命性质和方向，解决了中国民主革命的对象和动力问题，明确了以城乡民族资产阶级为代表的“中间势力”对待革命的矛盾态度，从而得以最大限度地动员社会各阶级阶层进行民主革命。由此，中国共产党逐渐认识到，阶级分析与阶层分析乃是马克思主义阶级分析理论中互为补充、有机结合的两个方面，二者缺一不可，从而与时俱进地创新和发展了传统马克思主义阶级分析理论。

① 主要是指在半殖民地半封建的中国社会里，由于帝国主义与封建主义的压迫和剥削，以城乡民族资产阶级为代表的中间阶级尽管数量不少，但经济地位较低且在政治上缺乏独立性，决定了其在革命中的“二重性”。而伴随资产阶级所产生的传统马克思主义理论中的革命阶级——工业无产阶级力量则十分薄弱。因此，毛泽东认为，要推翻代表帝国主义的买办大资产阶级和代表封建主义的地主阶级，须由工人阶级领导广大农民无产阶级与城乡民族资产阶级作民主革命斗争。（《毛泽东选集》第1卷，人民出版社1991年版，第144—145页；《毛泽东选集》第2卷，人民出版社1991年版，第674—675页。）

（一）毛泽东阶级分析理论的重要特征：阶级分析与阶层分析有机结合

1925年年底，为明确“谁是我们的敌人？谁是我们的朋友？”这个关系革命对象和革命动力的问题，毛泽东从“中国社会各阶级的经济地位及其对于革命的态度”[①]出发，深入剖析中国社会各阶级内部结构，将当时的社会基本构成分为“地主阶级和买办阶级”“中产阶级”“小资产阶级”“半无产阶级”“无产阶级”五个类别。他指出，在经济上属于外国资本主义附庸的地主阶级与买办阶级，始终是站在帝国主义一边的极端的反革命派；而作为中国新生产力代表的无产阶级，则是中国新民主主义革命的“领导力量”。其余的三个阶级，则处于作为革命对象的地主买办阶级和作为革命领导者的无产阶级之间，受制于不同的经济地位，决定了他们对于革命的态度各不相同。民族资产阶级亦可被称为“中间阶级”，他们对待革命的态度取决于受外资和军阀压迫的程度，在半殖民地半封建的中国现代社会中，这一阶级“必定很快地分化，或者向左跑入革命派，或者向右跑入反革命派”[②]。小资产阶级在经济状况和革命态度上分为左、中、右三个阶层：其中，右翼“是有余钱剩米的”阶层，其经济地位决定了这个层次的小资产阶级往往对“中产阶级的宣传颇相信，对于革命取怀疑的态度”[③]；中派“经济上大体可以自给的”，对革命“不肯贸然参加，取了中立的态度，但是绝不反对革命”[④]；左翼阶层“原先是所谓殷实人家”，近来生活有所下降，这一阶层“在革命运动中颇要紧，是一个数量不小的群众”[⑤]。半无产阶级则是指中国社会中来自于不同阶级、受剥削和压迫较深、因而革命要求更为迫切的社会阶层，包括占农民阶级人口大多数的半自耕农和贫农，从事小本经营的小手工业者、小贩，以及受雇于店主

① 《毛泽东选集》第1卷，人民出版社1991年版，第3页。
② 《毛泽东选集》第1卷，人民出版社1991年版，第4页。
③ 《毛泽东选集》第1卷，人民出版社1991年版，第5页。
④ 《毛泽东选集》第1卷，人民出版社1991年版，第5页。
⑤ 《毛泽东选集》第1卷，人民出版社1991年版，第6页。

的店员等。其中，半自耕农在经济上苦于自耕农，但稍好于其他几个阶层，因而其革命性优于自耕农而不及贫农；贫农、小手工业者、店员以及小贩都迫于生计困难，而不得不“出卖一部分劳动力”，这四个社会阶层的经济地位相差无几，极易接受革命宣传，因而具备相当的革命性。

毛泽东从中国社会半殖民地半封建的特殊历史条件出发，将马克思主义阶级分析理论与中国社会阶级阶层结构紧密结合，成功地将中国社会几大主要阶级内部的各个阶层清晰地抽取出来，并细致地描绘出包括革命态度、生活状况、经济地位、出卖劳动力程度在内的社会各阶层现状的横截面，形成了将阶级分析与阶层分析有机结合，并从具体的经济地位出发剖析其革命态度的中国化社会结构分析方法。正是借助此方法，中国共产党才清楚地认识到，要在半殖民地半封建社会条件下完成新民主主义革命，就必须在无产阶级领导下，首先团结以农村贫困农民群体为代表的半无产阶级、城市小资产阶级，其次要注意民族资产阶级的两面性，争取其左翼，防范其右翼，由此才能组织起最广大的革命队伍。

（二）农民阶级是中国革命的主力军

毛泽东在 1926 年 9 月发表的《国民革命与农民运动》一文中强调，由于占中国人口大多数的农民，是封建地主阶级剥削和压迫的主要对象，而后者又是帝国主义和国内统治阶级“唯一坚实的基础”。因此，中国资产阶级革命（“国民革命”）如果得不到农民的支持和拥护，这场革命就不会成功。农民一旦起来参与这场革命，将直接动摇封建军阀政权的统治基础，“这是中国农民运动的一个最大的特色”。[①] 1927 年 3 月，历经 32 天的考察，毛泽东在《湖南农民运动考察报告》中根据受大小土豪劣绅压迫的程度，以及在何种程度上出卖劳动力以求生存的情况，对乡村人口结构进行了分析和总结，清晰地展现了阶级分析与阶层分析并重的理论方法。报告认为，代表中国“宗法封建

① 《毛泽东文集》第 1 卷，人民出版社 1993 年版，第 37—41 页。

性的土豪劣绅”和“不法地主”的封建地主阶级是中国农村革命的对象，[①] 而广大的农民阶级则是进行这场国民革命的基本力量。[②]

据此，毛泽东将农民阶级分为三个阶层，“农民中有富农、中农、贫农三种”[③]，其中富农阶层对于这场革命基本持抵触态度，不到农民革命高潮阶段，这一阶层是不肯参与革命的；中农由于经济地位尚处于较为稳定的地位，因而对于革命的态度左右摇摆，需要向他们多作解释工作以争取之；而“乡村中一向苦战奋斗的主要力量是贫农”，他们是土豪劣绅的死对头，最听共产党的领导。[④] 报告进一步分析指出，由“赤贫”“次贫”[⑤] 组成的贫农群体，合共占乡村总人口的百分之七十，“乃是农民协会的中坚，打倒封建势力的先锋，成就那多年未曾成就的革命大业的元勋”[⑥]。毛泽东指出，一切帝国主义、军阀、贪官污吏、土豪劣绅，都将被几万万从各省起来的农民葬入坟墓，“一切革命的党派、革命的同志，都将在他们面前受他们的检验而决定弃取”[⑦]。针对当时党内忽视农民问题重要性的倾向，毛泽东在 1929 年给中央的信中呼吁：“群众是广大而且革命的，党却袖手不去领导”，“畏惧农民势力发展，以为将超过工人的领导而不利于革命”，这种意见是错误的，“因为半殖民地中国的革命，只有农民斗争不得工人领导而失败，没有农民斗争发展超过工人势力而不利于革命本身的”。[⑧]

1933 年 10 月，毛泽东在《怎样分析农村阶级》中又进一步分析了地主、富农等五个阶级内部不同阶层的生活状况，尤其是从生产资

---

① 《毛泽东选集》第 1 卷，人民出版社 1991 年版，第 15 页。

② 《毛泽东选集》第 1 卷，人民出版社 1991 年版，第 17 页。

③ 《毛泽东选集》第 1 卷，人民出版社 1991 年版，第 19 页。

④ 《毛泽东选集》第 1 卷，人民出版社 1991 年版，第 20 页。

⑤ “全然无业，即既无土地，又无资金，完全失去生活依据，不得不出外当兵，或出去做工，或打流当乞丐的，都是‘赤贫’，占百分之二十。半无业，即略有土地，或略有资金，但吃的多，收的少，终年在劳碌愁苦中过生活的，如手工工人、佃农（富佃除外）、半自耕农等，都是‘次贫’，占百分之五十。”（《毛泽东选集》第 1 卷，人民出版社 1991 年版，第 20—21 页。）

⑥ 《毛泽东选集》第 1 卷，人民出版社 1991 年版，第 21 页。

⑦ 《毛泽东选集》第 1 卷，人民出版社 1991 年版，第 13 页。

⑧ 《毛泽东文集》第 1 卷，人民出版社 1993 年版，第 55 页。

料的占有情况的不同，或者参与剥削方式的不同，将地主阶级分为主要靠收取地租为生、靠帮助地主收租为生、靠高利贷剥削为生这样三个大类以及三个阶层。[①] 1940 年 1 月，在回顾新民主主义革命历程时，毛泽东总结了新三民主义与旧三民主义的区别即在于革命的动力发生了变化。“中国有百分之八十的人口是农民，这是小学生的常识”，“中国的革命实质上是农民革命，现在的抗日，实质上是农民的抗日。新民主主义的政治，实质上就是授权给农民”，“因此农民问题，就成了中国革命的基本问题，农民的力量，是中国革命的主要力量”[②]。确证了中国革命对象与革命动力以后，中国共产党便启动了围绕动员工农无产阶级的一系列政治策略和制度安排。

（三）认识和把握“两头小，中间大”的社会结构特征

“两头小，中间大”的中国社会结构特征是毛泽东阶级分析理论中的重要概念，是他对中国现代社会结构关系的关键性判断。这一中国化马克思主义阶级分析理论命题，产生于他对革命队伍和革命对象两个阵营之间力量对比的具体且与时俱进的认识、估量和把握。1925 年冬，毛泽东对当时中国两大对立的政治“联合战线”——作为国际资产阶级附庸的地主阶级和买办阶级组成的“反革命联合战线”，以及由革命的国民党领导的小资产阶级（自耕农、小商、手工业主），半无产阶级（半自耕农、佃农、手工业者、店员、小贩等），无产阶级（产业工人、苦力、雇农、游民无产阶级）组成的“革命的联合战线”，和介于两个战线中间摇摆不定的“中产阶级”（小地主、小银行家及钱庄主、国货商、华资工厂主），作了人口数量分布的统计说明：中国四万万人中，处在反动统治阶级一方的“买办、大地主、官僚、军阀等大资产阶级”至多占四百分之一，计一百万人；处在另一极，受帝国主义与封建主义压迫和剥削最严重的“产业工人、都市苦力、雇农、游民等完全的无产阶级约占四千五百万”；代表“小地主、国货工商业家等中产阶级”的“中间

---

① 《毛泽东选集》第 1 卷，人民出版社 1991 年版，第 127—129 页。

② 《毛泽东选集》第 2 卷，人民出版社 1991 年版，第 692 页。

派”，约占总人口的百分之一，即四百万人；人口中的最大多数则包括约占一万万五千万的“自耕农、小商、手工业主等小资产阶级”，以及人数最多约占二万万的“半自耕农、佃农、手工业工人、店员、小贩等半无产阶级”。其中，中间派与小资产阶级、半无产阶级所组成的中间势力，共计有三万万五千四百万，占中国社会阶级结构中最多的一部分。①毛泽东在这里初步描绘出了一个“两头小，中间大”的社会阶级结构图式，为以后不断丰富的毛泽东阶级分析理论，以及在不断变化发展的中国革命形势中发动和组织革命的联合战线找到了现实依据。

进入土地革命阶段以后，包括中国城乡资产阶级在内的中间阶级问题的复杂性使以毛泽东为代表的中国共产党人，对“两头小，中间大”的社会阶级结构有了更深入的认识。由于国共第一次合作的破裂，党内党外在批判右倾机会主义的同时“左”倾情绪严重发酵，受斯大林关于中国革命“三阶段”论的影响，共产国际领导下的中共六大会议宣告“民族资产阶级是阻碍革命胜利的最危险的敌人之一”②，这种在主观上否认存在中间营垒的错误认识，导致在实践中不可避免地“把应当争取和可能争取的广大中间阶级、阶层推到敌人一边”③。为平均地权，实现“耕者有其田”，1928 年冬出台的《土地法》规定“没收一切土地归苏维埃政府所有”，且“一切土地，经苏维埃政府没收并分配后，禁止买卖”。④过“左”的政策和做法导致了“土豪劣绅和中间阶级，同被打击”，以小地主、富农为代表的中间阶级往往成为苏区土地政策实际执行中的最大阻碍，以致土地政策在边区难以推开。据此，毛泽东在《井冈山的斗争中》指出：“全国革命低潮时，割据地区最困难的问题，就在拿不住中间阶级。中间阶级之所以反叛，受到革命的过重打击是主因。”⑤

---

① 《毛泽东文集》第 1 卷，人民出版社 1993 年版，第 28—29 页。

② 《中国共产党历史》（上），人民出版社 1991 年版，第 246 页。

③ 《中国共产党历史》第 1 卷（1921—1949）上册，中共党史出版社 2011 年版，第 263 页。

④ 《毛泽东文集》第 1 卷，人民出版社 1993 年版，第 49 页。

⑤ 《毛泽东选集》第 1 卷，人民出版社 1991 年版，第 70 页。

在红白两区激烈的经济斗争中毛泽东发现，中间阶级往往“利用他们从前的社会地位及家族主义，恐吓贫农，延宕分田的时间”，而“贫农因长期地被摧残及感觉革命胜利无保障，往往接受中间阶级的意见，不敢积极行动”。[①] 由此，毛泽东强烈感受到以小地主、富农为代表的中间阶级的革命态度与行动方向牵动着其他阶级，特别是贫农阶级革命的积极性。据此，中共中央开始有意识地回应社会各阶级阶层的利益诉求。1929 年 1 月，红军第四军自井冈山向赣南闽西进军途中发布的布告，生动形象地说明了当时“全国各地，压迫太甚，工人农人，十分痛苦”，“小资产者，税捐极重”；而另一头的“土豪劣绅，横行乡镇，重息重租，人人怨愤”，“帝国主义，哪个不恨”的现实图景。更重要的是，在此布告中，中国共产党为回应不同阶级阶层的诉求，提出“地主田地，农民收种，债不要还，租不要送”，以动员广大农民群众积极参与土地革命；而对于民族资产阶级，则网开一面，予以团结争取，“城市商人，积铢累寸，只要服从，馀皆不论”，以动员民众“打倒列强”“打倒军阀”“统一中华”“肃清乱政”。[②]

为兼顾富农和小地主的利益，以避免他们在土地分配过程中的过激反应，中国共产党逐渐形成了通过团结和争取城乡两个层面的中间阶级以最大限度地动员群众的策略原则。（1）适时调整根据地的土地分配政策，适当照顾以富农和小地主为代表的中间阶级利益。针对当时“土地的百分之六十以上在地主手里，百分之四十以下在农民手里”[③] 的分配不均现象，毛泽东在 1930 年撰写的《寻乌调查》中提出了“抽多补少，抽肥补瘦”[④] 的分配原则，在保证土地分配数量平均的基础上，对土地的好与坏、远与近也尽量做到公平分配。到 1931 年春耕时，毛泽东又进一步强调，农民分到的土地不能只有使用权，还

---

① 《毛泽东选集》第 1 卷，人民出版社 1991 年版，第 69 页。

② 《毛泽东文集》第 1 卷，人民出版社 1993 年版，第 52—53 页。

③ 《毛泽东选集》第 1 卷，人民出版社 1991 年版，第 68 页。

④ 《毛泽东文集》第 1 卷，人民出版社 1993 年版，第 234 页。

应当享有所有权。[①] 在土地分配问题上充分考量和落实中间阶级的利益，是中国化马克思主义民主革命思想的重大理论创新。这一理论在抗日战争时期获得了进一步发展。

为了建立广泛的抗日民族统一战线，1936 年，中国共产党决定停止没收开明绅士的土地；1937 年，陕甘宁边区政府又宣布以“减租减息”替代没收地主土地的政策，[②] 最终有效地调动起了根据地各个阶级阶层群众的抗日积极性。（2）允许具有资本主义性质的富农经济在不妨碍一般国计民生的前提下合理发展，明确提出保护民族资产阶级，允许发展民族工商业。1934 年，毛泽东在《我们的经济政策》中指出，在小农经济基础上发展私人经济，能满足国家和人民的需求，因此，私人经济的发展“只要不出于政府法律范围之外，不但不加阻止，而且加以提倡和奖励”[③]。1935 年 12 月发布的《关于改变对富农策略的决定》，从三个方面指出改变对富农策略的必要性：首先，在日本帝国主义侵略中国的民族危机下，富农也具有参加统一战线的可能性；其次，为纠正过去“左”倾政策对中间阶级积极性的打击，强调富农对于争取广大中农群众的重要性；第三，允许资本主义性质的富农经济适当发展，特别是对有利于根据地经济发展的资本主义经济成分予以了肯定。[④]

这一时期，毛泽东通过准确把握中国社会“两头小，中间大”的结构特征，为半殖民地半封建中国的民主革命，找到了深厚的阶级力量和群众基础，尤其是一方面把农民视为中国革命的主力军，另一方面深刻洞察民族资产阶级在革命中所具有的“两面性”，这两个方面构成了毛泽东阶级分析理论的全部现实基础，丰富了中国化马克思主义阶级分析理论的基本内涵。随着时间的推移与中国革命形势的发展，围绕这两方面所展开的团结和争取城乡中间阶级的各项政策得以不断完善。

---

① 《毛泽东文集》第 1 卷，人民出版社 1993 年版，第 256 页。
② 《毛泽东选集》第 2 卷，人民出版社 1991 年版，第 403 页。
③ 《毛泽东选集》第 1 卷，人民出版社 1991 年版，第 133 页。
④ 《毛泽东文集》第 1 卷，人民出版社 1993 年版，第 373—374 页。

（四）以动员农民阶级和小资产阶级、争取民族资产阶级为根本目的

1939 年冬，毛泽东在《中国革命和中国共产党》一文中指出，“中国民族资本主义发生和发展的过程，就是中国资产阶级和无产阶级发生和发展的过程”①。自近代以来，西方资本主义国家在打开中国市场大门对华输入资本的过程中，逐渐从封建社会中脱胎而来的两个“新的社会阶级”——一个是从商人、地主和官僚发展而来的资产阶级，另一个则是从农民和手工业者发展而来的无产阶级——他们既相互关联又相互对立，是中国旧社会（封建社会）产出的双生子。②

由于帝国主义列强与国内封建势力相互勾结，造成了一个以买办阶级、封建地主阶级以及商业和高利贷资产阶级为代表的反动统治阶级，国内资本主义的发展举步维艰；此外，帝国主义大肆在中国本土发展工商业，直接阻碍了我国社会生产力的发展，民族资本主义的发展也饱受压迫。尽管“民族资本主义有了某些发展，并在中国政治的、文化的生活中起了颇大的作用；但是，它没有成为中国社会经济的主要形式，它的力量是很软弱的，它的大部分是对于外国帝国主义和国内封建主义都有或多或少的联系的”③，这就决定了其在革命中的动摇性，而无法成为一支独立的革命力量。因此，毛泽东说，“中国无产阶级的发生和发展，不但是伴随中国民族资产阶级的发生和发展而来，而且是伴随帝国主义在中国直接地经营企业而来”④，孱弱的民族资产阶级和强大的外资势力无法相对地在中国造成一个强有力的工人阶级。

毛泽东认为，由中农、手工业主、小知识阶层、小商人等阶层共同组成的“小资产阶级”⑤，以及由半自耕农、贫农、小手工业者、店员、小贩等阶层组成的“半无产阶级”⑥，共占中国人口的 90% 以上，

① 《毛泽东选集》第 2 卷，人民出版社 1991 年版，第 627 页。
② 《毛泽东选集》第 2 卷，人民出版社 1991 年版，第 627 页。
③ 《毛泽东选集》第 2 卷，人民出版社 1991 年版，第 630 页。
④ 《毛泽东选集》第 2 卷，人民出版社 1991 年版，第 627 页。
⑤ 《毛泽东选集》第 1 卷，人民出版社 1991 年版，第 5 页。
⑥ 《毛泽东选集》第 1 卷，人民出版社 1991 年版，第 6 页。

是中国新民主主义革命所依靠的基本力量和群众基础。能否动员小资产阶级积极参与革命，是毛泽东阶级分析理论的基本着眼点和创新性分析视角。“半殖民地半封建的中国，是小资产阶级极其广大的国家”①，中国革命的特殊历史路径决定了小资产阶级没有成为独立性政党的政治空间，那些有政治觉悟和意识的小资产阶级为寻求出路，纷纷靠向无产阶级而使无产阶级政党内小资产阶级出身的分子占了大多数。党外的小资产阶级，除开农村中小资产阶级是中国革命的主力以外，“城市小资产阶级大多数群众在中国也受着重重压迫，经常迅速大量地陷于贫困破产和失业的境地”②，故他们对经济和政治的民主有着迫切要求，是现阶段中国革命的动力之一。

1945 年，毛泽东在总结党的历史错误时指出，我们曾经忘记过领导权，忘记过农民，结果小资产阶级和自由资产阶级都跟着跑了，无产阶级就被大地主大资产阶级从台上撵下来了。③ 后来在土地革命时期，“犯急性病的人连小资产阶级、中产阶级也不要，结果自己变成了空军司令，队伍越打越小”④。在经济落后的半殖民地，农民和小资产阶级是“外而帝国主义内而统治阶级”⑤ 压迫榨取的最主要对象，二者共同构成了中国新民主主义革命的基本依靠力量。因此，毛泽东从“两头小，中间大”的社会阶级结构现实出发，强调经济地位决定革命态度，创新出阶级分析与阶层分析相结合的方法，形成了中国化的马克思主义阶级分析理论，其根本目的就是动员农民阶级和小资产阶级、争取民族资产阶级，以最大限度地壮大革命队伍。

中共六届七中全会在对中国民主革命的三个历史时期进行全盘回顾时，对毛泽东将“马克思列宁主义的科学理论，创造地应用于中国

① 《毛泽东选集》第 3 卷，人民出版社 1991 年版，第 991 页。
② 《毛泽东选集》第 3 卷，人民出版社 1991 年版，第 991—992 页。
③ 《毛泽东在七大的报告和讲话集》，中央文献出版社 1995 年版，第 110 页。
④ 《毛泽东在七大的报告和讲话集》，中央文献出版社 1995 年版，第 111 页。
⑤ 《毛泽东文集》第 1 卷，人民出版社 1993 年版，第 37 页。

这样的以农民为主要群众、以反帝反封建为直接任务而又地广人众、情况极复杂、斗争极困难的半封建半殖民地的大国"① 给予了高度评价。这里实际上肯定了毛泽东在深入分析中国半殖民地半封建的社会结构特征时，认识到民族资产阶级的"两面性"，从而排除了资产阶级领导革命的可能性，由此总结出在"两头小，中间大"的社会结构图式里，贯穿整个中国革命漫长历程，"决定国家命运的基本势力"乃是"中国无产阶级、农民、知识分子和其他小资产阶级"，② 形成了无产阶级领导下，包括广大城市小资产阶级、民族资产阶级、开明士绅及其他爱国分子在内的统一战线，回应了列宁在俄国革命经验基础上对社会主义未来命运的思考——不同民族的革命路径将呈现出差异性，即每个民族都会有自己的特点。③

二　毛泽东阶级分析理论的历史转向：民族危机下中国社会各阶级阶层"互助互让"

在严峻的民族战争形势下，毛泽东对"两头小，中间大"的社会阶级结构特征的认识得以进一步丰富和发展。从土地革命时期，通过经济地位和革命态度来洞察中间势力在中国民主革命中的重要性和复杂性，转变为"按其情况使之各得其所"④，以争取中间阶级的群众，"调节各抗日阶层的利益"⑤，从而呈现出"互助互让"的新特征。这一新特征体现出毛泽东灵活运用马克思主义阶级分析方法过滤社会群体以后对社会阶层动态变化的准确把握。1945 年 4 月，毛泽东在党的七大上指出：中国社会的"阶级各有一些不同的要求。抹杀这种矛盾，抹杀这种不同要求，在整个新民主主义的阶段上，不会也不应该使之发展到超过共同要求之上"，因此，他提

① 《毛泽东选集》第 3 卷，人民出版社 1991 年版，第 952—953 页。
② 《毛泽东选集》第 2 卷，人民出版社 1991 年版，第 674 页。
③ 《列宁选集》第 4 卷，人民出版社 2012 年版，第 776—778 页。
④ 《毛泽东选集》第 2 卷，人民出版社 1991 年版，第 783 页。
⑤ 《毛泽东选集》第 2 卷，人民出版社 1991 年版，第 743 页。

出，“建立一个联合一切民主阶级的统一战线的政治制度”，[①] 以将这些不同的要求诉诸一个合理的国家制度形态，即新民主主义的民主国家。

（一）民族危机进一步强化“两头小，中间大”的社会结构特征

在1932年1月主持召开中共苏区中央局会议时，毛泽东提出，日本帝国主义发动九一八事变的目的在于侵吞整个中国，这“势必引起全国人民的抗日高潮，国内阶级关系必将发生变化”[②]。1937年5月，毛泽东就九一八事变特别是1935年华北事变以来，国内两种矛盾——帝国主义和中国之间的矛盾，封建制度和人民大众的矛盾，以及处于这两种矛盾下的国内社会阶级变化作了总结性的概括。首先，“中日矛盾变动了国内的阶级关系，使资产阶级甚至军阀都遇到了存亡的问题”[③]，他们在政治态度上的变化，促使中国共产党提出了建立包括资产阶级以及一切同意保卫祖国的人们在内的抗日民族统一战线的任务。其次，中日矛盾变动了全国人民大众和共产党的情况和政策。社会各阶级的斗争意识更加强烈，积极性更高了。再次，各地军阀作为不同帝国主义在华利益的代表，也由于日本与其背后帝国势力之间的矛盾加剧，而可能暂时地寻求和平与统一。中日民族矛盾的发展，使国内阶级矛盾居于次要和服从地位，阶级斗争服从于民族斗争，这也就决定了党的基本策略既要顾全大局又要注意阶级斗争，在“采取广泛的统一战线”[④]，团结一切抗日民主力量的同时，以一定程度上的妥协与让步全力争取民族资产阶级左翼和中间派，而对待资产阶级右翼，则是在把握有理、有利、有节的原则下，采取“一拉一打”的既联合又斗争的方针。这一时期，毛泽东阶级分析理论开始由社会各阶级阶层的“革命态度”，转向抗日民族统一战线下的“互助互让”。毛泽东反复强调，“不管什么阶级，什么政党，什么社会集团或个人，只要是赞

---

① 《毛泽东选集》第3卷，人民出版社1991年版，第1056页。

② 《毛泽东思想年编》（1921—1975），中央文献出版社2011年版，第53页。

③ 《毛泽东思想年编》（1921—1975），中央文献出版社2011年版，第140页。

④ 《毛泽东选集》第1卷，人民出版社1991年版，第153页。

成打败日本侵略者和建设新中国的，我们就要加以联合"①，相比1930年的"寻乌调查"，毛泽东分析社会结构的根本目的发生了重大变化。②

1939年年底，毛泽东进一步阐述了中国社会"两头小，中间大"的结构特征，提出中国共产党迫切需要争取和团结广大"中间阶级"，以应对抗日战争时期日益加深的民族危机。他指出，在地主阶级中，除开跟着一部分大资产阶级（投降派）已经投降日寇的大地主，以及跟着另一部分大资产阶级（顽固派）十分动摇的大地主以外，还有"许多中小地主出身的开明绅士即带有若干资本主义色彩的地主们，还有抗日的积极性"③，我们必须团结这部分人一起抗日；毛泽东又从资产阶级中划分出三股势力：亲日派大资产阶级（投降派）、欧美派大资产阶级（顽固派）和民族资产阶级。④其中，民族资产阶级"主要的是中等资产阶级"，尽管它对革命具有两面性，但在抗日战争中，他们与资产阶级其余两股势力有很大区别，"至今仍然是我们的较好的同盟者"⑤，故完全有必要慎重对待民族资产阶级；毛泽东注意到"数十年来，中国已出现了一个很大的知识分子群和青年学生群"⑥，尽管知识分子与青年学生并不属于一个阶级或阶层，但从他们的家庭出身、生活条件和政治立场来看，可以将他们放入小资产阶级的范畴。毛泽东十分注意对知识分子和青年

① 《毛泽东在七大的报告和讲话集》，中央文献出版社1995年版，第95页。

② 这一时期，毛泽东阶级分析理论的主要特征是以"革命态度"划分阶级力量，因此，他说："我们不仅要调查各业的情况，尤其要调查各业内部的阶级情况。我们不仅要调查各业之间的相互关系，尤其要调查各阶级之间的相互关系。我们调查工作的主要方法是解剖各种社会阶级，我们的终极目的是要明了各种阶级的相互关系，得到正确的阶级估量，然后定出我们正确的斗争策略，确定哪些阶级是革命斗争的主力，哪些阶级是我们应当争取的同盟者，哪些阶级是要打倒的。我们的目的完全在这里。"（《毛泽东思想年编》（1921—1975），中央文献出版社2011年版，第43—44页。）

③ 《毛泽东选集》第2卷，人民出版社1991年版，第638页。

④ 1940年，在编写战士课本时，毛泽东写信给中央军委总政治部宣传部长萧向荣，强调"要将大资产阶级与民族资产阶级，亲日派大资产阶级与非亲日派（即英美派）大资产阶级，大地主与中小地主及开明绅士，加以区别。"（《毛泽东选集》第2卷，人民出版社1991年版，第655页。）

⑤ 《毛泽东选集》第2卷，人民出版社1991年版，第640页。

⑥ 《毛泽东选集》第2卷，人民出版社1991年版，第641页。

学生的引导，既赋予了他们传统中国知识分子心系民族命运的家国情怀，又使其肩负起反帝反封建先锋作用和传播抗日救亡革命思想以实现中国现代化的新使命。他们与小商人、手工业者、自由职业者，共同构成了无产阶级在这一时期革命的很好的同盟者——农民以外的小资产阶级，“故必须争取和保护之”[①]；在农民阶级中，毛泽东抓住了以富农为代表的农村中间阶层。他充分认识到尽管富农是“带有半封建性”的，但“富农一般都自己参加劳动，在这点上它又是农民的一部分”[②]，在生产领域富农经济也是有益的，所以应该有区别地对待富农，不应过早地对其采取消灭政策。毛泽东在这里充分运用社会阶层分析方法，在社会各阶级内部找到了能够将之视为革命动力的“中间阶层”，突破了前一阶段单纯以“革命态度”作为其阶级分析的划分标准，例如“作为阶级来说，地主阶级是革命的对象，不是革命的动力”[③]，但地主阶级中的开明绅士则是中国共产党须联合的抗日阶层。

（二）各抗日阶级之间协商妥协以促进抗日民族统一战线建立

1935年8月1日，中国共产党起草了《中国苏维埃政府、中国共产党中央为抗日救国告全体同胞书》（即《八一宣言》），提出包括社会上层阶级在内的抗日民族统一战线。随后，在12月召开的瓦窑堡会议上，中央正式确定建立抗日民族统一战线的重要策略。在《论反对日本帝国主义的策略》中，毛泽东指出，“日本帝国主义要把整个中国从几个帝国主义国家都有份的半殖民地状态改变为日本独占的殖民地状态”[④]，这就改变了延续近百年的民族矛盾与国内阶级矛盾复杂交织的局面，把当下的“阶级关系问题总起来说，就是：在日本帝国主义打进中国本部来了这一个基本的变化上面，变化了中国各阶级之间的相互关系，扩大了民族革命营垒的势力，减弱了民族反革命营垒的势力”[⑤]。从全国革命形

① 《毛泽东选集》第2卷，人民出版社1991年版，第642页。
② 《毛泽东选集》第2卷，人民出版社1991年版，第643页。
③ 《毛泽东选集》第2卷，人民出版社1991年版，第638页。
④ 《毛泽东选集》第1卷，人民出版社1991年版，第143页。
⑤ 《毛泽东选集》第1卷，人民出版社1991年版，第149页。

势来看，工人和农民都是要求反抗的，小资产阶级也是要反抗的，民族资产阶级则既“没有地主阶级那样多的封建性”，也“没有买办阶级那样多的买办性”，[①] 随着民族矛盾上升为当时的社会主要矛盾，他们的政治利益和经济利益饱受挤压，其与工农阶级联盟的可能性已经十分明朗。故这次报告的结论指出，中国革命的动力可能会增加一个民族资产阶级。[②] 针对那些与国外资本和本国土地联系较紧密的民族资产阶级右翼在民族战争中转变立场的可能性，毛泽东认为，“福建事变”[③] 的发生，唐生智、冯玉祥、马占山等人的抗日行为已经表明，“地主买办阶级营垒中也不是完全统一的”[④]，“在民族危机到了严重关头的时候，在日本炸弹的威力圈及于全中国的时候，在斗争改变常态而突然以汹涌的阵势向前推进的时候”[⑤]，就连国民党内部也会发生破裂，届时，代表英美等帝国主义势力的资产阶级“右翼”也有进行抗战的可能。他强调，在革命中既要注意联合他们，利用他们与日本帝国主义的矛盾，又要和他们作坚决的斗争；而那些没有关系或关系较少的民族资产阶级则具有极大的动摇性，尽管他们“一方面不喜欢帝国主义，一方面又怕革命的彻底性”，但在当前时局下，在民族工商业普遍陷入破产或半破产境遇时，他们中的左翼就有了参加斗争的可能，另一部分则有可能由动摇转为中立，[⑥] 这部分中间派也成为中国共产党在抗日战争时期为建立最广泛抗日民族统一战线而颇费心思争取与联合的阶层。

---

① 《毛泽东选集》第 1 卷，人民出版社 1991 年版，第 145 页。

② 《毛泽东选集》第 1 卷，人民出版社 1991 年版，第 160 页。

③ 1933 年 11 月 20 日，李济深、陈铭枢、蒋光鼐、蔡廷锴等人发表人民权利宣言，以国民党第十九路军为主力，在福建福州发起抗日反蒋行动，史称“福建事变”。然而，以博古为首的中央领导层放弃了“上层分化”的统一战线政策，错失了联合国民党中间势力的机遇。这次事变虽以失败告终，但其反映了在民族矛盾尖锐且阶级斗争不断的形势下，资产阶级内部出现了愿与中国共产党协议停战并联合抗击外敌的阶层代表，这为中国共产党在民族战争中注意观察社会各阶级尤其是资产阶级内部出现的分化，在不断巩固和扩大抗日民族统一战线的同时不放弃阶级斗争，制定出区别对待社会各阶级阶层的政策提供了新的思路。（黄修荣、黄黎：《共产国际与中国共产党关系探源》，人民出版社 2016 年版，第 848 页。）

④ 《毛泽东选集》第 1 卷，人民出版社 1991 年版，第 148 页。

⑤ 金冲及：《毛泽东传》（1893—1949），中央文献出版社 2004 年版，第 450 页。

⑥ 《毛泽东选集》第 1 卷，人民出版社 1991 年版，第 145 页。

1936年3月，毛泽东、彭德怀联名发布《中国人民红军抗日先锋军布告》，呼吁“一切爱国人士，革命仁人，不分新旧，不分派别，不分出身，凡属同情于反抗日本帝国主义者，本军均愿与之联合，共同进行民族革命之伟大事业”，“凡属爱国军人，本军均愿与之进行协商、协定或谅解”。这次布告不仅表明了在军事方面让步与互助的决心，还提出了保障社会各阶级阶层切身利益的口号，即红军“所到之处，保护爱国运动，保护革命人民，保护工农利益，保护知识分子，保护工商业”①。同年4月6日，中国共产党与张学良方面举行会谈，双方订立互不侵犯及经济通商初步协定等五项抗日救国协约，从而使党在新时期的任务——建立抗日民族统一战线，高度具体化到组织国防政府与抗日联军。12月12日凌晨，张学良、杨虎城在西安发动事变。以毛泽东为核心的中国共产党人在充分吸取福建事变经验教训的基础上，坚持从中国革命的实际情况出发，强调以国家民族利益为先，“为国家民族计，为蒋氏个人计”②，尽可能联合一切可以团结的力量，最终促成了此次事变和平解决。

由于西安事变事发突然，中国共产党的统战工作随着政治情况急转而迅速作出调整。1937年2月10日，中共中央致电国民党三中全会，提出愿与国民党本着和平统一团结御侮的方针，彼此各退一步，拟定相互妥协让步的国策。③ 毛泽东在出席中共中央政治局会议时指出：“我们的通电，是大的让步，是带原则性的让步，是对工人农民以

---

① 《毛泽东思想年编》（1921—1975），中央文献出版社2011年版，第101页。

② 金冲及：《毛泽东传》（1893—1949），中央文献出版社2004年版，第431页。

③ 本次通电中共中央向国民党提出了以下国策：（一）停止一切内战，集中国力，一致对外；（二）保障言论、集会、结社之自由，释放一切政治犯；（三）召集各党各派各界各军的代表会议，集中全国人才，共同救国；（四）迅速完成对日抗战之一切准备工作；（五）改善人民的生活。中共中央提出，如国民党三中全会能确定以上国策，则中国共产党愿作出如下保证：（一）在全国范围内停止推翻国民政府之武装暴动方针；（二）苏维埃政府改名为中华民国特区政府，红军改名为国民革命军，直接受南京中央政府与军事委员会之指导；（三）在特区政府区域内，实行普选的彻底民主制度；（四）停止没收地主土地之政策，坚决执行抗日民族统一战线之共同纲领。（《毛泽东思想年编》（1921—1975），中央文献出版社2011年版，第133—134页。）

外的小资产阶级等的让步。”[1] 为推动国共两党共同建立抗日民族统一战线，争取上层分子（土豪、商人、资本家），消灭两个政权的对立，中共中央调整了对富农的土地政策。在对于商人、知识分子、地主、农民、工人、军队等实行统一战线的办法上，毛泽东强调“对商人的关系，过去与现在没有什么差别”，中国共产党历来主张发展民族工商业，苏区实行商业自由，红军所到之处也无不保护商人；对知识分子也同过去一样实行保护政策，尊重并优待技术人员、文化人员与艺术家；对地主的要求则放低到“只要他们不反对抗日救亡政策，就不没收他们的土地”，但其必须改善农民生活；对待工人，则以实际情况尽可能改良其待遇；对待国民党军队，红军“愿和他们携手偕行”，不生内战，共同抗日。[2] 总之，在战争问题上，抗日战争中国共两党应是“互相需要、互相配合、互相协助的”[3]。

1937 年 9 月，国共两党统一战线正式宣告成立，标志着代表无产阶级的中国共产党与代表大地主大资产阶级的国民党在变化了的社会主要矛盾条件下，能够就国家民族利益达成共识，中国革命进入了“全国停止内战一致抗日与和平统一团结御侮的新阶段”[4]。抗日民族统一战线是带有“要照顾各方面和各阶段的性质的”[5] 全局性的东西，它“将部分利益服从于全体利益，将阶级利益服从于民族利益”[6]，为中国共产党争取和团结那些处于底层草根与顶层精英之间的社会各阶级阶层提供了充分必要条件，尤其是破除了过去党内对“中等资产阶级”[7] 的关门主义倾向，意识到争取中间势力对于扭转

① 《毛泽东思想年编》（1921—1975），中央文献出版社 2011 年版，第 134 页。

② 《毛泽东思想年编》（1921—1975），中央文献出版社 2011 年版，第 135—136 页。

③ 《毛泽东选集》第 2 卷，人民出版社 1991 年版，第 553 页。

④ 《毛泽东思想年编》（1921—1975），中央文献出版社 2011 年版，第 138 页。

⑤ 《毛泽东思想年编》（1921—1975），中央文献出版社 2011 年版，第 125 页。

⑥ 《毛泽东思想年编》（1921—1975），中央文献出版社 2011 年版，第 136 页。

⑦ 毛泽东在 1939 年发表的《中国革命和中国共产党》中提出“中国的民族资产阶级，主要的是中等资产阶级”，后于 1940 年所作的《目前抗日统一战线中的策略问题》中，将中等资产阶级具体描述为“除了买办阶级即大资产阶级以外的民族资产阶级”。（《毛泽东选集》第 2 卷，人民出版社 1991 年版，第 640、746 页。）

全国局势的重要性。最高军事形式上的让步，为政治上谋求社会阶级结构稳定提供了先决条件，从各武装力量之间的“让步妥协”向社会各阶级阶层全面推行“互助互让”的实际过程中，既保留了国内军事有生力量，又恰如其分地将阶级分析与阶层分析融于抗日民族统一战线之中。

（三）团结在“抗战高于一切”的民族共识之下

1937年，“全国的抗日救亡高潮深入到城乡各个社会阶层”①。国家社会党、中国青年党、中华职业教育社、乡村建设派等纷纷表态拥护政府抗战，拥护国共两党合作抗日；全国学生界、教育界、宗教界、妇女界等建立了各种形式的抗日救亡组织；民族工商界人士在国难当头、民族危亡之际，积极认购救国公债，为前线捐赠物资，许多人为了坚持生产以支持长期抗战，克服重重困难，陆续将企业迁至西部后方省区，为整个民族工商业生存以及发展边区工业作出了重大贡献。据此，这一年10月，毛泽东发表了《目前抗战形势与党的任务报告提纲》，针对“扩大与巩固以国共两党合作为基础的抗日民族统一战线”提出：

> （一）首先必须向党内外人士说明，统一战线的基本条件是抗日，“抗日高于一切”，民主民生均在其次。
>
> （二）统一战线的内容是：1. 各党各派的抗日合作；2. 统一的国防政府；3. 统一的国防军；4. 统一的民众团体。不是一党一派的政府、军队与民众团体的包办。
>
> （三）统一战线内各党各派合作的目的是：“互相帮助，互相发展”，不是谁领导谁。……
>
> （四）我们对同盟者工作方法：1. 切实的具体的帮助，多采取建议的方法；2. 依照他们觉悟的程度与迫切的需要，提出适当的要求与口号，不要太高太左；3. 善意的批评，也应该赞扬他们

① 《中国共产党历史》第1卷（1921—1949）下册，中共党史出版社2011年版，第469页。

的好处；4. 利用群众的力量的推动，即自下而上的推动，但不是对立。

（五）向国民党人说明，共产党不但要在抗日问题上与国民党合作，而且要在实现三民主义建立新中国上同国民党合作。……

（六）统一战线内部的矛盾与磨擦不可避免，只能减弱不能消灭，应在发展抗日运动与抗日高于一切的原则下解决与和缓内部矛盾与磨擦。

（七）统一战线中两条战线斗争，反对投降主义与关门主义。什么是“独立自主”？

（八）如何扩大统一战线：1. 各党各派的统一战线；2. 各群众团体加入统一战线；3. 组织无组织的加入统一战线；4. 分化亲日派与争取亲日派影响下的分子。①

这份提纲为以后在民族战争中建立起以“抗日高于一切”为共识的，社会各阶级阶层之间妥协让步、互助合作的全民族爱国统一战线定下了基调。另一方面，毛泽东不回避统一战线中的矛盾与摩擦，在坚持团结抗日高于一切的原则下，主张争取自身的独立性，力求缓和与解决内部问题。针对党内在统一战线上出现的“左”倾关门主义和右倾“一切经过统一战线”的错误主张，毛泽东在 1938 年 11 月党的六届六中全会上的讲话中厘清了民族斗争与阶级斗争的关系。他强调，“为了长期合作，统一战线中的各党派实行互助互让是必需的，但应该是积极的，不是消极的”。这就包括我党我军与友党友军共同地巩固和扩大；人民与政府须践行“互助”的原则，人民在要求政府满足自己的政治经济诉求的同时，“给政府以一切可能的利于抗日的援助”；工

① 第三部分内容还包括：二、在国民政府的基础上建立统一的国防政府；三、在现有军队的基础上扩大与建立统一的国防军；四、动员与武装人民、帮助政府与军队抗战，组织巩固的后方；五、坚持华北抗战与游击战争；六、扩大与建立国防工业；七、争取国际的援助，加强抗战的力量；八、结论。（《毛泽东文集》第 2 卷，人民出版社 1993 年版，第 52—58 页。）

人与厂主也应当以大局为重，照顾到劳资两方面的利益；地主减租减息，农民交租交息；[①] 军队之间的“互让”也同各阶级阶层之间的“互助”一样，采取积极的方针。毛泽东在这里所提出的“积极的帮助与让步”，是为实现全国抗战的目的而进行的有条件的有限制的让步，即在保持“共产党的独立性和批评自由”[②] 基础上的让步。事实上，民族斗争就是阶级斗争在特殊历史时期的具体表现形式：“一方面，阶级的政治经济要求在一定的历史时期内以不破裂合作为条件；又一方面，一切阶级斗争的要求都应以民族斗争的需要（为着抗日）为出发点。”[③] 作为“互助互让”的最高组织形式，抗日民族统一战线既从意识形态上获得了超阶级的合法性地位，又在组织动员层面上实现了统一性和独立性、民族斗争和阶级斗争的辩证统一，极具智慧地解决了党内在抗日战争初期亟待解决的难题。

要注意的是，关于领导权的问题，毛泽东曾在《中国革命战争的战略问题》中指出，中国的资产阶级因其自身的局限性，尤其是在政治经济上缺乏独立自主，因而“不愿意也不能领导中国革命战争走上彻底胜利的道路”[④]，这一历史重任就不得不落到代表广大无产阶级的中国共产党的肩上。因此，尽管中国现阶段的革命正是为推翻帝国主义与封建主义的资产阶级性质的民主革命，“是在走第一步”[⑤]，然而这个革命已经不属于“旧的、被资产阶级领导的、以建立资本主义的社会和资产阶级专政的国家为目的的革命，而是新的、被无产阶级领导的、以在第一阶段上建立新民主主义的社会和建立各个革命阶级联合专政的国家为目的的革命”[⑥]，这个革命的领导阶级必须也必然地属于无产阶级，而无产阶级在新民主主义时期的主要任务，在于不忽视民族资产阶级在一定时期内、一定程度上的革命性，而同“他们建立

---

① 《毛泽东选集》第2卷，人民出版社1991年版，第537页。
② 《毛泽东思想年编》（1921—1975），中央文献出版社2011年版，第142页。
③ 《毛泽东选集》第2卷，人民出版社1991年版，第539页。
④ 《毛泽东选集》第1卷，人民出版社1991年版，第183页。
⑤ 《毛泽东选集》第2卷，人民出版社1991年版，第666页。
⑥ 《毛泽东选集》第2卷，人民出版社1991年版，第668页。

反帝国主义和反官僚军阀政府的统一战线”[①]。

三　毛泽东阶级分析理论的政治实践：建立“各得其所”的新民主主义共和国

1935年12月，毛泽东提出，中国共产党领导的民主革命的政权组织形式，应当由“工农共和国”改为“人民共和国”，以适应在当前建立抗日民族统一战线的要求。[②] 在过去由“工人、农民和城市小资产阶级联盟”组成的政府基础上，“还要加上一切其他阶级中愿意参加民族革命的分子”[③]。尽管从社会经济条件来看，这一新的民主共和国是资产阶级性质的，但具体的政治条件决定了它与西方现代民主国家不同，它应该是工农小资产阶级和资产阶级联盟的国家，[④] 应当实行“联合一切反对日本帝国主义的社会阶层，同他们建立统一战线”[⑤] 的政策。为团结全民族抗日，争取人民民主权利，1940年1月，毛泽东在《新民主主义论》中提出，要建立起中国无产阶级领导下的各革命阶级联合专政的新民主主义的社会，[⑥] 以完结从新民主主义革命向社会主义革命分两步走的第一阶段。

从“人民共和国”的提出到新民主主义社会的设想，中国共产党人立足于全民族根本利益，由工农阶级的代表一跃成为中华民族的代言人。[⑦] 由此，党中央开始自觉建构起一个以各革命阶级联合专政为

---

① 《毛泽东选集》第2卷，人民出版社1991年版，第673页。

② 《毛泽东选集》第1卷，人民出版社1991年版，第167—168页。

③ 《毛泽东选集》第1卷，人民出版社1991年版，第156页。

④ 《毛泽东思想年编》(1921—1975)，中央文献出版社2011年版，第143—144页。

⑤ 《毛泽东选集》第3卷，人民出版社1991年版，第792页。

⑥ 《毛泽东选集》第2卷，人民出版社1991年版，第672页。

⑦ 苏志宏在其《马克思主义大众化的公民认同研究》一书中指出，“人民共和国”口号的提出，标志着中国共产党开始以全民族根本利益代表的崭新面貌出现在历史舞台。中国共产党新民主主义理论体系的形成，以及践行“人民共和国”的新民主主义社会建设实践，表明了中国共产党在新的历史条件下开始自觉构建意识形态体系，以占领现代中国思想文化的精神制高点。(苏志宏：《马克思主义大众化的公民认同研究》，中国社会科学出版社2017年版，第37页。)

“国体”，以民主集中制为“政体”[①] 的新民主主义共和国，它既不同于大地主大资产阶级的共和国，也不同于旧的工农共和国，而是抗日民族统一战线的，为实现真正革命的三大政策——民族独立、民权自由、民生幸福的新民主主义共和国。中国共产党通过巩固和加强边区革命根据地的民主政权建设，从价值观念、经济发展、政治民主等方面迅速开创出富有新气象的民主社会模式，从而将以“民主”为抗日战争时期的中心任务这一坚定信念贯彻到革命建设的实践过程中，成为新民主主义革命时期社会结构分析的最高目标。

（一）中国革命的特殊性决定新民主主义革命须分两步走

1939 年 10 月，在《〈共产党人〉发刊词》中，毛泽东第一次详细回顾了中国共产党建党 18 年的坎坷历程。在总结新民主主义革命的历史经验时，将中国共产党与资产阶级的“复杂关联”，亦即民族资产阶级在这场革命中所表现出来的“二重性”，视为中国新民主主义革命区别于“任何资本主义国家的革命”的基本民族特征。正是在深刻把握这一殖民地半殖民地革命特点的基础上，毛泽东领导的中国共产党深刻认识到中国社会各阶级关系与中国革命形势的特殊性，得出了中国无产阶级同中国资产阶级和其他阶级的统一战线，在第一次大革命阶段、土地革命战争阶段和抗日战争阶段所具有的规律性认识：首先，中国的民主革命道路不同于其他国家的深刻原因在于社会矛盾结构的特殊性。近代以降，国内外时局所造成的半殖民地半封建社会中，各个帝国主义之间矛盾尖锐，在中国国内表现为各地军阀之间的分裂和战争，由此造成了“一国之内，在四围白色政权的包围中，有一小块或若干小块红色政权的区域长期地存在”[②] 的奇特现象，形成了民族斗争与国内阶级斗争复杂交织的局面；其次，中国社会结构特征是“两头小，但是两头强，中间大，但在政治上是软弱的”[③]，政治立场上最坚决的是主张革命的无产阶级与反革命的大地主大资产阶级，介于二

---

① 《毛泽东选集》第 2 卷，人民出版社 1991 年版，第 677 页。

② 《毛泽东选集》第 1 卷，人民出版社 1991 年版，第 48 页。

③ 《毛泽东在七大的报告和讲话集》，中央文献出版社 1995 年版，第 107 页。

者之间的任何中间阶级都有它的动摇性。作为中国共产党领导无产阶级进行新式资产阶级民主革命的切入点，以上两方面，即中国革命的特殊性以及中国社会阶级结构特征，共同决定了无产阶级领导下的人民大众的反帝反封建爱国主义民主革命须与本国民族资产阶级“一身而二任焉”[①] 的两面性相适应，由此，也决定了实现这一革命须分为两个步骤：第一步，是将这个半殖民地半封建形态的社会变为一个独立的民主主义社会；第二步，是革命继续向前推动，“建立一个社会主义的社会”[②]。毛泽东在党的七大上讲：“只有经过民主主义，才能到达社会主义，这是马克思主义的天经地义。”[③]

我们需要一个联合统一的新民主主义国家，需要其国家经济、合作社经济以及私人资本主义经济的发展，以及与这些生产关系相对应的上层建筑，即民族的科学的大众的新民主主义文化也随之得到发展，需要人民群众个性的全面解放和发展。因此，“没有一个由共产党领导的新式的资产阶级性质的彻底的民主革命，要想在殖民地半殖民地半封建的废墟上建立起社会主义社会来，那只是完全的空想”[④]。在列宁对国家资本主义[⑤]设想的基础上，毛泽东充分说明了新民主主义社会作为中国社会历史发展的重要阶段，所蕴含的一切合理因素，尤其是以私人生产经营为基础的资本主义因素，对于顺利迈向社会主义社会的深刻含义以及它出现的历史必然性。

（二）“各得其所” 成为新三民主义的核心价值诉求

1934 年 1 月 27 日，毛泽东在全国工农兵代表大会上谈论了“关心群众生活”与“注意工作方法”实际上反映了“群众路线”的两方面

---

① 《毛泽东选集》第 2 卷，人民出版社 1991 年版，第 674 页。

② 《毛泽东选集》第 2 卷，人民出版社 1991 年版，第 666 页。

③ 《毛泽东选集》第 3 卷，人民出版社 1991 年版，第 1060 页。

④ 《毛泽东选集》第 3 卷，人民出版社 1991 年版，第 1060 页。

⑤ 列宁在论粮食税中提出：“既然我们还不能实现从小生产到社会主义的直接过渡，所以作为小生产和交换的自发产物的资本主义，在一定程度上是不可避免的，所以我们应该利用资本主义（特别是要把它纳入国家资本主义的轨道）作为小生产和社会主义之间的中间环节，作为提高生产力的手段、途径、方法和方式。”（《列宁选集》第 4 卷，人民出版社 2012 年版，第 510 页。）

问题。他指出，革命战争与群众之间的必然联系，决定了只有动员和“依靠群众才能进行战争”，也决定了党的工作方法原则必须以群众利益为根本，只有这样才能把革命推向全国。“领导农民的土地斗争，分土地给农民；提高农民的劳动热情，增加农业生产；保障工人的利益；建立合作社；发展对外贸易；解决群众的穿衣问题，吃饭问题，住房问题，柴米油盐问题，疾病卫生问题，婚姻问题。”① 毛泽东总结说，要发动群众参加革命，就必须和群众在一起，关心他们的痛痒，真心实意地为他们谋利益。② 作为马克思主义民生问题中国化的具体表现，在明确群众切身利益、革命积极性与革命战争三者之间关系的基础上，毛泽东领导的中国共产党初步具备了通过解决群众生产和生活中的具体问题来凝聚革命力量的意识，特别是注意到了不同阶级阶层群体的利益诉求也不尽相同，总体上呈现多元化的特征，并由此得出“各得其所”是解决这些多元化利益诉求的基础。③

随着中日民族矛盾的加剧，国际形势和国内阶级关系发生变化，代表全民族利益的中国共产党须兼顾的群体范围随着抗日民族统一战线的发展而不断扩大。1935 年 12 月，毛泽东在瓦窑堡会议上指出，“不同的个人，不同的团体，不同的社会阶级与阶层，不同的武装队伍”，有他们各自参加反日革命运动的不同动机与立场，也正因如此，他们在革命中的表现也各有不同，而党的任务就是要从这些不同的出发点入手，在反日战争中满足广大民众的基本利益要求，尤其是工人、士兵、贫民、知识分子对改良生活待遇的要求，从而使更广大的群众走进反日的阵地上去，“有力出力，有钱出钱，有枪出枪，有知识出知识”，④ 形成最广泛的爱国民主抗日统一战线策略的总路线。这一总路

---

① 《毛泽东选集》第 1 卷，人民出版社 1991 年版，第 136—137 页。

② 《毛泽东选集》第 1 卷，人民出版社 1991 年版，第 138 页。

③ 苏志宏首次提出“各得其所”是新民主主义社会的核心价值诉求，他认为，“各得其所”是旧三民主义向新三民主义转向的逻辑支点，更是新民主主义革命时期中国共产党思想理论与社会实践得以相互建构的关键点。（苏志宏：《马克思主义大众化的公民认同研究》，中国社会科学出版社 2017 年版，第 39—40 页。）

④ 《毛泽东选集》第 1 卷，人民出版社 1991 年版，第 266 页。

线的提出，意味着以毛泽东为代表的中国共产党在抗日战争时期，形成了满足人民群众多元化利益诉求，整合社会各阶级阶层群众对抗日战争和政治民主形成高度认可的意识形态认同路径。

1937年8月，中国共产党根据孙中山拟订的三民主义和三大政策精神，向全国各党各派各界各军提出抗日救国十大纲领，① 得到了全民族广泛认同，尤其是博取了国民党中间派和左派的同情与支持。同时，毛泽东指出，新的三民主义比旧的三民主义要完备得多，尤其是中国共产党的新民主主义的理论、纲领和实践，经由20多年革命淬炼，已经有了一个极大的发展。因此，新的三民主义即新民主主义，是更符合当前社会发展需要与人民诉求的基本纲领。1941年11月，毛泽东在陕甘宁边区参议会的演说中强调："中国社会是一个两头小中间大的社会，无产阶级和地主大资产阶级都只占少数，最广大的人民是农民、城市小资产阶级以及其他的中间阶级。任何政党的政策如果不顾到这些阶级的利益，如果这些阶级的人们不得其所，如果这些阶级的人们没有说话的权利，要想把国事弄好是不可能的。中国共产党提出的各项政策，都是为着团结一切抗日的人民，顾及一切抗日的阶级，而特别是顾及农民、城市小资产阶级以及其他中间阶级的。"②

为在抗日战争中把握住极具"动摇性"的中间阶层，毛泽东提出在经济政策、土地分配以及民主权利等方面双方须在一定程度相互让步。在土地政策方面，"把地主阶级的土地分配给农民所有，同时保存一般的私人资本主义的企业，并不废除富农经济"③，将"耕者有其田"的政策，改为"农民减租减息，地主交租交息"，这样一来，农民有饭吃，地主也能过活。土地政策的调整既推动了国民党参加抗日，又减少了解放区的地主对于发动农民抗战的阻力；在劳资关系上，既

① 纲领内容主要包括：（一）打倒日本帝国主义；（二）全国军事的总动员；（三）全国人民的总动员；（四）改革政治机构；（五）抗日的外交政策；（六）战时的财政经济政策；（七）改良人民生活；（八）抗日的教育政策；（九）肃清汉奸卖国贼亲日派，巩固后方；（十）抗日的民族团结。（《毛泽东选集》第2卷，人民出版社1991年版，第354—356页。）

② 《毛泽东选集》第3卷，人民出版社1991年版，第808页。

③ 《毛泽东选集》第2卷，人民出版社1991年版，第647页。

扶助工人又发展实业，这样做一方面可以使工人有工做，有饭吃，另一方面又能使资本家有利可图，在这个过程中须注意“节制资本”，以使私有资本制度不能操纵国民生计；在公私关系上，实行“公私兼顾”，或叫“军民兼顾”，①体现出中国共产党以及边区人民政府对经济发展客观规律和既成事实的充分尊重，以尽可能减轻人民负担，休养民力。

所谓“纲举目张”，有了新三民主义这个“纲”，“各得其所”这个目得以由此展开，在民族危亡之际，国家与人民群众不仅是命运共同体而且是利益共同体，“唤起民众”的唯一途径就是抗日救国，建立民主国家，就是解决人民吃饭、穿衣、工作、受教育这些基本问题。此前的“关心群众生活”“注意工作方法”“抗日与生产并举”等关系到人民群众切身利益的具体政策，都是对“各得其所”这一社会核心价值诉求的最充分体现，意味着中国共产党在实践工作中做到了“有差别的统一”。

（三）“减租减息，交租交息”以稳定农村社会结构

为了顺应战争发展趋势，从发展生产力、抗日以及民主的需要出发，1937 年中共中央决定将土地革命时期实行的“没收地主土地的政策”改为“减租减息”。1940 年 12 月，中央书记处告各个分局的《抗日根据地应实行的各项政策》规定：土地政策实行部分的减租减息，“但不要减得太多，不要因减息而使农民借不到债，不要因清算旧债而没收地主土地”②，农民应有交租交息的义务，保证地主拥有土地所有权，富农的经营原则上不变动。由于当时正值战争焦灼之际，这一规定在许多地区执行得不彻底，没有很好地调动起人民的积极性。据此，1942 年 2 月 6 日，在《中央关于如何执行土地政策决定的指示》中，对减租减息政策办法作了明确说明：（一）减租减息以扶助农民，“保证农民的政治经济权利，借以改善农民的生活，提高农民抗日和生产

① 《毛泽东选集》第 3 卷，人民出版社 1991 年版，第 894—895 页。

② 《毛泽东文集》第 2 卷，人民出版社 1993 年版，第 320 页。

的积极性”；（二）由于现阶段土地政策不是消灭封建剥削，而是减轻封建剥削，所以须对部分地主实行交租交息，“保障地主的地权、财权和人权”，以达到联合他们抗日的目的；（三）承认资本主义生产方式是当时中国比较进步的生产方式，“对于富农则削弱其封建部分，鼓励其资本主义部分的发展”①。坚决贯彻新的土地政策以后，边区各阶级的土地占有关系和经济地位发生了明显变化，据晋冀鲁豫边区太行山12 个县 15 个村的调查显示：中农的户数与其所占的土地比例有显著增长；地主所占户数有所下降，每户平均土地明显减少；贫农的户数也略有下降，但其所占土地比例明显增加。② 这就意味着农村社会中地主阶级和贫农阶级都出现往中间阶级流动的情况，两头的比例在缩小，中间部分更壮大了，这种生产关系与阶级关系的调节在一定程度上缓和了各个阶级阶层之间的矛盾，在调动人民群众生产积极性、提高生产力的同时，极大地促进了抗日民族统一战线的巩固和抗日民主根据地的发展。正如 1944 年毛泽东在任弼时写的讲演稿中加上的一段话：“新社会制度的建立，就是为着适应生产力的发展的，它是为着经济发展的，而且经济发展了才使新的社会制度获得巩固的基础”③。

（四）允许发展“不操纵国计民生”的资本主义

近代中国社会曲折发展的历史证明：“不摆脱半殖民地半封建的社会关系，中国的民族资本主义和国民经济根本不可能得到正常发展。”④毛泽东在土地革命时期就认识到“全国生产力已到了一个大危机”⑤，土地问题关系着农民是否能改良土地，提高生产力以度过危机，但这一问题在当时主要是为解决动员农民阶级和小资产阶级参加革命而提

① 《中国共产党历史》第 1 卷（1921—1949）下册，中共党史出版社 2011 年版，第 596 页。

② 《中国共产党历史》第 1 卷（1921—1949）下册，中共党史出版社 2011 年版，第 596 页。

③ 《毛泽东文集》第 3 卷，人民出版社 1996 年版，第 126 页。

④ 李青：《中国共产党对资本主义和非公有制经济的认识与政策》，中共党史出版社 2004 年版，第 56 页。

⑤ 《毛泽东文集》第 1 卷，人民出版社 1993 年版，第 43 页。

出来的。随着民族危机深化，尤其是新民主主义革命分为两个阶段的思想逐渐成熟，以毛泽东为代表的中国共产党人逐渐意识到，“不操纵国计民生的”资本主义经济对于促进地方生产力发展有着巨大潜能，因此，应当将民族资产阶级看作是新民主主义共和国的先进生产力代表。

1935年，毛泽东在《论反对日本帝国主义的策略》中提出，资产阶级民主革命时期的人民共和国，不仅“不废除非帝国主义的、非封建主义的私有财产，并不没收民族资产阶级的工商业”，相反，我们还要鼓励他们适当发展。[①] 人民共和国代表的是反帝国主义反封建主义的各阶层人民的利益，因此，凡是不赞助帝国主义和卖国贼的民族资本家，人民共和国的政府是不会反对有利于民生发展的民族工商业的。随着新民主主义共和国思想的形成、发展和成熟，党中央和边区人民政府承认并肯定了民族资本主义对于发展社会经济的必要性，为民族资产阶级让渡出经济地位和政治权利。这一时期，无产阶级领导下的新民主主义共和国的最鲜明特征就在于“并不没收其他资本主义的私有财产，并不禁止‘不操纵国民生计’的资本主义生产的发展”[②]。1940年12月，在中共中央书记处给各抗日根据地的电报中，甚至“号召上海资本家到苏北办实业”，“容许民族资产阶级的自由主义思想存在，容许自由主义的文化人及教育家办报办学”。[③] 1942年，《中共中央关于抗日根据地土地政策的决定》指出，“资本主义生产方式是中国现时比较进步的生产方式”[④]。这是中国共产党第一次公开承认和肯定资本主义生产方式，它意味着共产党人能够独立地运用马克思主义唯物史观，坚持实事求是的原则，认识到以个体经济（即私有财产）[⑤] 为基础的新民主主义经济社会中，除了国营经济、自愿组成的合

---

① 《毛泽东选集》第1卷，人民出版社1991年版，第159页。

② 《毛泽东选集》第2卷，人民出版社1991年版，第678页。

③ 《毛泽东思想年编》（1921—1975），中央文献出版社2011年版，第275页。

④ 《毛泽东思想年编》（1921—1975），中央文献出版社2011年版，第309页。

⑤ 《中国共产党历史》第1卷（1921—1949）下册，中共党史出版社2011年版，第599页。

作社经济，私人资本主义在不操纵国计民生前提下的发展，是关系着中国民主革命发展形势乃至社会形态变迁的根本性问题。

1945年，毛泽东在党的七大上指出，中国的资本主义不是太多了，而是太少了。“拿资本主义的某种发展去代替外国帝国主义和本国封建主义的压迫，不但是一个进步，而且是一个不可避免的”，有利于无产阶级的过程。① 因此，我们不能害怕发展一般的资本主义，在一个时期以内将之作为比较重要的一部分社会经济加以发展，是由封建经济发展到社会主义经济的必由之路。否则，没有了这个发展资本主义的阶段，就会陷入民粹主义的困境。② 1947年以后，毛泽东仍然强调在一定程度上保留资本主义私人经济。他认为，甚至在全国胜利以后很长一段时间内，它们仍将作为整个国民经济中不可缺少的一部分而存在，其一切有益于国民经济的部分将获得必要发展。由此可见，新民主主义革命“不是一般地消灭资本主义，不是消灭上层小资产阶级和中等资产阶级”③。构成新中国经济主体的仍然是：（一）作为领导成分的国营经济；（二）由个体逐步向集体方向发展的农业经济，如互助组、合作社；（三）独立小商业者的经济和小的、中等的私人资本经济。④ 对资本主义经济的承认和鼓励，使革命根据地内各阶级阶层关系得以缓和，使中国共产党获得了更广泛的民主革命力量。

（五）建立“三三制”民主政权，实现政治权利“各得其所”

1940年3月，为了纠正严重忽视争取中等资产阶级和开明绅士的“左”的倾向，毛泽东在《抗日根据地的政权问题》中指出：根据地政权建设应按照“三三制”原则实行。（一）必须使占三分之一的共产党员具有质量上的优越性，以保证党的领导权。（二）为争取小资产阶级，必须使联系着广大小资产阶级群众的党外进步分子占三分之一。（三）中间派必须享有余下三分之一的位置，以便“争取中等资

① 《毛泽东在七大的报告和讲话集》，中央文献出版社1995年版，第55页。

② 《毛泽东在七大的报告和讲话集》，中央文献出版社1995年版，第126页。

③ 《毛泽东选集》第4卷，人民出版社1991年版，第1254页。

④ 《毛泽东思想年编》（1921—1975），中央文献出版社2011年版，第546页。

产阶级和开明绅士”，“孤立顽固派”。[①] 他十分重视吸收民族资本家代表参加根据地建设，在其给胡服、陈毅等人的电告中，强调“应经过韩国均、李明扬、李长江及地方绅士、文化界等，对苏北以外的江浙民族资本家及其代表”加以联络，“约请他们派人或介绍人参加苏北之地方政权工作，民意机关工作，及经济、文化、教育建设工作”。[②] 1941 年 11 月，在陕甘宁边区第二届参议会第一次会议上选出的 18 名边区政府委员中，有共产党员 7 名，略超过三分之一，党员徐特立当即申请退出，经大会通过，以党外人士白文焕递补。开明绅士李鼎铭被选为陕甘宁边区政府副主席。“三三制”政权组织形式的出现，以及共产党对这一民主原则的坚决执行和维护，实现了将代表中产阶级及上层小资产阶级的“中间派”，与代表下层小资产阶级及无产阶级的“进步派”紧紧团结在以中国共产党为领导核心的民主革命阵营中，作为中国共产党对民主制度设计的创新，获得了党外人士的一致认可和好评。

当时，边区民主代表大会所具有的普遍性、民主性与影响力是十分广泛的，参会代表们通常来自不同界别、不同党派、不同民族，代表性十分广泛。例如：1938 年 1 月 10 日召开的晋察冀边区军政民代表大会。出席这次会议的代表包括国共两党党员、各抗日军队或群众团体代表，工人、农民、开明绅士和资本家代表，蒙、回、藏等少数民族代表，以及五台山的僧人代表等，共 140 余人。他们代表了该边区 30 余县的广大民众。正是通过这次代表大会选举出了晋察冀边区行政委员会，从而建立起由共产党领导的第一个统一战线性质的抗日民主政权。[③] 又如：“晋冀鲁豫边区所属武乡、榆社、襄垣三县的 598 个村政委员会中，贫雇农占 35.1%，中农占 43%，富农占 15.4%，开明地

---

① 《毛泽东选集》第 2 卷，人民出版社 1991 年版，第 742 页。

② 《毛泽东文集》第 2 卷，人民出版社 1993 年版，第 300 页。

③ 《中国共产党历史》第 1 卷（1921—1949）下册，中共党史出版社 2011 年版，第 496 页。

主占6.5%。"[①] 由于许多边区老百姓不识字，为保证他们能够行使民主权利，组织者会采用老百姓简单易懂的方法，如"掷豆子"等形式直接选出当地基层政权，从而极大地调动了人民群众履行民主权利与参加抗日战争的积极性。

抗日革命根据地的民主政权建设，充分体现了民族革命与民主革命在社会公平正义层面的一致性，由于中国共产党与社会各阶级阶层之间在政治权利上的"各得其所"，得以"把抗日战争与民主制度结合起来，以民主制度的普遍实行去争取抗日战争的胜利"[②] 变为可能，为边区营造了良好政治生态环境，为团结和争取一切反对日本帝国主义和国内封建势力的阶级、阶层、党派以及个人达成共识提供了政治舞台。

四　毛泽东阶级分析理论在新中国成立初期的曲折发展

新中国成立后的前30年，由于受苏联模式的影响，以及国内工业受制于薄弱的农业基础而难以顺利发展，导致工农政治关系岌岌可危，社会关系矛盾重重，于是中央逐渐走向了以"阶级斗争为纲"的"左"倾路线。通过社会主义"一化三改造"将私营和个体经济收归国有，社会结构图式呈现出"两个阶级，一个阶层"[③] 的形态特征。毛泽东于新民主主义时期创立的中国化阶级分析理论也在建设社会主义的实践中受挫，其严重后果成为党的重大历史教训。

（一）从"团结对象"到"不再将民族资产阶级称为中间阶级"

新政权建立伊始，中国共产党面临物价膨胀、金融混乱的经济局面。工商业界，大批私营工厂、商店倒闭，工人失业；[④] 农业生产方

① 《中国共产党历史》第1卷（1921—1949）下册，中共党史出版社2011年版，第593页。

② 《毛泽东文集》第2卷，人民出版社1993年版，第130页。

③ "两个阶级，一个阶层"指工人阶级、农民阶级以及知识分子阶层。

④ 据统计，1950年1—4月，全国14个大中城市有2945家私营工厂倒闭，在16个城市中有9347家私营商店停业。[《中国共产党历史》第2卷（1949—1978）上册，中共党史出版社2011年版，第61页。]

面，粮农囤积居奇，粮食紧缺，粮价居高不下，城乡经济结构矛盾尖锐，老百姓苦不堪言。党的七届二中全会后不久，毛泽东提出了“四面八方”经济政策，即实行“公私兼顾，劳资两利，城乡互助，内外交流”①，实质上旨在争取和联合城乡民族资产阶级，利用城乡资本主义发展的积极性，改善经济状况。1949 年 4 月，毛泽东在详细说明“四面八方”政策时强调“目前的侧重点不在于限制而在于联合自由资产阶级”，对于农村中的资产阶级代表——新富农，则要“发挥他们的积极性”②，因为他们寻求生产发展的目标与党领导下的人民大众的现实诉求是一致的。这一提议被纳入《中国人民政治协商会议共同纲领》第二十六条。③ 由于在农村对富农采取什么样的政策关系到中农阶级，影响很大，访苏回国后，毛泽东接受了斯大林关于“把分配地主土地和分配富农土地分成两个较长的阶段来做”④ 的提议，明确了“只动地主不动富农”⑤，保护中农，彻底孤立地主的政策。在给刘少奇的电报中，毛泽东明确表示，对于农民要求分配富农多余土地的要求，“固不禁止，但也不要在法令上预作肯定”⑥。这就为土改政策实际执行过程中争取以富农为代表的中间阶层支持新政权创造了条件；在工商业较为发达的城市，常年通货膨胀造成的虚假购买力消失以后，暴露出商品滞销和生产力过剩的严重问题。事实上，私营工商业在为社会提

---

① 《毛泽东思想年编》(1921—1975)，中央文献出版社 2011 年版，第 652 页。

② 陶鲁笳：《毛主席教我们当省委书记》，中央文献出版社 1996 年版，第 128 页。

③ 共同纲领第二十六条的内容是：“中华人民共和国经济建设的根本方针，是以公私兼顾、劳资两利、城乡互助、内外交流的政策，达到发展生产、繁荣经济之目的。国家应在经营范围、原料供给、销售市场、劳动条件、技术设备、财政政策、金融政策等方面，调剂国营经济、合作社经济、农民和手工业者的个体经济、私人资本主义经济和国家资本主义经济，使各种社会经济成分在国营经济领导之下，分工合作，各得其所，以促进整个社会经济的发展。”（《陈云文选》第 2 卷，人民出版社 1995 年版，第 356 页。）

④ 逄先知、金冲及：《毛泽东传》（1949—1976）（上），中央文献出版社 2003 年版，第 86 页。

⑤ 逄先知、金冲及：《毛泽东传》（1949—1976）（上），中央文献出版社 2003 年版，第 87 页。

⑥ 逄先知、金冲及：《毛泽东传》（1949—1976）（上），中央文献出版社 2003 年版，第 86 页。

供产品，实现商品流通，保障社会就业，促进新中国经济尽快恢复等方面起着重要作用。① 正如陈云所说：“政府挑的是‘两筐鸡蛋’，不要碰破一头。金融稳定对工商界和绝大部分人民是有利的。”② 因此，在这一时期，“调整公私关系”是中国共产党领导经济恢复和发展的重要任务，尽管五大经济成分③在利害关系上仍然存在“摩擦”④，但“私营工厂可以帮助增加生产，私营商业可以帮助商品流通”⑤，还可以解决失业问题，对人民有好处，所以，兼顾好五种经济成分是十分必要的。1950 年 6 月，毛泽东在党的七届三中全会上针对社会关系紧张的问题，指出“我们一定要做好工作，使工人、农民、小手工业者都拥护我们，使民族资产阶级和知识分子中的绝大多数人不反对我们”⑥，“团结民族资产阶级、民主党派、民主人士和知识分子是对的，是必要的”⑦。

在新中国成立初期国民经济恢复阶段，民族资产阶级是以中国共产党的“团结对象”的面貌出现的，它延续了毛泽东自新民主主义以来团结和争取城乡中间阶级为主要社会发展动力的思想路线。但是，作为向社会主义过渡的政策性考虑，团结和争取中间阶级以搞活经济的政策对于政治形势而言又具有正反两方面的影响。一方面，国内工

① “据国家统计局资料，1949 年，资本主义工业产值占全国工业总产值的 63%。1950 年，私营商业在社会商品批发总额中占 76.1%，在零售总额中占 85%。”［《中国共产党历史》第 2 卷（1949—1978）上册，中共党史出版社 2011 年版，第 113 页。］

② 《陈云文选》第 2 卷，人民出版社 1995 年版，第 91 页。

③ 五大经济形式指国家资本主义经济、合作社经济与国营经济、私人资本主义经济、农民和手工业者个体经济。(《毛泽东文集》第 6 卷，人民出版社 1999 年版，第 53 页注释。)

④ 当时社会关系紧张主要体现在，一方面，民族资产阶级担心共产党的政策变了，要提前消灭资本主义，导致一部分资本家关厂歇店，少数人甚至弃厂出走，或将资金转移香港。失业工人、失业知识分子和一部分手工业者对政府颇有怨言。农村大部分地区未实行土改，又要征收公粮，农民也有意见；另一方面，党内有一部分意见认为国营经济要无限制地发展以排挤私营经济，民主人士和知识分子也可有可无，导致统一战线中各阶级、阶层及民族之间的关系也很紧张。(《毛泽东文集》第 6 卷，人民出版社 1999 年版，第 49—53 页。)

⑤ 《陈云文选》第 2 卷，人民出版社 1995 年版，第 92 页。

⑥ 《中国共产党历史》第 2 卷（1949—1978）上册，中共党史出版社 2011 年版，第 63 页。

⑦ 《毛泽东文集》第 6 卷，人民出版社 1999 年版，第 75 页。

农业发展的结构性矛盾表明，不可能在小农经济基础上建立起社会主义大工业，资本主义私有制也与生产社会化之间存在着深刻矛盾；另一方面，经过新民主主义性质的社会改革和经济整顿，国民经济状况明显好转，社会关系尤其是公私关系深刻变化，[①] 加之受“苏联模式”[②] 影响，尤其是斯大林关于所有制关系绝对公有化以及列宁过渡时期学说的启发，毛泽东认为，要尽快实现向社会主义的过渡，有必要对国民经济实行全面、系统的社会主义改造。

1952 年 6 月，毛泽东在批阅中共中央《关于民主党派工作的决定（草稿）》时，将文件中原有的“中间阶级”“中间阶层”的提法，改为“资产阶级、城市上层小资产阶级（即雇有少数几个工人或店员的小资本家）、一部分从地主阶级分化出来带有资本主义色彩的分子以及和这些阶级、阶层相联系的知识分子”，并批示道：“在打倒地主阶级和官僚资产阶级以后，中国内部的主要矛盾即是工人阶级与民族资产阶级的矛盾，故不应再将民族资产阶级称为中间阶级。”[③] 这一重大转变将新民主主义革命时期加注在民族资产阶级（包括小资本家、有资本主义倾向的富农和与之有联系的知识分子）头上的“中间阶级”名称，改换为带有明显阶级斗争色彩的与工人阶级相对立的“资产阶级”，意味着在新民主主义革命理论中代表全民族根本利益的统一战线

---

① “在全国工业（不包括手工业）总产值中，国营工业从 1949 年的 34.2% 上升到 1952 年的 52.8%（合作社营、公私合营工业占 8.2%），私营工业从 63.3% 下降到 39%。在社会商品批发总额中，国营商业从 1950 年的 23.2% 上升到 1952 年的 60.5%，私营商业则从 76.5% 下降到 36.3%（只是在零售方面，私营商业仍占 57.2%）。”（《中国共产党历史》第 2 卷（1949—1978）上册，中共党史出版社 2011 年版，第184 页。）

② “苏联模式”即中央计划经济模式，最重要的特征和基础是公有制经济，是当时比较成功的经济追赶模式。胡鞍钢认为，实际上“苏联模式”并不能与当时新中国的国情相适应，中国工业化的起点极低；人口与资源的矛盾极端尖锐，人均耕地拥有量远低于世界平均水平；已有的工业发展和农业严重脱节，城乡二元经济社会结构极为明显，发展鸿沟极为突出。由于意识形态上一边倒，中国领导人忽略了这些特殊国情，国家建设方向由新民主主义发展道路急转向阶级关系二元对立、所有制绝对公有和优先发展重工业的“苏联式”社会主义道路。（胡鞍钢：《中国政治经济史论》（1949—1976），清华大学出版社 2008 年版，第 184 页。）

③ 《毛泽东文集》第 6 卷，人民出版社 1999 年版，第 231 页。

的价值取向发生了重大转变——以民族资产阶级为代表的作为统战对象的“中间阶级”行将退出历史舞台。

（二）“两个阶级、一个阶层”社会结构的形成

1953年6月15日，毛泽东正式提出了“一化三改造”的过渡时期总路线，宣布了国家将在一个时期内，对农业、手工业和资本主义工商业进行全面的社会主义改造，基本上实现国家工业化。在7月29日举行的中央政治局扩大会议上，毛泽东进一步指出，过渡时期总路线是建立在与苏联相同的国家资本主义社会发展路径基础上，关键是要“使独立的私人资本主义企业变为受限制的国家资本主义”①，“在承认资本家的受限制的不完全的私人所有制条件下，使资本主义企业逐步变为国家资本主义企业，即在人民政府管理下的、用各种方式同国营社会主义经济联系着和合作的、受工人监督的国家资本主义企业”②。国家插手管理权意味着资本家对企业的所有权、用人权和经营管理权被拆分，意味着对民族资产阶级及其企业的政策相较于建国以前，出现了新的变化和定位。1953年年底，中央正式提出党在过渡时期总路线的实质——我国唯一的经济基础是生产资料的社会主义所有制。因此，必须“扩大社会主义的全民所有制和集体所有制，把农民和手工业者以自己劳动为基础的私人所有制改造为合作社社员的集体所有制，把以剥削剩余劳动为基础的资本主义私人所有制改造成为全民所有制”③。毛泽东认为，提出这一方针的必要性在于，“只有完成了由生产资料的私人所有制到社会主义所有制的过渡，才利于社会生产力的迅速向前发展，才利于在技术上起一个革命”，才能推动我们以各类先进机器去实现工业和农业的大规模生产，以满足人民日益增长的物质需要，提高人民的生活水平。④ 他将“一化三改造”比喻为“一体两

---

① 《毛泽东文集》第6卷，人民出版社1999年版，第285页。

② 《毛泽东文集》第6卷，人民出版社1999年版，第286页。

③ 《中国共产党历史》第2卷（1949—1978）上册，中共党史出版社2011年版，第194页。

④ 《毛泽东文集》第6卷，人民出版社1999年版，第316页。

翼”，即以国营经济为“主体”，将对农业、手工业以及资本主义工商业的改造称为“两翼”，但是显然，“当时的领导人并不明确地认为作为两翼的‘三改’过于超前”[①]，原定于三年经济恢复时期加上三个五年计划共18年的过渡阶段，由于农业、手工业以及工商业高歌猛进的公有化势头而迅速缩短。1954年1月，中财委（资）在全国扩展公私合营工业计划会议上提出，要在两个五年计划期间，将雇佣10个工人以上的私营工厂基本上纳入公私合营轨道。这一年，中央采取“吃苹果”的方式，与905户规模较大较重要的私营工业企业进行了合营，“私营工业产值在全国工业总产值中下降到24.9%”[②]。后来，陈云向中央作《解决私营工业生产中的困难》的报告，把“吃葡萄”的按行业合营方式与“吃苹果”的个别合营方式相结合，从而为全行业公私合营拉开了序幕。[③]

1955年10月底，中央召开了资本主义工商业社会主义改造问题座谈会，毛泽东在会上提出，“现在我国存在两种私有制：一种是个体小生产者的私有制，一种是资本主义的私有制”，处在这两种私有制地位的人都会对改变当前的社会制度以及自身的前途命运产生不安。他认为，改变资本主义私有制这个问题要说开，几个五年之后所要建立起的是一个强大的共同富裕的社会主义工业国家——到那个时候，地主享有了选举权，就不再叫地主而是叫农民了；资产阶级也不再叫资产阶级，而是成为工人阶级的一分子。农民阶级固然还在，但也从个体私有制的农民变成合作社集体所有制的农民了。总之，废除了个体私有制和资本主义私有制以后，“全国只有工人、农民和知识分子。知识分子是工人、农民的知识分子”。[④] 在这里，毛泽东将全行业所有制结构由私有制向公有制过渡视为社会主义经济建设发展的必然过程，勾

---

① 胡绳：《毛泽东新民主主义论再评价》，《中国社会科学》1999年第3期。

② 李青：《中国共产党对资本主义和非公有制经济的认识与政策》，中共党史出版社2004年版，第207页。

③ 《陈云文选》第2卷，人民出版社1955年版，第270页。

④ 《毛泽东文集》第6卷，人民出版社1999年版，第493、496页。

画出了计划经济社会体制下的单一的社会结构图示，并将这种结构图示看作整个国家发展的有利因素。

1956年，生产资料私有制的社会主义改造取得了决定性胜利。《中共中央关于资本主义工商业改造问题的决议》宣布："在一切重要的私营行业中实行全部或大部的公私合营，使私营工商业分别地、同时是充分地集中在我们国家和社会主义经济的控制之下，这是资本主义所有制过渡到完全的社会主义公有制的具有决定意义的重大步骤。"[①]由此，以个体经营为基础的社会生产方式就不可避免地被以公有制为基础的生产资料国有化所代替，雇工和非集体劳动现象被视为我国生产力发展的巨大障碍，并最终指向"消灭资产阶级这一个剥削阶级"[②]。

新中国成立后的头三年，中国共产党领导下的社会主义一化三改造运动，使国民经济得以恢复元气，通过有计划的经济建设，在全国绝大部分地区"基本完成了对生产资料私有制的社会主义改造，基本实现了生产资料公有制和按劳分配"[③]。资产阶级，尤其是以城乡民族资产阶级为代表的中间阶级，逐渐丧失了独立存在的社会条件和政治环境，包括手工业主、家庭商业户、摊贩等原本活跃在经济生活中丰富多彩的社会阶层也大幅减少。自此，历经新民主主义革命实践检验的毛泽东阶级分析理论，在社会主义建设初期却被否定了，而"两个阶级，一个阶层"的社会基本架构成为改革开放以后中国社会阶级阶层发展变化的起始点。

① 《建国以来重要文献选编》第8册，中央文献出版社1994年版，第149页。
② 《建国以来重要文献选编》第8册，中央文献出版社1994年版，第156页。
③ 《三中全会以来重要文献选编》（下），人民出版社1982年版，第795页。

第二章

中国特色社会主义新的社会阶层理论的发展历程

马克思在《〈政治经济学批判〉导言》中提出："人体解剖对于猴体解剖是一把钥匙。"① 理论发展是一个与时俱进的过程，后一种理论形态总是丰富和发展着前一理论形态中的某些因素。随着社会历史的发展，前一历史阶段处于核心地位的某些因素逐渐被边缘化，而"原来只是征兆的东西"② 成为后一历史阶段的关键因素。近代以来，中国社会历史的发展规律充分反映出"中国的社会变革一直是以强制性制度变迁方式进行的"③，社会主要矛盾对社会关系结构具有巨大牵引作用。在从传统农业国家形态向现代化工业国家转型的过程中，社会生产力与生产关系的不断调整，推动了社会主要矛盾的变化，使贫弱的中国社会内部结构发生了翻天覆地的变化。中国共产党在新民主主义革命时期所创立的中国化阶级分析理论历经新中国成立初期的曲折发展，在总结正反两方面历史教训和经验的基础上，获得了否定之否定的发展。

党的十一届三中全会以后，新的党中央确立了"以经济建设为中心"的社会主义现代化发展路径。社会主义市场经济体制的确立和完善，使我国社会生产力获得迅速发展，出现了能够适应多层次生产力

---

① 《马克思恩格斯选集》第2卷，人民出版社2012年版，第705页。

② 《马克思恩格斯选集》第2卷，人民出版社2012年版，第705页。

③ 胡鞍钢：《中国政治经济史论》（1949—1976），清华大学出版社2008年版，第521页。

水平的多元化所有制结构，社会利益格局和利益关系发生重大变化——出现了代表新的生产力发展方向、代表不同利益诉求的社会阶层和群体。经过“试一试”“看一看”，到鼓励和支持非公有制经济发展，再到吸纳新的社会阶层中的先进分子入党，以及在新经济组织中做好党建工作，中国共产党人在不同历史发展阶段，找到了社会关系结构剧烈变化的规律性特征，努力寻求与新的社会阶层和群体的共识基础，使“各得其所”的核心价值得以不断深化，并最终落脚到“以人民为中心的发展”①。由此，形成了新矛盾、新需求与新阶层“三位一体”的发展逻辑。作为中国特色社会主义理论体系的有机组成部分，新的社会阶层理论实现了中国化马克思主义阶级分析理论与时俱进的飞跃和发展。

第一节　中国特色社会主义新的社会阶层理论的初创阶段（1978—1991）

党的十一届三中全会召开以后，党和国家的工作重心开始向“以经济建设为中心”转移，经济体制改革逐步深入，曾经在新民主主义革命时期备受毛泽东关注的中间阶级，在历史的新的一页又回到了中国共产党的理论视野。非公有制经济的恢复以及私营业主、个体户等非公有制经济群体的出现，标志着中国的所有制结构和社会关系结构进入多元化发展阶段，社会阶级、阶层不断分化，在原有的工人阶级、农民阶级和知识分子以外，出现了新的社会阶层。这些新的社会阶层在改革开放中获得了前所未有的发展，逐渐成长为“中国特色社会主义事业的建设者”，其增长速度、规模和程度远比新民主主义革命时期的社会阶层群体更丰富，也更复杂。在社会转型的关键时期，逐步建构起中国特色社会主义新的社会阶层理论，使毛泽东阶级分析理论因

① 《习近平总书记系列重要讲话读本》（2016 年版），学习出版社、人民出版社 2016 年版，第 128 页。

新的历史条件而重新焕发出新的生命力。

一 “尊重群众首创精神”为农村生产经营方式变革开路

实事求是的思想路线和全心全意为人民服务的群众路线是中国共产党最为根本的思想方法和工作作风。改革开放40多年的伟大历史实践，正是“实事求是”与“群众路线”相互构建、相得益彰，内涵不断深化和发展的历程。得益于改革开放总设计师——邓小平，在新的历史条件下充分尊重我国社会主义发展实际，尊重人民群众的根本利益诉求，从而将“实事求是”的工作方法与“群众路线”高度统一于“尊重人民群众在实践中的首创精神”，以人民拥不拥护、赞不赞成、高兴不高兴、满意不满意、答应不答应，作为党的一切工作的出发点和落脚点，形成了由“生产力标准”和“群众利益标准”共同作用的两个维度的判断标准。① 至此，“一切从实际出发”，以及“以人民群众根本利益为前提”，成为中国共产党探索有中国特色的社会主义道路和实践的基本原则。

农民问题，是中国革命、建设和改革过程中的根本问题。中国农民占全部人口的百分之八十，因此，要解决中国经济发展的根本问题，必须以“三农”问题为基本国情和切入点。1977年7月，邓小平发表了《完整地准确地理解毛泽东思想》的讲话，提出：“毛泽东同志倡导的作风，群众路线和实事求是这两条是最根本的东西。”② 邓小平认为，社会经济发展不应该脱离人民群众改善和提高物质文化生活的内在要求，而应该是一种能够调动起广大人民劳动积极性的良性机制，在农业方面体现为充分尊重农民的首创精神，尊重他们在生产过程中积累的实践经验，在此基础上建立起现实可行的农业经营体制。随着家庭联产承包责任制在农村的推行，逐渐发展出大批专业户、重点户，以及新的经济联合组织，中央进一步认识到，在农业生产经营的具体方

---

① 苏志宏：《马克思主义大众化的公民认同研究》，中国社会科学出版社2017年版，第211—212页。

② 《邓小平文选》第2卷，人民出版社1994年版，第45页。

式上，要实事求是，坚持自愿互利，尊重群众的首创精神，才能水到渠成，稳步前进。1983年，中央印发了《当前农村经济政策的若干问题》的通知，提出，由于商品生产的发展和市场的扩大，各有关部门的干部必须要“始终尊重群众的首创精神，从群众中来到群众中去”①，从当地实际情况出发，学会运用各种经济手段的本领，以扩大工作领域，提高服务质量，把劳动群众组织起来。

历史已经表明，人民群众是历史的创造者，是社会主义各项事业的参与者、建设者、创造者。只有以人民群众的根本利益为出发点，让人民过上满意的生活，才能真正赢得人民的信任和拥护。在以农民为代表的广大劳动人民中蕴藏着无限的创造力，只有尊重群众的实践经验和首创精神，才能保护和调动他们的积极性，冲破经济社会发展过程中遭遇的各种阻碍。以上两方面是在改革开放时代背景下，党中央对毛泽东关于实事求是的工作方法和为人民服务的群众路线的恢复和发展，为农村生产经营方式变革，及后来农村商品经济的发展，乡镇企业兴起开辟了道路。

二　激活城市个体经济以遵循经济发展客观规律

党的十一届三中全会召开以后，中国的社会关系结构开始从以政治关系为主导转向以经济关系为主导，中共中央对社会关系结构的认识发生了根本转变。传统工商业者作为恢复正常经济秩序的主力军，重新获得了进入经济社会的入场券，知识分子阶层摘掉了政治上的“紧箍咒”，以社会主义劳动者的身份被重新吸纳到政治体制中，更为亮眼的是，城乡经济社会中出现了大量“自谋生路”的个体户和私营业主，这是传统经济生活中从来没有出现过的新社会身份群体。伴随着中国经济的飞速发展，社会生产力的提高，这些新社会群体迅速分化，形成了数量庞大、结构多元、特征鲜明的新的社会阶层雏形。

---

①《十二大以来重要文献选编》（上），人民出版社1986年版，第268页。

为了调动全社会的劳动积极性，一心一意搞好经济建设，一方面，中共中央陆续摘掉了知识分子、地主、富农、原工商业者头上的帽子。1979 年 1 月，中央决定摘掉地主、富农分子的帽子，妥善解决其子女成分问题，在相关政策中指出，这些经过 20 多年甚至更长时间劳动改造的地主、富农分子中的绝大多数人已经成为自食其力的劳动者。随后，邓小平在与胡厥文、胡子昂等工商界代表人物座谈时提出：搞社会主义现代化建设，"钱要用起来，人要用起来"①，要落实对原工商业者的政策，鼓励他们广开门路，以多种渠道和方式办企业、开公司，还可以去参与国际上的经济活动。为鼓励他们积极投身到社会主义现代化建设中，国家和各级政府可以为广大工商业者施展才华提供各种条件，并赋予荣毅仁在对外开放和经济工作方面极大的自主权。9 月 26 日，中央多个部门共同制定了《关于对原工商业者的若干具体政策的规定》，并明确提出：今后不要将原工商业者再称为"资本家""资产阶级工商业者"或"私方人员"，要与其他职工一样，合理安排使用在职的原工商业者，使他们享有同等待遇，以免遭歧视。11 月，中央在《关于把原工商业者中的劳动者区别出来问题的请示报告》中提出，要将 1956 年公私合营时，错划为资产阶级工商业者的小商小贩小手工业者区别出来，还他们以原来的劳动者身份。"凡占有少量生产资料，一般不雇佣工人或店员，自己从事劳动，依靠劳动收入为生活之全部或主要来源者，称为小商、小贩、小手工业者"，他们是劳动者；"占有一定生产资料，雇用少量工人或店员，自己从事劳动，以为生活之主要来源者，为小业主"；合伙经营的资本主义性质的企业中，本人资金较少，参加主要劳动，不掌管企业经营管理、财产处理、人事任免和奖惩权者，也应划为小业主"，也属劳动者范畴。② 根据中央的指导意见，全国从 85 万参加公私合营的原资产阶级工商业者中，分离出属于劳动者范畴的小商、小贩、小手工业者共 70 万人，占全部人数的

① 《邓小平文选》第 2 卷，人民出版社 1994 年版，第 157 页。

② 参见江平主编《当代中国的统一战线》（下），当代中国出版社 1996 年版，第 37 页。

81%；其余19%人员属于原资本家或资本家代理人。[①]

另一方面，为解决城乡大量待业人员的工作问题，中央号召广开门路，允许在城市中搞个体经济，自主就业，丰富就业渠道。1980年前后，各地上山下乡知识青年开始大规模返回其所在的城镇原籍，中共中央不得不开辟新的社会就业渠道以解决大量社会待业人员的工作问题。据推测，1980—1982年的城市无业人口总数一度高达4000万，[②] 为缓解城市巨大的就业压力，政府开始允许返城知青从事个体经营自谋生计。[③] 1980年中央召开的全国劳动就业工作会议提出，“在国家统筹规划和指导下，实行劳动部门介绍就业、自愿组织起来就业和自谋职业相结合”[④]。1980年12月，党中央正式提出，“在公有制经济占绝对优势的条件下，允许城镇个体所有制经济的发展”[⑤]，从而为个体经济和私营经济迅速壮大提供了政策保障。1981年10月17日，中央颁布了《中共中央、国务院关于广开门路，搞活经济，解决城镇就业问题的若干决定》（以下简称《决定》）指出，必须开辟集体经济和个体经济两种“就业渠道”，“一定范围的劳动者个体经济是社会主义公有制经济的必要补充”，为了将政策稳定下来，《决定》强调：只有实行多种经济形式和多种经营方式长期并存，才能在社会主义公有制经济占优势的根本前提下搞活经济，既好又快地发展各项事业，扩大城镇劳动就业，这已成为了党的一项长远战略决策。[⑥] 这是自20世纪50年代以来，官方话语体系第一次对非公有制经济予以正面肯定，是党的第二代领导集体对社会主义本质问题及其实现路径的探索成果，

---

① 李青：《中国共产党对资本主义和非公有制经济的认识与政策》，中共党史出版社2004年版，第233页。

② 温铁军等：《八次危机：中国的真实经验1949—2009》，东方出版社2013年版，第93页。

③ “1980年9月30日，北京第一家个体饭店‘悦宾饭店’开张，之后，美味食品和私人工商业在狭隘的胡同里日益恢复元气。”（吴青荣：《中国梦视域下中等收入者群体扩容之路》，《云南财经大学学报》2014年第6期。）

④ 《三中全会以来重要文献选编》（下），中央文献出版社2011年版，第294页。

⑤ 《三中全会以来重要文献选编》（上），中央文献出版社2011年版，第540页。

⑥ 《三中全会以来重要文献选编》（下），中央文献出版社2011年版，第296页。

“以经济建设为中心，大力发展社会生产力”已经通过价值观念的重大转向和改革创新的具体制度得以充分体现。

为消除广大干部、人民群众，尤其是待业青年的思想顾虑，《决定》专门提出：要“按照国民经济的需要适当发展城镇劳动者个体经济，增加自谋职业的渠道”，并对个体工商户和个体劳动者身份的合法性作了进一步说明：

> 对个体工商户，应当允许经营者请两个以内的帮手；有特殊技艺的可以带五个以内的学徒。对于个体劳动者的税收，要规定合理的税率。只要不从事违法活动，就不要从收入水平上卡他们。个体劳动者可以在所在城镇成立个体劳动者协会或联合会，接受工商行政管理部门或当地人民政府指定的部门指导。
>
> 个体劳动者，是我国社会主义的劳动者。他们的劳动，同国营、集体企业职工一样，都是建设社会主义所必需的，都是光荣的。对于他们的社会和政治地位，应与国营、集体企业职工一视同仁。其中的先进分子，符合党员、团员条件的，同样可以按照党章、团章规定，吸收入党入团。①

雇工问题上的重大突破表明，党和政府把个体经济视为“自食其力的独立劳动者”，并明确表态，要坚决地迅速地以引导、鼓励、促进、扶持的政策措施，取代歧视、限制、打击、并吞集体经济和个体经济的政策措施，并明确表态，法律保护“集体企业和个体劳动者的财产所有权，正常的经营活动和正当的收入”②。作为一篇划时代的马克思主义政治经济学文献，《决定》突破了一大二公地理解社会主义所有制的传统思维窠臼，肯定了非公有制的个体经济是国营经济和集体经济的必要补充，肯定了非公有制经济形式和经营方式的合法性，这

① 《三中全会以来重要文献选编》（下），中央文献出版社2011年版，第298—299页。

② 《三中全会以来重要文献选编》（下），中央文献出版社2011年版，第300页。

是新中国政治经济史上的一次里程碑式的事件，是新时期我国基本经济体制根本性变革的思想先导。

三 私营经济异军突起使新的社会阶层初具规模

伴随着所有制结构调整和管理体制改革逐步推行，城乡零售商业、服务业领域个体经济的发展①促使了规模较大的、以生产资料私人所有制为基础、以雇佣劳动为特征、以盈利为目的的私营经济的兴起。20世纪80年代初期私营经济主要由六大部分组成：第一，随着多种经营方式在农村推开以及商品经济的发展，专业承包户、自营户逐步扩大承包范围，追加投入资金，雇佣较多帮工，经营规模一步步扩大；第二，在全面实行家庭承包经营体制的农村中具有某类专业技能和组织能力的农户和个人以合伙合作的方式，招募帮工，组织专业队，承揽城乡各种建筑、货运等项目，其中的被雇佣者也是最早突破中国城乡二元对立格局，由农村走向城市的农民群体，他们为进入20世纪90年代以后城市中形成大规模“新工人”群体奠定了基础；第三，趁着改革之风，由家庭手工作坊蛹化而成的私营业主群体；② 第四，个体工

---

① 1983年，中共中央、国务院颁布了关于发展城乡零售商业、服务业的指示（以下简称“指示”），提出“社会舆论对商业、服务业缺乏正确的认识”，这在一定程度上影响了集体和个体零售商业、服务业的发展。要在国营商业和服务业以外，积极发展集体、个体零售商业、服务业以吸收待业青年，要在充分尊重其经营自主权的前提下，做到大、中、小型固定网点与走街串巷流动服务相结合。目前，零售商业、服务业包括一百多个自然行业，但是包括饮食、缝纫、浴池、理发、修理、洗染、照相等主要依靠提供劳务的服务业，基本上可以让集体或个体经营。这就需要纠正社会舆论对商业、服务业的偏见。“指示”强调，非生产的服务性劳动，是社会再生产的一个必要因素，是由于社会分工把多数人的附带劳动，变为少数人的专门劳动，成为社会化的行业，为社会服务。只要是能满足人民生活物质需要，对社会有益的行业，就应当得到尊重，从而改变“就业者，不安心自己的岗位；待业者，不乐意在商业、服务业就业”的情况。[《十二大以来重要文献选编》（上），人民出版社1986年版，第283页。]

② 当时的温州地区素有务工经商的传统，改革开放以后，家庭作坊（前店后厂）遍地开花，迅速振兴地方经济，在当时被称为“温州模式”。原家庭作坊出身的南存辉，1984年与人合伙创办精开关厂，资金5万元，雇工8人，生产低压电器。由于技艺超群，产值从1984年的1万元迅速上升至1991年的1000多万元，同年创办正泰电器有限公司，现已发展成拥有13000多员工，年销售收入60亿元的正泰集团。（李青：《中国共产党对资本主义和非公有制经济的认识与政策》，中共党史出版社2004年版，第261页。）

商业户（手工业者、小商小贩）扩大经营形成私营企业，其中，“傻子”瓜子[①]在中央和社会中引起了很大争议；[②] 第五，与侨商、外商合资经营，在沿海一带经济开发特区，许多原本掌握了一定技术的专业人员，利用国家对外贸易政策放开，与港、澳、台以及海外企业合作，迅速发展成为具有较大经营规模的企业主阶层；第六，经营管理不善的集体企业，交由原企业负责人（厂长、经理）或农村里的能人承包经营，承包人按一定金额付给原集体承包费，对企业进行自主经营管理，许多企业产权几年以后都转为私人所有了。这些私营经济的出现，无论是经营者，还是被雇佣者，都是过去传统社会结构中不存在的，他们作为最早的新的社会阶层不仅在20世纪80年代为社会主义经济腾飞贡献了力量，更为此后社会阶层结构图式日益丰富以及中国共产党在新时期建构新的社会阶层理论打开了大门。

这一时期，雇工问题作为私营经济能否重新进入社会主义经济领域的关键，引起了中央、理论界以及全社会的高度关注。1982年，经中央政治局讨论决定，对私营经济（雇工经营）试探性地采取“看一看”的方针。此后，1983年中共中央印发的《当前农村经济政策的若干问题》明确提出，作为一个社会主义国家，我们不能允许剥削制度存在。但同时，我国又是一个发展中国家，表现为农村生产力水平还很低，商品生产不发达，因此，在一定程度上允许资金、技术、劳力合理流动，多种方式相结合，有利于促进社会主义经济发展。[③] 针对农村个体工商户和种养业的能手，请帮手、带徒弟，则参照1981年7月7日颁布的《国务

① 20世纪80年代初，安徽芜湖的年广久自开作坊，雇工3人，炒作独具风味的“傻子”瓜子。经《芜湖日报》报道，一时间他的瓜子销售火爆，短短几年时间，雇工就超过百人，产量猛增至4万斤，并在1984年成立了芜湖市傻子瓜子公司。

② 争论的焦点就在于社会主义体制下能不能允许具有剥削性质的私营企业存在和发展。1984年10月，邓小平在中央顾问委员会第三次全体会议上，对于“雇工问题”明确指出：放两年再看。“如果你一动，群众就说政策变了，人心就不安了。你解决了一个‘傻子瓜子’，会牵动人心不安，没有益处。”让“傻子瓜子”经营一段，就成为这一时期中央在对于私营经济问题上采取“看一看”的基本态度。（《邓小平文选》第3卷，人民出版社1993年版，第91页。）

③ 《十二大以来重要文献选编》（上），人民出版社1986年版，第260页。

院关于城镇非农业个体经济若干政策性规定》。[1]“对超过上述规定雇请较多帮工的，不宜提倡，不要公开宣传，也不要急于取缔，而应因势利导，使之向不同形式的合作经济发展。”[2] 1984年年初，中央关于农村工作的通知指出，由于一些私人企业实行了兼顾劳资双方利益的制度，[3]使这类企业带有不同程度的合作经济性质，因此，不应再将它们看作资本主义雇工性质的企业，应当在已有基础上帮助它们完善和提高。同年10月22日，邓小平在中央顾问委员会第三次全体会议上明确表态，现行的国家政策不能变，国家政策的稳定性关系着全国人民生活水平能否持续、稳定、有效地提高，尤其是农村地区，“农村政策一变，他们的生活水平马上就会降低”[4]。针对引起社会巨大震动的“雇工问题”，邓小平建议放两年再看，进一步巩固了中央“看一看”的方针原则，尽管政策话语仍然有所保留，但这次表态极大地稳定了人心，保护了城乡私营业者的劳动积极性。1984—1986年，雇长工（每年雇工6个月以上）的农户在调查户总数的比重中从0.55%提高到0.74%，所雇长工人数的比重也随之提高。[5] 1987年1月22日，中央政治局明确表示，私人企业既有利于实现资金、技术、劳力的结合，有效形成社会生产力，同时，又有利于提供多元化的就业机会和促进经营型人才成长。因此，它是社会主义经济结构的一种补充形式，具有某种可控性与可塑性。中央指出：

---

① 1981年7月7日，《国务院关于城镇非农业个体经济若干政策性规定》第五条提出：个体经营户，一般是一人经营或家庭经营；必要时经过工商行政管理部门批准，可以请一至两个帮手；技术性较强或者有特殊技艺的，可以带两三个最多不超过五个学徒。请帮手、带学徒，都要订立合同，规定双方的权利、义务、期限和报酬等。合同要经当地工商行政管理部门鉴定。[《中华人民共和国现行法规汇编：1949—1985》（财贸卷），人民出版社1987年版，第760页。]

② 《中共中央国务院关于“三农”工作的十个一号文件》（1982—2008年），人民出版社2008年版，第28页。

③ 例如，从税后利润中留一定比例的积累，作为集体公有财产；规定股金分红和业主收入的限额；从利润中给工人以一定比例的劳动返还等等。[《十二大以来重要文献选编》（上），人民出版社1986年版，第427页。]

④ 《邓小平文选》第3卷，人民出版社1993年版，第84页。

⑤ 陈锡文、赵阳、罗丹：《中国农村改革30年回顾与展望》，人民出版社2008年版，第121页。

“个体经营者为了补充自己劳力的不足，按照规定，可以雇请一二个帮手，有技术的可以带三五个学徒。对于某些为了扩大经营规模，雇工人数超过这个限度的私人企业，也应当采取允许存在，加强管理，兴利抑弊，逐步引导的方针。”① 总而言之，雇工问题体现了中央从以公有制为主的计划经济体制向多元化所有制结构的市场经济体制转变的过程中不断突破的决心和魄力，在实践和理论领域为20世纪80年代私营经济的迅速崛起给予了政策上的莫大支持和鼓励。

改革开放初期这些符合中国实际、富于中国特色的理论和政策，尤其是中央对当时社会主要矛盾的正确认识，以及随之发生的工作重心从“以阶级斗争为纲”向“以经济建设为中心”的转移，极大地调动起了人民群众建设社会主义的积极性。一方面，恢复农村和城镇中的原地主、富农、原工商业者、手工业者以及知识分子等社会阶层作为社会主义劳动者的合法地位，破除了单纯以生产资料公有制为社会主义经济基础的僵化模式。另一方面，鼓励非公有制经济适当发展，特别是对于非公有制经济实体及其从业人员的肯定和支持，继而出现大量以私营业主、个体户为代表的全新的非公有制经济群体，彻底改变了“两个阶级，一个阶层”的社会结构形态，为中间阶级在中国社会中销声匿迹近三十年后重新产生，起到了引导、规范和奠基作用。新的社会阶层由此开始了自身发展的全新历程。伴随社会阶级阶层结构调整，毛泽东阶级分析理论经历了一个否定之否定的发展过程，中国共产党与时俱进地创新出了中国特色社会主义新的社会阶层理论。

第二节　中国特色社会主义新的社会阶层理论的发展阶段（1992—2001）

“三个代表”重要思想是党中央针对社会主义市场经济发展过程中出现的新问题、新情况，坚持解放思想、实事求是的原则，在思想和理论

① 《十二大以来重要文献选编》（下），人民出版社1988年版，第1237页。

上对社会主义初级阶段理论的深化和发展。它在毛泽东“中间阶级”理论和邓小平中国特色社会主义新的社会阶层理论的基础上，创造性地把中国社会主义现代化发展和自我完善，与外部世界的发展变化，以及党的先进性、代表性全面结合起来，为无产阶级政权充分吸纳以私营业主为代表的新的社会阶层提供了理论依据，充分彰显了社会主义制度的优越性。与此同时，以私营业主和其他致富能人为代表的新的社会阶层人士进入党的基层组织，成为发挥影响力的关键政治力量，[①] 这意味着中国共产党从经济发展和社会发展的实际出发，努力寻求以经济发展和社会稳定的“共识—认同”，整合社会各阶层力量，以不断扩大党的执政基础，提高党的社会影响力，巩固并进一步发展新的社会阶层理论体系。

一　赋予新的社会阶层“中国特色社会主义事业建设者”的崭新身份

20 世纪 90 年代以后，社会主义市场经济体制逐步确立，作为非公有制经济典型代表的私营企业主们，得以慢慢从边缘化政治地位逐渐进入公共事务领域，开始发挥其社会影响，从而逐渐成为中国共产党团结和信赖的政治力量。据有关部门 1999 年年底的一项调查显示，在全国被调查的私营企业主中中共党员占 19.8%。在非公有制经济群体中有相当一部分具有较强政治愿望和政治参与意识的人，其中，已有部分人士进入各级人大、政协和工商联组织，在新时期统一战线和我国特有的多党合作体制中起到一定作用，产生了一定社会影响。据不完全统计，全国非公有制经济代表人士中，已有全国人大代表 48 人，省级人大代表 372 人，县级以上人大代表 5400 多人；全国政协委员 46 人，省级政协委员 895 人，县级以上政协委员 1903 人。在这些人中，中共党员所占比重达 21.6%。[②] 2000 年以后，农村中由致富能人担任

① 阎小骏：《中国何以稳定：来自田野的观察与思考》，香港：三联书店（香港）有限公司 2017 年版，第 47 页。

② 马文彪：《对非公有制经济人士入党有关问题的几点思考》，《青海学刊》2002 年第 1 期。

基层官员的情况则更为明显，2005—2006年的一项实地问卷调查显示，在回复问卷的211位现任村支书中，三分之一是在20世纪90年代才开始首次担任村支书职务；近46%则是在2000—2006年获得首次任命。来自于新的社会阶层的农村基层干部的比例提高，成为比代际更替更为深刻和重要的结构性变化。①

另一方面，1992年以后，改革开放进入发展与危机并存的全新阶段，社会主义市场经济体制的建立为中国主动迎向全球化浪潮打开了大门，同时，信息全球化也为中国社会生产力发展与生产关系的调整指明了方向，虽然中国的市场经济发展阶段相对于西方发达国家还比较落后，但当全球信息化浪潮风起云涌之时，党和政府迅速意识到必须及时赶上全球信息化的列车，将其作为转变经济增长方式的重要抓手，引导中国经济实现跳跃式发展。伴随中国信息化时代的到来，互联网技术作为新的生产力代表呈现出迅猛发展之势，并带动了一大批业界人士投入其中。1993年我国陆续启动了“金桥”“金卡”“金关”“金税”等一系列重大信息化工程，拉开了中国信息化系统建设的序幕，企业信息化、电子商务、文化信息资源开发、创业产业等领域迅速发展，出现了以知识资本、技术资本为核心竞争力的迅速适应信息化发展的技术人员、管理人员、企业家、科研工作人员，特别是2000年，为满足政治经济体制改革对行业协会培育和发展的迫切需要，适应电子商务跨部门、跨行业和国际化，经信息产业部申请，国务院批准，国家民政部门核准登记注册，中国电子商务行业拥有了自己的组织——中国电子商务协会。电子商务平台吸引了许多社会个体劳动者从事“网商”，中小企业和大中型企业也积极利用电子商务平台进行商品和服务贸易。据国家统计局统计，2006年，应用电子商务的中小企业约占全国中小企业总数的10%。② 因此，“十五”期间，国家以电子商务为突破口，制定并实施了信息化“十五”规划，作出推行电子政

① 阎小骏：《中国何以稳定：来自田野的观察与思考》，香港：三联书店（香港）有限公司2017年版，第46—47页。

② 周仁宏：《中国信息化进程》（下），人民出版社2009年版，第725页。

务、振兴软件产业、加强信息安全保障、加强信息资源开发利用和加快电子商务等一系列重要决策，从而为广布于这些领域中的新的社会阶层发展壮大创造了十分有利的政策环境。同时，新的产业领域的全面崛起，新的社会阶层的出现也意味着中国共产党在历史的新纪元所面临的社会阶层关系结构远比从前复杂得多。

2001 年 7 月 1 日，江泽民在庆祝中国共产党成立八十周年大会上指出，新的历史条件下“三个代表”重要思想的三大主体是紧密联系、互相促进的统一整体。发展先进生产力是实现我国现代化的基本条件和前提，“人是生产力中最具有决定性的力量”，以知识和技术为核心的新的社会阶层是与农民阶级和其他劳动群众一样，推动社会生产力发展的根本力量；党的各项理论、路线、方针、政策都要体现民族的科学的大众的社会主义文化要求，所形成的有中国特色、中国风格的社会主义文化，能够反映和适应我国社会生产力的发展趋势。新的社会阶层的兴起，不仅代表了社会生产力发展的新方向，也对思想观念的变化发展起着重要作用；实现最广大人民根本利益，满足人民群众日益增长的物质文化生活需要，是“三个代表”重要思想的落脚点，作为先进生产力和先进文化的创造主体，人民群众是实现自身利益的根本力量。同时，人民群众的整体利益由各方面的具体利益构成，党的各项政策措施要以大多数人的利益要求为前提，认真考虑和兼顾各阶层、各方面的具体诉求，以保障党执政、国家发展、各族人民团结和社会安定的全局稳定性。只有这样，才能正确反映和有利于妥善处理各种利益关系。①

根据 2000 年人口普查数据计算，各类企业的经理人为 676 万人，新增加的就业岗位类型，或者说现代化分工进一步造就出大量新的社会身份群体：计算机操作员、网络管理员、软件设计员、注册会计师、同声传译翻译员、家庭教师、家政服务员、市场营销策划员、广告策划员、

① 《江泽民思想年编》（1989—2008），中央文献出版社 2010 年版，第 537—538 页。

媒体运营策划员、企业管理咨询员、平面设计员、融资代理员等。[①] 基于以上这些现实变化，江泽民在讲话中首次承认，“改革开放以来，我国的社会阶层构成发生了新的变化，出现了民营科技企业的创业人员和技术人员、受聘于外资企业的管理技术人员、个体户、私营企业主、中介组织的从业人员、自由职业人员等社会阶层”，这些新的社会阶层为发展社会主义社会的生产力和其他事业作出了贡献，是有中国特色社会主义事业的建设者。[②] 这次讲话具有划时代的重大意义，中央的积极表态使曾经游离于社会主义制度体系以外的新的社会阶层获得了主流话语体系的认可。对于他们当中“许多人在不同所有制、不同行业、不同地域之间流动频繁，人们的职业、身份经常变动”的特征，中央认为，他们中的绝大多数人是沿着党的正确路线方针，合法经营、诚实劳动、勤劳致富，对我国经济社会的现代化发展起到了推动作用，应将他们视为与其他社会主义劳动者享有同等地位的“有中国特色社会主义事业的建设者”。[③] 2002 年 11 月，党的十六大报告正式将以上六类新的社会阶层人士确证为中国特色社会主义事业的建设者。[④] 由此赋予了新时期新的社会阶层以政治合法性地位，极大地调动了这部分群体建设社会主义事业的劳动积极性。正是在这个意义上，党中央号召，建设有中国特色社会主义的伟大事业，需要社会各个阶层、各个领域忠于祖国和拥护社会主义的优秀分子，用自己的实际行动带领群众共同推进，因而，“应该把承认党的纲领和章程、自觉为党的路线和纲领而奋斗、经过长期考验、符合党员条件的社会其他方面的优秀分子吸收到党内来”[⑤]。

随后，在国防大学军队高级干部理论研讨班上，江泽民提出，要科学对待马克思主义的问题，注重理论创新问题，强调这是党的事业前进的重要保证。他指出：“过去，工人、农民、知识分子、干部和军人是最

---

① 陆学艺：《当代中国社会结构》，社会科学文献出版社 2010 年版，第 142 页。

② 《江泽民思想年编》（1989—2008），中央文献出版社 2010 年版，第 540 页。

③ 《江泽民文选》第 3 卷，人民出版社 2006 年版，第 286 页。

④ 《十六大以来重要文献选编》（上），中央文献出版社 2005 年版，第 12 页。

⑤ 《江泽民思想年编》（1989—2008），中央文献出版社 2010 年版，第 540 页。

基本的社会阶层。现在又出现了新的社会阶层，随着我国经济社会的发展，这些阶层还会进一步扩大和增加。对这些新的阶层究竟应该怎么看？党在政治上对他们应该采取什么样的态度？这是不能含糊和回避的重大问题。”① 从“必须不断增强党的工人阶级基础”的意义上来看，我国社会阶层构成的新变化，意味着党和政府必须团结、教育和引导好新的社会阶层，与其他劳动者一起为实现全面建成小康社会，以及中华民族伟大复兴而共同奋斗，积极吸收新的社会阶层中的优秀分子补充进党的基层组织。更为重要的是，对于新的社会阶层所代表的新需求、新矛盾，以及他们不断发展壮大的这种新的历史趋势，党中央必须坚持和贯彻解放思想、实事求是的思想路线。由此，新的社会阶层不仅获得了稳定的政治环境和社会经济环境，其日趋多元的利益诉求和价值观念也得以被兼顾。在以何种态度对待他们的问题上，以江泽民为代表的第三代中国共产党人在新的时代背景下，从更高层面上继承和发扬了新民主主义革命时期毛泽东为争取和团结代表当时社会生产力发展方向的民族资产阶级而实行的“各得其所”的政策原则，为新时期意识形态多元变化趋势下，凝聚社会共识与引领社会思潮奠定了基础。

二　按照“三个代表”重要思想做好新经济组织从业人员党建工作

2000 年 5 月 14 日，江泽民在江苏、浙江、上海党建工作座谈会上，深入阐述了我国经济社会关系结构发生的新变化，以及这些新变化给新时期党的建设带来的新问题。他指出，一方面，市场经济的逐步完善，进一步拓展了非公有制经济发展的空间，越来越多的新经济组织和社会活动领域出现在党政事业机关和国营企业以外。人们在就业和生产经营活动方面的流动性比过去大大增强。很多人在非公有制经济领域中就业，不少人自谋职业。当前，全国私营企业已有近 150 万家，个体工商户 3100 多万户，相关从业人员达 1 亿 3000 万人。从

① 《江泽民思想年编》（1989—2008），中央文献出版社 2010 年版，第 555 页。

人员数量和经济实力上来看，这部分群体的比重十分可观。“非公有制企业在活跃城乡经济、满足社会多方面需要、增加就业、促进国民经济发展等方面发挥着重要作用。”① 针对以上社会现实变化，江泽民指出，我们既要把握好国有经济在社会经济发展中的主导作用，又必须认识到非公有制经济对于整个国民经济的重要作用。因此，我们在这一时期的新课题就是如何在非公有制经济领域中发挥党的领导作用，既“积极鼓励和引导非公有制经济健康发展”，使其在国内外市场中更具竞争力，又能够把非公有制经济人士紧紧团结在党的周围。另外，工人和农民以及其他社会阶层在就业、收入分配方面也呈现出多样化的特点。“既有在国有企业工作的职工，也有在非公有制企业中工作的职工；既有在技术、知识、资本密集的企业工作的职工，也有在劳动密集的企业工作的职工；还有相当一部分困难企业的职工和下岗职工；既有收入较高的职工，也有收入较低的职工。”② 在传统农民阶级以外，出现了脱离土地进城务工的农民，他们被称为“新工人”，到目前为止，这部分群体数量已达到2.4亿；还出现了市场经济条件下，围绕农业规模化、专业化生产，包括各类专业户、乡镇企业职工、农民企业家在内的新型农民；此外，部分农村地区还存在相当数量的贫困人口。尽管人民群众的根本利益整体上是一致的，但由于“劳动性质、就业方式、收入分配等条件的变化，不同地区、不同部门、不同职业、不同方面的群众的具体利益又会有这样那样的差别”③，这就对新时期党和政府“如何更好地代表全体人民的根本利益和不同社会群体的具体利益，如何按照效率优先、兼顾公平的原则处理好效率与公平的关系”④ 提出了巨大挑战。

江泽民在讲话中指出，社会主义市场经济条件下，不可避免地会产生物质利益多样化、群众利益多元化的情况，因此，党的方针政策

① 《十五大以来重要文献选编》（中），人民出版社2001年版，第1230页。
② 《十五大以来重要文献选编》（中），人民出版社2001年版，第1229—1230页。
③ 《十五大以来重要文献选编》（中），人民出版社2001年版，第1230页。
④ 《十五大以来重要文献选编》（中），人民出版社2001年版，第1230页。

既要更好地保障和满足人民群众实现自己的利益诉求，充分调动起社会各阶层、各方面群众的积极性，更要发挥好党的领导作用，这是相互补充的两个方面。① 中央对社会各阶层、各方面利益关系调整的深刻认识，反映出新时期我国生产力与生产关系不断调整适应的过程中，随着生产力的发展进步，所有制结构愈来愈呈现出多元化、多样化的特征，社会利益格局以及阶层结构发生了重大变化，即意味着中国共产党的执政基础发生了结构性的改变，如何将不断发展壮大、代表新的生产力发展方向的新的社会阶层统一起来，是“三个代表”重要思想形成的现实基础。因此，首先要围绕国有企业改革和发展，加强企业党组织建设。充分发挥广大职工群众的积极性和创造性，支持和鼓励下岗人员自谋职业和自主择业，并为这部分人员提供政策、行政、社会支持；针对农业和农村经济出现的阶段性、结构性相对过剩的新特征，农村基层党组织应尽快适应新情况，深入了解和掌握市场经济知识，提高农业科技知识，依法贯彻党的各项基本政策，特别是要“重视扶持农村改革中出现的新事物，积极带领农民群众深化农村改革，调整好农业结构，帮助农民增收减负，维护农村社会稳定，加快致富奔小康的步伐”②。针对仅有 0.9% 的非公有制企业建立了党组织的情况，江泽民指出，必须引导非公有制经济健康、可持续发展，健全和完善我国社会主义基本经济制度，要注意加强中国共产党与非公有制企业广大劳动群众的联系，做好非公有制经济组织中的党建工作，扩大党在新阶段新形势下的执政基础。③ 由于非公有制企业的产权关系与国有企业和集体企业不同，因此，要在与生产经营紧密结合的前提下，根据企业特点来探索党组织的具体形式、工作方法、活动内容和方式。这些私营企业主中的绝大多数人本来就是劳动者，他们是在党的改革政策和带头致富的号召下，趁着改革开放东风发展壮大起来的。党组织要按政策做好团结、教育、引导他们的工作，视他们为推动社

① 《十五大以来重要文献选编》（中），人民出版社 2001 年版，第 1231 页。
② 《十五大以来重要文献选编》（中），人民出版社 2001 年版，第 1233 页。
③ 《十五大以来重要文献选编》（中），人民出版社 2001 年版，第 1234 页。

会主义事业发展的积极因素和主要力量，走进他们，了解并尽可能解决他们的利益诉求，切实将他们团结在党的周围，“使他们支持在企业中建立党组织，拥护党的各项政策，依法经营企业，关心和保障职工权益，为国家和社会作出贡献”①。

2003年7月1日，胡锦涛对“三个代表”重要思想进行了更深入的阐述。他指出，“三个代表”重要思想表明，我们党“始终认为包括知识分子在内的工人阶级、广大农民是推动我国先进生产力发展和社会全面进步的根本力量，在社会变革中出现的新的社会阶层是中国特色社会主义事业的建设者，最广泛最充分地调动一切积极因素，妥善处理各种利益关系和社会矛盾，切实维护社会稳定，形成全体人民各尽其能、各得其所而又和谐相处的局面，我们就能集聚起推进事业发展的强大力量”②。这次讲话表明党和政府始终坚持尊重社会发展规律与尊重人民群众历史主体地位的一致性，将伴随改革开放和市场经济发展，尤其是20世纪90年代中期国有企业改革、农业和农村结构性改革，从传统社会阶层中不断分化发展出来新的利益群体，以及非公有制经济发展过程中不断涌现的新的社会阶层，视为社会主义国家建设和社会发展的建设者，亦即是新的生产关系的主体。作为广大人民群众的重要组成部分，新的社会阶层既享受到了改革开放带来的发展机遇，积累了致富资本和经验，与此同时，他们的发展壮大也意味着各种利益关系和社会矛盾复杂交织，对于新时期的中国共产党来说，他们是全新的执政基础和社会力量，要将他们视为与工人阶级、农民阶级同等的“生产力发展和社会全面进步的根本力量”③，视为社会生产力新的发展方向的代表，必须在以“各尽其能、各得其所”为新时期社会和谐稳定发展的共识基础上，通过吸收他们当中的先进分子进入党的基层组织，以及在他们集中的领域建立起基层党组织，来实现政权与新的社会阶层的联系，搭建双方沟通交流的平台，巩固党的社会根基。以党的方针政策保障和满足人民群众的根本利

① 《十五大以来重要文献选编》（中），人民出版社2001年版，第1234页。
② 《十六大以来重要文献选编》（上），中央文献出版社2005年版，第368页。
③ 《胡锦涛文选》第2卷，人民出版社2016年版，第481页。

益诉求，与发挥党的统筹、协调、组织作用，调动社会各方面的积极性，就成为贯穿中国共产党整合全社会力量、共同建设中国特色社会主义伟大事业的两个重要维度，也是中国特色社会主义新的社会阶层理论的关键所在。

三　赋予农村致富能人“经济—政治”双重精英身份

中国人通常把某个具有超常智慧的人，带领一村庄、一乡镇乃至一个地区实现经济飞跃式发展的现象叫作“能人效应”。[①] 市场经济条件下中国农村社会的内生动力有利推动了农村先富阶层在基层政治中的地位提升，并通过党在农村基层领导结构的变化得以体现。这是一个双向吸引的过程，一方面，市场经济改革所催生的、根植于本地社群网络内部的政治动力，推动了农村新型企业家式的村支书们在中国共产党基层政治中逐步获取并充分发挥其领导力。20 世纪 90 年代初，最早一批敢于面向市场生产经营，带领全村人民发家致富的基层干部，通过“摸着石头过河”，趁着改革之风推开了带领农民迅速发家致富的大门，在提高全村生活水平的同时，积极参与农村社会各项基础建设、服务管理工作，这其中就包括当时名震全国的禹作敏[②]；另一方面，市场经济造就了以消费者主权为核心的市场环境，乡镇企业与私有企业

① 凌志军：《变化：1990—2002 年中国实录》，人民日报出版社 2011 年版，第 128 页。

② 禹作敏是在盐碱地里长大的大邱庄大队书记，早在 1976 年全国多数农村地区还在茫然四顾的时候，他顶着“挖社会主义墙脚，抢国有企业饭碗，搞资本主义”的帽子，走上了带领农民办澳凯工厂脱贫的道路。到了 1992 年，当初的澳凯已经裂变成为拥有 50 家企业的津美、万全、津海、尧舜四大集团公司，产值从 10 万元猛增至 41 亿元。大邱庄一跃成为“中国第一村”，禹作敏作为改革典型上了中央电视台经济半小时。当年的纽约时报曾报道：“这个村有 4400 人，却有 16 辆奔驰轿车和 100 多辆进口的豪华小轿车，1990 年人均收入 3400 美元，是全国平均收入的 10 倍，1992 年，大邱庄的工业产值据称达到了 40 亿元。”这位党委书记只受过三年私塾教育，尽管他十分善于运用党的政策来推动农村发展致富，但在行政管理方面，他身上既有强烈的时代痕迹，又有农民出身的局限性。他管理庄子的办法极左，正面来看，在他的时代，农民作为企业的主人，能享受到“从襁褓到坟墓”的 14 项福利。但反观之，通过经济利益建立起的威望，很快也表现出唯我独尊、自大狂妄的“土皇帝”做派，他雇佣保安，甚至私设刑堂、拘押殴打乡民，以惩罚犯错误的人，最终导致了 1993 年他的整个政治生涯急转直下。（凌志军：《变化：1990—2002 年中国实录》，人民日报出版社 2011 年版，第 128—136 页。）

在农村获得大力发展，迫使中国共产党基层组织在新的实践发展基础上，打破固有意识形态藩篱，创造性地拓展政权弹性空间，扩大执政范围。通过将社会经济转型过程中大量涌现的致富能人吸纳进党的基层组织，发挥他们的致富才能和带头作用，率领农村人民群众共同致富，使作为市场经济转型过程中获得成功的本地经济精英同时兼有政治精英的双重身份。

1992 年 12 月，江泽民在主持六省农业和农村工作座谈会时指出，各级党委必须长期坚持、毫不动摇地把农业放在各项经济工作的首位。农村基层干部作为党的重要力量和重要财富，要适应不断发展的经济社会形势，在农村改革逐步深化、农村生产力日益提高、带领广大农民走共同富裕的道路中发挥更大作用。① 据此，1993 年 2 月，《国务院关于加快发展中西部地区乡镇企业的决定》提出，那些在实践中成长起来的，善于经营、敢想敢干的各类农村能人，是推动社会主义市场经济与农村生产相结合的积极分子，要大胆选拔、放手启用他们，发挥其模范带头作用。“鼓励他们以个体、私营、联户、承包、租赁、股份制等各种形式领办、创办乡镇企业。农村党员干部要带头兴办乡镇企业，勇于带领群众致富”；鼓励一部分有才能、有志向从事经济工作的体制内干部转向乡镇企业领域；大中专毕业生，凡进入乡镇企业就职，则允许保留其国家干部身份，其行政关系保存在县乡镇企业主管部门或人才交流中心。② 这以后，中国农村地区出现了最具根本意义、最引人瞩目的中国共产党农村基层政治领导力量、基层组织结构以及执政基础等一系列变化。1994 年 11 月，中共中央根据胡锦涛在全国农村基层组织建设工作会议上的讲话精神，出台了《关于加强农村基层组织建设的通知》（以下简称《通知》）。针对社会主义市场经济条件下，农村基层组织面临的许多新情况，以及不同程度地存在的一些同新形势不相适应的问题，尤其是一部分基层领导班子缺少带领农民群

① 《江泽民文选》第 1 卷，人民出版社 2006 年版，第 273、275 页。
② 《十四大以来重要文献选编》（上），人民出版社 1996 年版，第 92 页。

众发展社会主义市场经济、加快奔小康步伐的本领，普遍缺乏年富力强的基层干部和青年党员，以及随着第二、第三产业迅速发展，各种形式的新经济组织大量出现导致外出流动的党员越来越多的现象，《通知》提出，建设好农村基层党支部领导班子，首要是选好支部书记。要“按照德才兼备原则，选拔认真贯彻党的路线方针政策、公正廉洁、年富力强、能带领群众致富的人，担任支部书记。尤其要注意选用那些尊重知识和人才、善于聚才用才的人。”对经过实践考验，能胜任工作，受群众拥护的现任支部书记，要给予支持。① 同时，要进一步解放思想，开阔视野，直接从具有一定文化科技知识、懂得经营管理的在乡知识青年、退伍军人、乡村企业骨干、外出务工经商的党员中选拔符合新时期基层干部条件的优秀分子担任村级组织领导工作；党支部要善于发现聚集各类人才，使他们在党的领导下各展所长，为推进农村改革、建设服务。②

从人民公社体制到家庭联产承包责任制的转变，农村生产方式的转向不仅加速了社会关系结构的调整，也推动了中国共产党在农村基层的权力结构变迁。市场经济体制不仅没有削弱党在基层的支持力量，反而更增强了党作为农村社会最重要政治力量的效能。中国共产党领导下极具政治弹性和学习适应能力的政治体制与市场经济转型相结合，为愿意造福农村社会的新阶层群体营造了十分有利的体制背景。这些被赋予了“经济精英”与“政治精英”双重身份的农村先富阶层，通过中国共产党为其提供的政治舞台和历史机遇，以令人瞩目的商业成就造福地方经济，深度参与农村社会管理，对农村社会福利施以慈善援助，在当地获得了崇高的社会地位和政治威望。与此同时，党通过吸纳这部分群体成为基层党组织的领导力量，进一步加强了同农村新富阶层的联系，在带领村民致富和共富的过程中，提高了基层农村社群对党的认同，从而有利于扩大党的

① 《十四大以来重要文献选编》（中），人民出版社 1997 年版，第 1050 页。
② 《胡锦涛文选》第 1 卷，人民出版社 2016 年版，第 96 页。

群众基础，巩固党的执政地位和政权稳定性。① 而以上两方面是构成新时期农村致富能人以“双重精英”身份引领农村社会稳定发展的前提。

第三节　中国特色社会主义新的社会阶层理论的深化阶段（2002—2012）

进入21世纪以后，现代信息技术迅速发展，“四个多样化”② 的实际和社会主义市场经济发展中出现的诸多问题表明，以胡锦涛同志为总书记的党中央所面临的社会结构关系急剧变化，社会利益格局剧烈调整，非公有制经济规模从业人员出现了如：“网商”“微商”、新媒体从业人员、“海归”“海待”等更加丰富多元的市场经济主体，同时，处在市场经济条件下的个体可能同时拥有多重社会身份。因此，如何看待新时期党的依靠力量和执政根基——新的社会阶层，是事关党的建设的重大理论和实践问题。这一时期，中国共产党人在构建“以人为本”的社会主义和谐社会的总方针下，通过在新经济组织中建立党的基层组织，大量吸收新经济组织从业人员成为党员，实现了政权在新经济领域中一插到底，以保障执政基础的稳定性。与此同时，党中央在坚持人民根本利益一致性的基础上，充分兼顾多元化社会利益格局中代表不同利益诉求的社会阶层群体，承认新的社会阶层在社会主义市场经济中的主体地位，团结、教育和引导他们成为社会主义建设和发展的中坚力量，成为推动我国现代化发展的根本动力。通过刚性管理与弹性吸纳两个方面，中央在保障社会稳定的前提下不断拓宽社会阶层的统筹范围，巩固了党的执政基础。

---

① 阎小骏：《中国何以稳定：来自田野的观察与思考》，香港：三联书店（香港）有限公司2017年版，第74页。

② “四个多样化”，是指我国在实行改革开放和发展社会主义市场经济的新的历史条件下，出现了社会经济成分、组织形式、就业方式、利益关系和分配方式的多样化。（《胡锦涛文选》第1卷，人民出版社2016年版，第471页。）

一 新的社会阶层是构建社会主义和谐社会的主要生长点

社会主义市场经济体制伴随改革进程深入而愈加完善，人民物质文化需求更趋多样，社会利益关系更趋复杂，统筹兼顾各方面利益难度加大。针对改革开放过程中的制度性矛盾，中共中央不断调整方针策略。2003 年 10 月 14 日，《中共中央关于完善社会主义市场经济体制若干问题的决定》指出：

> 个体、私营等非公有制经济是促进我国社会生产力发展的重要力量。清理和修订限制非公有制经济发展的法律法规和政策，消除体制性障碍。放宽市场准入，允许非公有资本进入法律法规未禁入的基础设施、公用事业及其他行业和领域。非公有制企业在投融资、税收、土地使用和对外贸易等方面，与其他企业享受同等待遇。①

以上，是围绕如何使社会主义市场经济体制更加开放、更具活力而对非公有制经济进行的战略调整。中央已经深刻认识到，非公有制经济作为新时期我国社会生产力发展的代表和新生力量，对社会经济发展起到了不可忽视的作用。

2004 年 9 月 16 日，在党的十六届四中全会上，胡锦涛提出："坚持以人为本，全面、协调、可持续的科学发展观"②。作为建设社会主义和谐社会的基本维度，"以人为本"的科学发展观就是要"从人民群众根本利益出发谋发展、促发展，不断满足人民群众日益增长的物质文化需要，切实保障人民群众经济、政治、文化权益，让发展成果惠及全体人民"③，最终实现"人的全面发展"这一根本目标。只有当人的存在走出了以物的存在来表征，人与人的关系不再被物与物的关系所取代时，我

① 《十六大以来重要文献选编》（上），中央文献出版社 2005 年版，第 466 页。
② 《十六大以来重要文献选编》（中），中央文献出版社 2006 年版，第 235 页。
③ 《胡锦涛文选》第 2 卷，人民出版社 2016 年版，第 167 页。

们才能走出以物为本的文化心态，精神生活才能不受困于物质追求，[①]社会主义生产力与生产关系、上层建筑才会相互协调、相互促进，形成良性循环。中共中央提出构建社会主义和谐社会的战略思想，意味着我们已经从国家制度层面开启了构建和谐共同体的实践历程，开始努力塑造以国家为主导，不断凝聚和吸引以新的社会阶层为主体的多元化社会力量，共同参与社会建设和管理的新格局。因此，这一时期，积极探索做好新的社会阶层的工作，促进非公有制经济人士健康成长，就十分有利于我国经济社会和谐发展，以及民主政治的丰富和完善。

2006 年 7 月 10 日，胡锦涛在全国统战工作会议上指出，构建社会主义和谐社会是新时期中国特色社会主义事业的重大任务。具体来讲，就是要建设一个“民主法治、公平正义、诚信友爱、充满活力、安定有序、人与自然和谐相处的社会，是在中国共产党领导下、在中国特色社会主义事业中、在全国人民根本利益一致基础上全体人民共同建设、共同享有的和谐社会，是为中国最广大人民谋幸福的和谐社会”[②]。这次会议指出，新的社会阶层的主体由非公有制经济人士和自由择业知识分子组成，并进一步划定了具体群体范畴，包括“六种人”：即私营企业主、个体工商户、私营企业和外资企业的管理技术人员、中介组织从业人员、自由职业人员等。与 2001 年江泽民在中国共产党成立八十周年大会上所划定的人员范畴相比，此时的“新的社会阶层”范畴更为清晰精简了。

改革开放以后，出现了集中分布在新经济组织和新社会组织中的新的社会阶层，在社会主义市场经济条件下，“这个群体呈现出快速增加的态势”[③]，做好他们的工作是实现社会主义和谐社会的关键。因此，在关于如何做好新的社会阶层人士工作的具体意见中，胡锦涛提出，必须坚持“充分尊重、广泛联系、加强团结、热情帮助、积极引导的方针”，充分尊重他们的劳动创造，鼓励他们的创业精神，“肯定他们

---

① 高石磊：《马克思主义共同体思想意蕴研究》，《求实》2015 年第 6 期。

② 《胡锦涛文选》第 2 卷，人民出版社 2016 年版，第 470 页。

③ 《十六大以来重要文献选编》（下），中央文献出版社 2008 年版，第 558 页。

为发展生产、解决就业、提供税收、增强国力作出的贡献”，与之加深联系，倾听其诉求，凝聚其智慧，扩大其有序的政治参与，切实维护好他们的合法权益，以“保护和调动他们的积极性、主动性、创造性”，引导他们将手中的各种生产要素，更好地运用于建设中国特色社会主义事业。① 中央已经深刻认识到，新的社会阶层是构建“以人为本”的社会主义和谐社会的主体和新的着力点。因此，做好新的社会阶层人士工作，最大限度地把他们团结起来，充分发挥他们作为“点”的作用，是发展新世纪新阶段统一战线的必然选择，也是巩固新时期党的群众基础的内在需求。2006 年 10 月，中央专门就构建社会主义和谐社会做了研究，并在党的十六届六中全会上指出，“我国已进入改革发展的关键时期，经济体制深刻变革，社会结构深刻变动，利益格局深刻调整，思想观念深刻变化。这种空前的社会变革，给我国发展进步带来巨大活力，也必然带来这样那样的矛盾和问题”②，正确认识和妥善处理这些矛盾和问题将贯穿社会主义和谐社会建设的全过程。据此，要从我国发展的阶段性特征出发，立足基本国情，不仅要深入分析影响社会和谐的因素有哪些，找到根源，更要想办法解决矛盾，才能“最大限度地增加和谐因素、减少不和谐因素”。③

2010 年 10 月 18 日，胡锦涛在党的十七届五中全会上指出，党的性质和根本宗旨决定了要做好新形势下群众工作，必须“坚持人民主体地位，发挥人民首创精神”④。面对结构性制度问题和不断出现的新课题，要不断深化对中国特色社会主义实践发展的“规律性认识”：

> 必须更加注重以人为本，坚持从最广大人民根本利益出发谋发展、促发展，加快推进以改善民生为重点的社会建设，不断满

① 《十六大以来重要文献选编》（下），中央文献出版社 2008 年版，第 558 页。

②

③ 《〈中共中央关于构建社会主义和谐社会若干重大问题的决定〉辅本导读》，人民出版社 2006 年版，第 3—4 页。

④ 《十七大以来重要文献选编》（中），中央文献出版社 2011 年版，第 1010 页。

足人民日益增长的物质文化需要，走共同富裕道路，促进人的全面发展，做到发展为了人民、发展依靠人民、发展成果由人民共享……正确反映和兼顾各方面利益要求，充分调动全社会的发展积极性，为全面建设小康社会、实现中华民族伟大复兴集聚强大力量。①

这段论述标志着进入21世纪以来，中国共产党在不断总结社会主义革命、建设和发展的经验基础上，对新的历史时期如何把握好惠及十几亿人民的政策方针形成了规律性、原则性的认识，也可以说，这是党中央对具有中国特色社会主义社会发展规律的概括。它是毛泽东在新民主主义革命时期以“各得其所”将民族利益与社会各阶级阶层利益统一于抗日民族统一战线，最广泛地发动人民群众参加抗日和进行民主革命的积极性的与时俱进的发展，是对实现“和而不同”“各美其美，美人之美，美美与共，天下大同”② 的和谐社会，以及人民群众主体性的最大尊重和体现。

二　新的社会阶层是解决社会利益关系维护社会稳定的关键

2002年9月2日，胡锦涛在中共中央党校秋季开学典礼上的讲话中指出，要充分调动全社会积极因素，最大限度地团结和依靠广大人民群众，合力推进中国特色社会主义伟大事业，必须从以下三个方面下功夫。

首先，要妥善处理各种利益关系。随着改革开放和我国现代化进程加深，出现了社会经济成分、组织形式、就业方式、利益关系和分

① 《十七大以来重要文献选编》（中），中央文献出版社2011年版，第1003页。

② 这是1990年，我国社会学家费孝通提出的“十六字箴言”，可释义为：人们要懂得各自欣赏自己创造的美，还要包容欣赏别人创造的美，这样将各自之美和别人之美拼合在一起，就会实现理想中的大同美。这句话常用于形容我国外交所持立场，即“天下大同”，在这里主要指社会结构内部虽有差异，但社会关系总体上是融洽的。（人民日报海外版“学习小组”编著：《平天下：中国古典治理智慧》，人民出版社2015年版，第301页。）

配方式的多样化趋势,[①] 产生了代表不同阶层、不同方面群众的利益差异，这些利益关系与各类矛盾复杂交织。作为一场深刻而广泛的革命，改革越纵深，越需要我们正确认识和妥善处理多元复杂的利益关系，实现好、维护好、发展好社会各阶级阶层的切身利益，才能引导好、保护好、发挥好他们的积极性，才能巩固和扩大党的执政基础，为改革开放和社会主义现代化建设争取到最广泛最可靠的力量。因此，党和政府的各项政策措施都要正确反映和兼顾人民群众的具体利益，以共同富裕为目标，带领全体人民稳步前进。

其次，正确处理新形势下的人民内部矛盾。近年来各地发生的群体性事件，反映出人民内部矛盾明显增多，要充分认识处理这类矛盾的极端重要性。（1）要经常开展排查调处矛盾纠纷的工作，及时发现问题，解决问题；（2）要及时稳妥处理群体性事件，一旦发生必须尽快控制住局面，以维护正常社会秩序；（3）要加强有针对性的教育，引导群众正确对待改革中的利益调整；（4）“要转变领导作风和工作作风”，深入基层倾听群众心声，尽可能满足群众提出的合理要求。

最后，要在深化改革、经济结构转型、各方面利益关系变动较大的时期，积极做好维护社会稳定的工作。[②] 以上三方面在建设中国特色社会主义道路的过程中相辅相成、互为前提，形成了调动一切积极因素，推进我国社会主义现代化建设的三个立体层面。“新的社会阶层”的出现及其蓬勃发展需要党和政府认真贯彻落实以上三方面要求，正确认识和把握社会利益关系调整，以维护社会稳定发展。

2002 年 11 月，党的十六大报告明确指出：“在社会变革中出现的民营科技企业的创业人员和技术人员、受聘于外资企业的管理技术人员、个体户、私营企业主、中介组织的从业人员、自由职业人员等社会阶层，都是中国特色社会主义事业的建设者。”[③] 作为社会主义

---

① 《胡锦涛文选》第 1 卷，人民出版社 2016 年版，第 471 页。

② 《胡锦涛文选》第 1 卷，人民出版社 2016 年版，第 562—564 页。

③ 《十六大以来重要文献选编》（上），中央文献出版社 2005 年版，第 11—12 页。

初级阶段的必然产物，新的社会阶层的出现以及发展壮大符合我国在这一时期的国情，他们中的绝大多数人依靠诚实劳动与合法经营走上了富裕之路，有利于我国社会经济发展。在看待他们的身份问题时，必须摒弃“有产者不是劳动者甚至是与劳动者相对立的剥削者”的传统二元对立的思维定式，不再把“财产”绝对化为判断人们在政治上先进或落后的唯一标准，获取财富的“程序正义”“目的正义”“分配正义”，以及他们的劳动对中国特色社会主义事业所作出的贡献成为新的考量因素，“一切合法的劳动收入和合法的非劳动收入，都应该得到保护”。同时，对新的社会阶层的肯定意味着不同性质的劳动者享有同等的社会地位，“不论是体力劳动还是脑力劳动，不论是简单劳动还是复杂劳动”，只要是有益于人民和社会的劳动就应该得到尊重和保护。从《中国统计年鉴》数据来看，“到2005年，全国的个体工商户为2464万人，私营企业投资者为1110万人”①。因此，以胡锦涛同志为总书记的党中央提出，要团结为祖国富强贡献力量的社会各阶层，鼓励他们的创业精神，保障他们基本权益，表彰他们当中的优秀分子，包括海内外各类投资者在我国建设中的创业活动也都应受到鼓励。总之，“要形成与社会主义初级阶段基本经济制度相适应的思想观念和创业机制，营造鼓励人们干事业、支持人们干成事业的社会氛围，放手让一切劳动、知识、技术、管理和资本的活力竞相迸发”，“努力形成全体人民各尽其能、各得其所而又和谐相处的局面”。②

党中央已经深刻认识到，在新的历史条件下，我们所面临的社会关系结构更加复杂多元，在以人民根本利益一致性为前提的基础上，代表不同社会利益诉求的主体正在不断扩大和分化，当这些利益诉求得不到回应，或者不同社会阶层群体的利益相互对立时就会出现矛盾。这类矛盾作为一种非对抗性的人民内部矛盾，已经不再带有强烈的阶

① 陆学艺：《当代中国社会结构》，社会科学文献出版社2010年版，第142页。

② 《十六大以来重要文献选编》（上），中央文献出版社2005年版，第12页。

级意识形态色彩，只有通过营造“各尽其能、各得其所”和谐相处的社会格局，才能正确认识和处理这类矛盾，以确保新时期社会稳定发展。同时，社会稳定发展又为改革所引起的利益格局和利益关系重大调整，为不断涌现的新的社会阶层和群体提供了安全、稳定的社会环境。因此，新的社会阶层与社会稳定发展之间始终是相互建构、良性互动的循环发展关系。

三　将新的社会阶层人士纳入党的基层建设工作

私营企业主和农村致富能人为代表的新的社会阶层是被传统政治学视为社会主义国家既有政治体制之外新兴的、具有潜在颠覆体制威胁性的社会力量。中国共产党大胆鼓励这些新生力量走上党的基层组织的核心领导岗位，倡导他们引领民众致富、造福乡梓，从而真正发挥党员先锋模范作用，反映了中国共产党在组织形态上具有不同于其他政权体制的高度开放性、包容性和体制弹性，体现出中国特色社会主义制度在营造良好稳定的社会秩序方面所具有的东方智慧。

（一）进一步做好在新经济组织中的党建工作

2001 年 4 月 30 日，胡锦涛在非公有制企业党建工作座谈会上指出，“随着改革深化和经济结构调整步伐加快，这些年来新经济组织不断涌现”，全国私营企业户数逐年递增，1998 年为 120.1 万户，1999 年为 150.9 万户，2000 年达到 176.18 万户；私营企业从业人员在 2000 年达到 2406 万多人。得益于温州非公有制经济起步早、发展快，到 2000 年，浙江私营企业数达到 17.88 万户，个体工商户 158.86 万户，从业人员 572.86 万人，非公有制经济占据了浙江经济的“半壁江山”。[①] 21 世纪前后，非公有制经济的发展态势迅猛，在经济发达的地区甚至有超越公有制经济的趋势，且“非公有制经济组织和社会组织

① 《胡锦涛文选》第 1 卷，人民出版社 2016 年版，第 467 页。

中汇集着越来越多的人才，是我国人才队伍的重要组成部分”①。这种情况下，如何在新经济组织中开展好党的工作，从而把新的社会阶层中的各类人才纳入党和政府的工作范围，成为历届中央政府必须认真考量和谨慎对待的重大课题。讲话中，胡锦涛指出，根据2000年9月中央组织部印发的《关于在个体和私营等非公有制经济组织中加强党的建设工作的意见(试行)》，要在新形势下加强非公有制经济组织中的党建工作，总体上要坚持以“三个代表”重要思想为指导，围绕党的中心任务来进行，着眼于党和国家方针政策、法律法规贯彻执行，着眼于增强党组织影响力、凝聚力、战斗力，着眼于加强党同职工群众的联系，着眼于促进非公有制企业健康发展。在实际工作中则须注意抓好以下三点。一是要按照党章规定，结合企业实际，抓紧建立健全基层党组织。二是党组织要围绕党的中心任务和企业生产经营开展工作，在广大职工中充分发挥政治核心作用。尤其是要注意把握好两点：“一点是，党组织要坚决贯彻党的路线方针政策，全心全意依靠职工群众，切实维护职工合法权益，真正做到在广大职工中充分发挥政治核心作用。另一点是，党组织工作要紧密结合企业生产经营来进行，支持企业合法经营、健康发展；如果脱离了生产经营，党组织作用就很难充分发挥。”可见，党的工作要扩大覆盖面，增强凝聚力，必须在实践工作中处理好政治工作与生产经营之间的关系，通过“双管齐下”将企业效益、职工利益与党的建设统一起来。三是要切实加强党组织自身建设，根据非公有制企业的特点，积极探索非公有制企业党建工作经验和规律。在这次讲话中，胡锦涛进一步指出，个体经济、私营企业等新经济组织情况多种多样，且这些情况伴随改革深化、对外开放水平提高和社会主义市场经济发展也在不断发生变化。因此，在新领域中党建工作必须从实际出发，因地制宜、因企制宜，加强分类领导，在坚持解放思想、实事求是的前提下，以改革创新精神进一步探索新经济组织的党建途径，在这一方面着重强调以下三点：一是要逐

---

①《十六大以来重要文献选编》(上)，中央文献出版社2005年版，第635页。

步使新经济组织中的党建工作有法可依、有章可循；二是各级党委要重视加强非公有制经济组织党务工作者队伍建设，为他们大胆工作创造条件，维护他们的合法权益，有计划地对他们进行培训，以提高其思想素质和政治水平；三是教育和引导非公有制企业领导人致富思源、富而思进，支持在企业中建立党组织和开展党的工作，自觉地为建设有中国特色社会主义贡献力量。①

2002年9月2日，在中共中央党校秋季开学典礼上，胡锦涛进一步强调了在非公有制经济组织中加强党建工作的重要性。他强调："加强非公有制经济组织党的建设，是增强党的阶级基础、扩大党的群众基础、提高党的社会影响力的需要，也是保护非公有制经济组织中广大职工合法权益和引导非公有制经济健康发展的需要。"② 我们还需要认真研究和探索，如何尽快在非公有制企业中建立党的基层组织，并从这类党组织的具体情况出发，找到能够发挥他们政治核心功能和党员先锋模范作用的组织活动形式和有效途径。③ 至此，便形成了生产经营和政治方针双管齐下，兼顾国家、企业、个人三方面利益的新经济组织党建体系。不仅创新了社会主义市场经济条件下党建工作的形式、内容和途径，而且加强了党同非公有制企业等新经济组织中广大职工的联系，巩固和扩大了党的群众基础。随后，在这一年12月召开的全国组织工作会议上，中央正式明确了"把新的社会阶层中的先进分子吸收到党内来"④ 是一项政治性、政策性很强的工作，它将有利于扩大党的群众基础，增强党在全社会的影响力，因此，中央有关部门应继续进行试点，在进一步积累经验的基础上制定相关政策意见。2004年6月，中共中央审议通过了《关于进一步做好新形势下发展党员工作的意见》以及《关于在新的社会阶层中发展党员试点工作总结报告》，按照以上文件精神，中央提出，要做好吸收私营企业主（包括个人独

① 《胡锦涛文选》第1卷，人民出版社2016年版，第468—470页。

② 《胡锦涛文选》第1卷，人民出版社2016年版，第567页。

③ 《胡锦涛文选》第1卷，人民出版社2016年版，第567页。

④ 《十六大以来重要文献选编》（上），中央文献出版社2005年版，第106页。

资企业投资人、合伙企业合伙人、公司制企业个人控股股东和其他类型企业的主要个人出资人）[①]、社会中介组织和民办非企业单位的主要个人出资人[②]等新的社会阶层的入党工作。

（二）进一步吸收农村中新的社会阶层参与基层党建工作

随着新千年的到来，经济和政治资源互换、互补造就的“经济—政治”双重精英身份的社会效益日渐显现，党中央更加注重充分运用农村致富能人的致富经验和致富效应，吸收这部分群体参与到党的基层建设中来，赋予其一定的政治资源以更好地盘活农村经济，扩大党的执政基础。另一方面，中央也注意到，要在这一过程中正确引导、教育他们认真贯彻中央指导意见，提高思想政治素质和政治觉悟，从而更好地将政治精英的角色与经济精英身份兼顾起来。2002 年 6 月 24 日，针对进一步加强和改进农村基层组织建设的问题，胡锦涛提出，要把加强农村党员队伍建设作为一项重要任务抓实抓好。首先，要从两个方面加强农村党员教育管理。一方面，要“引导农村党员带头贯彻执行党在农村的各项方针政策，带头勤劳致富和带领群众共同致富，带头促进农村发展和维护社会稳定，在农村两个文明建设中发挥先锋模范作用”[③]。另一方面，选拔那些拥护党的路线方针，在新形势下有能力带领群众面向市场，适时调整经济结构、发展农村经济、增加农民收入的党员作为党的基层后备干部。其次，“按照坚持标准、保证质量、改善结构、慎重发展的方针，积极做好发展农村党员、特别是在优秀青年农民中发展党员的工作”[④]，尤其是要重点培养那些拥党爱国，知识文化水平较高、致富能力较强、具有奉献精神的农村青年。中国共产党人极其智慧地将新的社会阶层的出现以及他们对经济发展、社会结构调整的正面影响，作为农村基层组织建设的现实依据提出来。

---

① 金钊：《十三届四中全会以来的执政党建设》，人民出版社 2006 年版，第 389 页。
② 金钊：《十三届四中全会以来的执政党建设》，人民出版社 2006 年版，第 390 页。
③ 《十五大以来重要文献选编》（下），人民出版社 2003 年版，第 2438 页。
④ 《十五大以来重要文献选编》（下），人民出版社 2003 年版，第 2438 页。

正如胡锦涛所指出的，“新的社会阶层人员，城市有，广大农村也有”[①]。据2005年《乡镇论坛》的一篇报道显示，在浙江省新当选的13.32万名村委会成员中，“先富群体”约占30%，而在该省一些私营企业为政府主要税收来源的地区，这一比例甚至高达60%。[②]在经济相对欠发达的山西省河津市，基层干部也表现出同样的特征趋势，在河津市148个行政村中有60个村支书或村委会主任是民营企业老板。[③]

有学者在2005年针对华北某县的田野调查中，将以私营业主和致富能人为代表的“新农民”党支书划分出了六大类别。(1)在外地经营大型企业的本县籍企业家。这类私营企业主村支书通常保留本籍农村户口，同时在临近的大城市经营相对大型的私营企业。其经商致富的事迹不仅对家乡老百姓发展致富有激励作用，且依托其个人企业的雄厚财力能够为原籍农村社区给予经济或非经济资助，其私营企业也能够解决一些进城务工同乡的初次就业。因此，这一类企业家在原籍农村基层公共事务问题上享有一定发言权，并逐渐以农村基层村干部身份参与到当地经济发展和公共服务工作中。(2)拥有族长地位的本地企业家。这类企业家由于家族辈分很高，又拥有雄厚的财富，商业成功与道德权威共同铸就了其牢固的政治权力基础。(3)专业人士，如乡村医生、运输专业户或农机专家等。这部分群体凭借自身具有的专业知识或特殊技能，以个体经营的形式为社区居民服务，逐渐富裕起来。由于经营具有相对独立性，专业人士与乡镇党政机关保持有一定距离，但他们却与农村基层社区保持着密切经济联系，且因为能够对乡党邻里提供实质性服务和帮助，而往往享有较高的社会声望。(4)承包农地经营的私营农场主。中国农业用地的所有权归集体所有，但承包权和经营权归农户所有，因此，许多农户将自家的责任田承包给筹划发展大规模有机农业生产的私营农场主，这些新的“农业资本家”为维系与出租农户家庭、乡村集体经济组织和地方党政机关的关系，一方面，须支付高额的

---

① 《十五大以来重要文献选编》(下)，人民出版社2003年版，第2438页。

② 黄凤：《浙江村官有三成是富人》，《乡镇论坛》2004年第10期。

③ 潘其胜：《透视“富豪”村官现象》，《领导之友》2006年第3期。

土地租金，为当地村民提供就业机会和公共福利项目，另一方面，其项目收益又构成了当地财政税收的重要组成部分。这两方面为其获得基层权力奠定了群众基础和政治资本。（5）以前处于边缘岗位的村干部。这部分群体普遍拥有私营业主和村干部的双重身份，其担任村支书主要是由于政治上可靠，且有致富经验。（6）社群领袖型企业家。这部分企业家往往享有十分高的社会威望，且具备雄厚的经济实力，能够在宗族、派系等矛盾冲突激烈时从中调解，以维持好当地社会稳定。① 这些代表着农村新的生产力发展方向的先富阶层在身份背景、致富手段、政治信仰等各方面存在差异，这种内部差异性塑造了他们成为党的基层干部的不同路径，但也恰恰导致了这部分群体没有集合成为具有强大凝聚力的利益团体，以获取实现其所代表群体的政治影响力和组织行动力，这与传统西方政治学对其可能具有政权颠覆性的判断迥然不同。②

总之，中央在选拔、培养、管理党的基层干部的过程中，始终将带头致富能力与政治治理能力作为兼顾并重的考量标准，在吸收、管理党员的基层党组织建设工作中，尤其关注新的社会阶层中的先进分子，在使这些新兴的社会力量为己所用的同时，增强了党在农村基层的领导力和凝聚力，更加密切了农村社区和政权的联系。③

（三）加强新形势下街道和社区在新经济组织、新社会组织中的党建工作

2004 年 10 月，《中共中央组织部关于进一步加强和改进街道社区党的建设工作的意见》（以下简称《意见》），针对近年来大量涌现的新经济组织和新社会组织提出，“迫切需要依托街道、社区党组织加强这些组织中的党建工作，不断扩大党在城市工作的覆盖面”；针对越来越多的“单位人”转为“社会人”，大量退休人员、下岗失业人员和

① 参见阎小骏《中国何以稳定：来自田野的观察与思考》，香港：三联书店（香港）有限公司 2017 年版，第 55—60 页。

② 阎小骏：《中国何以稳定：来自田野的观察与思考》，香港：三联书店（香港）有限公司 2017 年版，第 73 页。

③ 阎小骏：《中国何以稳定：来自田野的观察与思考》，香港：三联书店（香港）有限公司 2017 年版，第 39 页。

流动人员进入社区的现象，需要街道、社区党组织转变管理和工作方式，做好新形势下的群众工作，形成“社区群众各尽其能、各得其所而又和谐相处的局面”；[①] 针对社区群众的物质文化需求日益呈现出多层次、多样化的趋势，需要增强街道、社区党组织的领导、协调功能，以及街道和社区的服务功能。《意见》进一步强调，要不断加大在新经济组织、新社会组织中建立党组织的工作力度。中央深刻认识到，随着社会经济历史的发展，人民群众参与经济发展和社会生活的角色正发生剧烈变化，社会阶层结构日趋多元复杂，社区和街道的群众中出现了大量新经济组织和新社会组织的从业人员。为更好地推进城镇化进程、全面建设社会主义和谐社会，就必须从社区、街道这类党的基层组织入手，着力于做好这部分新的社会阶层人员的工作，逐渐形成党领导下，由“政府负责、社会协同、公众参与的社会管理格局”，进一步巩固党的执政基础，增强党的执政能力。[②]

第四节　中国特色社会主义新的社会阶层理论的创新阶段（2012—2017）

塞缪尔·亨廷顿（Samuel P. Huntington）曾提出社会转型过程中“现代性孕育着稳定，现代化却会引起不稳定”的重要命题。[③] 改革开放近四十载的发展实践以及信息全球化趋势，从国际国内两方面为中国经济带来源源不断强大动力的同时，市场经济追逐资本的本性所暴露出的社会问题，也为中国现代化发展尤其是改革攻坚的关键时期带来了前所未有的挑战。这个阶段是我国全面建成小康社会的决胜阶段，也是发展的重要机遇期，经济发展呈现以速度变化、结构优化、动力

① 《十六大以来重要文献选编》（中），中央文献出版社2006年版，第366页。

② 《十六大以来重要文献选编》（中），中央文献出版社2006年版，第366、367、370页。

③ ［美］塞缪尔·P·亨廷顿：《变化社会中的政治秩序》，王冠华等译，生活·读书·新知三联书店1989年版。

转换为特点的新常态，社会诸多矛盾叠加，风险隐患增多，形势复杂严峻。社会发展“不平衡”“不充分”，以及由此产生的日益分裂多元的新的社会阶层，丰富并发展了马克思主义人民主体范畴，对新时代中国特色社会主义为“谁”发展，依靠“谁”发展，以及改革发展成果与“谁”共享等命题提出了新的要求。面对我国经济社会发展中出现的新趋势新特点，以及诸多亟待解决的问题，党的十八届五中全会首次提出“以人民为中心”的发展思想——以实现人民幸福为发展出发点和落脚点。作为党在新时期必须始终坚持的基本原则，这一新的发展理念“反映了坚持人民主体地位的内在要求，彰显了人民至上的价值取向”。[①] 魏志奇指出，“以人民为中心”的发展思想，作为中国特色社会主义的核心逻辑和本质属性，在三个维度层面上呈现出有中国特色的社会主义现代化视阈：一是中国特色社会主义现代化同世界现代化的一般规律相符合；二是它是社会主义性质的现代化道路；三是中国现代化转型过程中公平正义缺失问题突出。[②]

一　新的社会阶层成为人民群众有机组成部分

中国经济社会处于社会主义初级阶段的具体特征，决定了团结和争取新的社会阶层是中国共产党能够代表人民群众根本利益的前提条件。新的社会阶层是传统马克思主义“人民群众”概念在新时代的具体的、历史的表现，并构成了习近平新时代中国特色社会主义思想中“人民群众”的有机组成部分。2017 年 10 月 18 日，习近平在党的十九大报告中提出，坚持以人民为中心，就是要明确“人民是历史的创造者，是决定党和国家前途命运的根本力量。必须坚持人民主体地位，坚持立党为公、执政为民，践行全心全意为人民服务的根本宗旨，把党的群众路线贯彻到治国理政全部活动之中，把人民对美好生活的向

① 《习近平总书记系列重要讲话读本》（2016 年版），学习出版社、人民出版社 2016 年版，第128 页。

② 魏志奇：《现代化视域下“发展成果更多更公平惠及全体人民”的三个维度》，《延安大学学报》（社会科学版）2015 年第 4 期。

往作为奋斗目标，依靠人民创造历史伟业”①。经由中国化马克思主义实践探索，形成了由全体“劳动者”“建设者”和“爱国者”共同组成的社会主体。因此，新时期“新的社会阶层”与“人民群众”互为表里。前者主要指社会学意义上人民群众内部各阶层、人群和群体所发生的新变化、新动向，后者则是政治学意义上“人民当家作主”的主体。“以人民为中心的发展”需要把处于不断变化发展过程中的新的社会阶层视为新时期改革开放的参与者，通过社会主义生产活动和经济发展来保障他们的生存和发展，② 正确引导和帮助他们积极从事社会主义现代化建设，确保与他们共享政治、经济、文化的发展成果，才能平衡好经济发展和社会稳定的关系，实现社会的公平正义，这是新时期人民当家作主的根本。

（一）“以点带面”处理好“一致性”与“多样性”的关系

改革开放40多年来，中国社会关系结构深刻转型，传统的阶级界限变得模糊，同时，新的社会阶层不断涌现，人民生活方式日益多样化，社会意识形态日趋多元化。2013年8月19日，习近平在全国宣传思想工作会议上的重要讲话中强调，“要看到人民是具体的而不是抽象的，认真研究不同群众的思想文化需求，他们的需求哪些是共性、哪些是个性，以便有的放矢开展工作。对社会上出现的一些新的人群，如蚁族、北漂、海归、海待、散户等，也要有针对性地开展工作，注意把群众工作做到每个点上，‘一把钥匙开一把锁’”③。在“大众创业、万众创新”的政策引导下，中国共产党摆脱了传统的二元对立模式，转而以历史的发展的眼光，将新的社会阶层看作对社会主义现代化建设和发展起推动作用的主体，有意识地把他们视为政权建设的新对象，肯定他们的合法性地位，广泛回应他们的利益诉求，甚至将他

① 《习近平著作选读》，人民出版社2023年版，第17页。

② 巫文强：《人民是经济发展的基础也是经济发展的目的——兼谈坚持以人民为中心的中国特色社会主义政治经济学学理》，《改革与战略》2016年第10期。

③ 全国干部培训教材编写指导委员会组织编写：《永葆清正廉洁的政治本色》，人民出版社、党建读物出版社2015年版，第45—46页。

们中间的积极力量吸纳进党内，“以点带面”，力求处理好点、线、面的关系，以凝聚社会共识，引领社会思潮。

2015 年 5 月 18 日，习近平在中央统战工作会议上提出：做好新形势下统战工作，必须正确处理一致性和多样性关系。统一战线作为一致性和多样性的统一体，充分体现了二者“非一则不能成两，非两则不能致一”的辩证关系。作为中国共产党统一战线理论得以成立的基本前提，“一致性”和“多样性”既对立又统一，正确处理二者关系的关键在于坚持“求同存异”。一方面，要把不断巩固共同思想政治基础，包括推动已有的共识形成新的共识。另一方面，要充分发扬民主、尊重和包容差异，对其他各种多样性，要尽可能通过耐心细致的工作找到最大公约数，固守住政治底线，那么“包容的多样性半径越长，画出的同心圆就越大”。[①] 这是解决好人民对美好生活的向往与“发展不平衡不充分”之间的矛盾的现实途径，也是新时代“坚持一致性和多样性统一，找到最大公约数，画出最大同心圆”[②] 的具体方法。

（二）“人民性”和“积极性”相互作用以实现“发展依靠人民”

中国共产党之所以能够通过不同时期的社会阶层关系结构特征正确把握住社会主要矛盾，与其主导的中国社会现代化过程中两个至关重要的因素密不可分：其一，是政党的人民性；其二，是在从革命党向执政党的转型过程中，能够继续保持其固有的人民性。[③] 二者贯穿于政党主导型的现代国家制度体系建构过程中，使马克思主义“人民”概念实现了中国化、本土化的发展。毛泽东在新民主主义革命时期所创立的“中间阶级”理论，确立了以“各得其所”为核心价值诉求来调动一切反对帝国主义的阶级、阶层抗日积极性的“人民性”理念。在这里，“人民性”和“积极性”作为中国共产党“人民”主体性的两个方面互为补充，为中国特色社会主义新的社会阶

① 《十八大以来重要文献选编》（中），中央文献出版社 2016 年版，第 561—562 页。

② 《中国共产党第十九次全国代表大会文件汇编》，人民出版社 2017 年版，第 32 页。

③ 杨光斌：《政治变迁中的国家与制度》，中央编译出版社 2011 年版，第 219—235 页。

层的身份建构与价值认同奠定了基础。[①] 2015 年 10 月，党的十八届五中全会在“十三五”规划建议中，将“坚持人民主体地位”作为实现全面建成小康社会奋斗目标所要遵循的第一条原则，强调“人民是推动发展的根本力量，实现好、维护好、发展好最广大人民根本利益是发展的根本目的”。因此，坚持“以人民为中心”的发展思想，就是要把增进人民福祉、促进人的全面发展作为出发点和落脚点，通过发展和完善民主政治制度，保障人民平等参与和发展的权利，努力维护社会公平正义，充分调动不同阶层、群体投身社会主义事业的积极性、主动性和创造性。[②]“十三五”规划建议体现了“人民性”与“积极性”作为相互建构的两个方面，贯穿了“以人民为中心”的发展思想，且始终是中国共产党主导的现代化国家体系建构过程中一脉相承的重要理论资源。

二　新的社会阶层是实现中国梦的重要力量

2012 年 11 月 29 日，习近平总书记围绕“中华民族伟大复兴”这一近代以来国人始终在追寻的中国梦发表了讲话，他指出，“这个梦想，凝聚了几代中国人的夙愿，体现了中华民族和中国人民的整体利益，是每一个中华儿女的共同期盼。历史告诉我们，每个人的前途命运都与国家和民族的前途命运紧密相连”[③]。习近平总书记一方面阐明了“国家、民族、人民”三位一体的命运共同体关系，以及寻求核心价值共识的重要性。另一方面，三者的内涵将随着历史条件的不断变化发展而更加丰富。2013 年 3 月，习近平总书记在十二届全国人大一次会议上深入阐述中国梦的内涵、主体、出发点、实现途径时指出，作为中国梦的实践主体，一方面，人民群众的呼声和期待是实现中国梦的内在动力，体现为人民日益增长的美好生活需要，包括实现“学

① 苏志宏：《马克思主义大众化的公民认同研究》，中国社会科学出版社 2017 年版，第 233、234 页。

② 《十八大以来重要文献选编》（中），中央文献出版社 2016 年版，第 789 页。

③ 《习近平谈治国理政》，外文出版社 2014 年版，第 36 页。

有所教、劳有所得、病有所医、老有所养、住有所居上持续取得新进展”的具体诉求。另一方面，中国梦必须依靠人民来实现，必须不断造福人民。“一切非公有制经济人士和其他新的社会阶层人士，要发扬劳动创造精神和创业精神，回馈社会，造福人民，做合格的中国特色社会主义事业的建设者。”① 尽管在实现社会主义现代化的过程中，新的社会阶层有了诸多新的变化趋势，且利益诉求各有差异，在社会发展中的地位和作用也有所差别。但是，以习近平同志为核心的党中央将他们作为实现民族复兴、国家富强、人民幸福的总目标的参与者，号召全社会都要贯彻“尊重劳动、尊重知识、尊重人才、尊重创造的重大方针，维护和发展劳动者的利益，保障劳动者的权利”，“排除阻碍劳动者参与发展、分享发展成果的障碍，努力让劳动者实现体面劳动、全面发展”，② 最大限度地调动和激发人民大众的积极性和创造性，努力营造和谐的社会关系，日渐形成“两头小，中间大”的社会结构形态。

三　新的社会阶层是抓住数字经济新契机的关键群体

数字经济作为新一轮科技革命、产业变革以及学科交叉融合的现代性新议程，以其不可阻挡之势成为世界各国发展的重要战略。党的十八大以来，党中央多次强调要发展数字经济，并在二十国集团领导人杭州峰会上首次提出发展数字经济的倡议，得到国际社会广泛认可。2017 年，习近平总书记在主持中共中央政治局第二次集体学习时强调，要加快建设数字中国，构建以数据为关键要素的数字经济，推动实体经济和数字经济融合发展。2018 年的中央经济工作会议强调，要加快 5G、人工智能、工业互联网等新型基础设施建设。2021 年世界互联网大会在乌镇召开，习近平总书记在致此次大会的贺信中，围绕数字经济活力、数字政府效能、数字社会环境、数字合作格

① 《习近平谈治国理政》，外文出版社 2014 年版，第 42 页。

② 《习近平谈治国理政》，外文出版社 2014 年版，第 46 页。

局、数字安全屏障等进行了重要论述。至此，数字经济已成为我国重大国家发展战略。

从经济发展实际情况来看，2021 年我国“三新”经济增加值为 197270 亿元，比同期国内生产总值（GDP）现价增速高 3.8 个百分点；相当于 GDP 的比重为 17.25%。“三新”经济是以新产业、新业态、新商业模式为核心内容的经济活动的集合，其增加值衡量的是一个国家（或地区）所有常住单位在一定时期内从事“三新”经济生产活动创造的增加值。① 而“三新”经济的发展，意味着与之相对应的“三新”经济主体的发展壮大。从新的社会阶层的蜕变历程来看，在最初划定的新的社会阶层范畴中，个体户和私营业主是最突出的两个群体。而后不断衍生和补充进来的群体类别也都与这两个群体有着紧密联系。但随着近年数字经济的兴起，以专业知识、技术能力为资本的更加多元化和个性化的新生代社会群体，逐渐从早期的非公有制经济群体中剥离出来，成为我国社会经济生活中的一股新鲜血液。在中国共产党新的社会阶层理论话语体系中，他们是 2001 年江泽民所提到的“民营科技企业的创业人员和技术人员”，2006 年统一战线工作范畴中的“私营企业和外资企业的管理技术人员”“自由职业人员”“新媒体从业人员”。总之，他们是数字化时代背景下的社会主体。

一方面，他们是数字经济发展的物质生产主体。数字经济时代的创新创业者，以及数字产品和财富的消费者，代表了劳动者与数字技

---

① 新产业指应用新科技成果、新兴技术而形成一定规模的新型经济活动。具体表现为：一是新技术应用产业化直接催生的新产业；二是传统产业采用现代信息技术形成的新产业；三是由于科技成果、信息技术推广应用，推动产业的分化、升级、融合而衍生出的新产业。新业态指顺应多元化、多样化、个性化的产品或服务需求，依托技术创新和应用，从现有产业和领域中衍生叠加出的新环节、新链条、新活动形态。具体表现为：一是以互联网为依托开展的经营活动；二是商业流程、服务模式或产品形态的创新；三是提供更加灵活快捷的个性化服务。新商业模式指为实现用户价值和企业持续盈利目标，对企业经营的各种内外要素进行整合和重组，形成高效并具有独特竞争力的商业运行模式。具体表现为：一是将互联网与产业创新融合；二是把硬件融入服务；三是提供消费、娱乐、休闲、服务的一站式服务。（参见《2021 年我国“三新”经济增加值相当于国内生产总值的比重为 17.25%》，国家统计局网，http://www.stats.gov.cn/tjsj/zxfb/202207/t20220729_1886872.html，2022 年 7 月 29 日。）

术高度融合的生产力发展新方向，保护了生产关系中的有生力量，创造了难以估量的经济价值和文化价值。值得注意的是，新兴的数字劳动者在参与互联网信息交互性生产消费的过程中，又必然引起新旧群体、新旧矛盾、新旧观念之间的冲突。最典型的就是以数字化专业知识与技能为代表的高技能劳动者，在日益增长的就业需求面前仍有着巨大就业缺口，而传统产业领域的劳动就业者很可能在数字技术飞速发展的未来被人工智能或更先进的技术设备所取代，造成不充分就业的现象。甚至互联网企业依靠其数据垄断优势所制定的一系列劳动过程运行规则正在形成对人的劳动的剥夺。

另一方面，他们不仅是以数据为生产要素驱动下的数字社会形态的生产劳动者，还是数字经济社会的政治权利主体和思想文化主体。作为数字经济社会的主要劳动者、奋斗者以及创新创业者，这些新的阶层群体的经济活动或劳动与互联网密不可分，是典型的“数字原住民”群体，是数字网络社会中的“意见领袖”①。通过数字媒体，他们得以广泛有效参与社会活动、进行自我表达，能够对海量的信息进行有效整合。② 随着社会经济环境的变化，社会乱象丛生，这也是多元文化社会结构的典型趋势。而熟悉数字社会舆论话语表达的新的社会阶层，总是能够迅速把握社会热点议题，并积极参与其中，以其主导舆论方向。由于新的社会阶层在知识体系、技术能力和理性表达方面有较好的基础，往往能够通过新媒体主动设置议题、引导讨论，以更好地表达自身利益诉求。因此，他们的创业意识、财富观念、道德水准、社会责任感和身份认同，对整个社会具有示范作用。③ 更重要的是，他们在进行表达意见和社会评论的同时，还会投入实践行动，其涉猎的领域除社会事务、公益活动、非政府组织行动以外，还包括督促政府

① 龚锐、王福帅：《网络生态中新社会阶层“意见领袖”的行为研究》，《云南民族大学学报》（哲学社会科学版）2018 年第 4 期。

② 焦健：《我国网络政治参与中网民结构和阶层分化问题研究———基于第 31 次中国互联网络发展状况调查统计报告的分析》，《大庆师范学院学报》2013 年第 5 期。

③ 戚如强、孙迎光：《新社会阶层推进当代马克思主义大众化的若干思考》，《社会主义研究》2012 年第 5 期。

制度建设、建言公共政策、争取民主权益等，并具有自组织属性。[①] 但同时，新的社会阶层在意见表达和舆论引导方面也存在行为的非理性、缺乏全局性组织性考量等缺陷，尤其是容易对标自身的价值标准和角色定位，[②] 并且该群体本身具有思想价值多元、主体自主性强、内部分化迅速的特点。因此，中央将新的社会阶层作为这一时期的重点统战对象而开展网络统战是一种必然趋势。[③]

在共享、普惠、开源的数字经济时代背景下，新的社会阶层已然成为新的生产力发展的代表性群体，更是社会思想文化发展的引领者。因此，有必要抓住这一关键群体，拉近与他们之间的距离，以推进马克思主义认同的大众化时代化，整合社会有生力量。

① 龚万达：《社会组织吸纳新的社会阶层人士“何以必要”与“何以可能”》，《学会》2019年第4期。

② 卢春龙：《特质与行动：中产阶层政治参与研究——新兴中产阶层的政治参与现状》，《学习与探索》2017年第3期。

③ 课题组：《“互联网+”背景下新社会阶层统战工作载体探究》，《中共南京市委党校学报》2019年第3期。

第三章

中国特色社会主义新的社会阶层理论的形成要件

中国特色社会主义政治体制呈现出的稳定性之所以令全世界瞩目，正是因为中国共产党能够在不断总结实践经验的基础上，准确把握具体历史条件，抓取社会发展主体，制定一系列符合社会经济发展和人民群众根本利益的政策方针，并一以贯之地执行下去。中国特色社会主义新的社会阶层理论在一定社会历史条件的作用下应运而生。中国共产党人充分尊重我国社会主义初级阶段的基本国情，为尽快推动经济发展，唤起社会主体活力，逐步探索并确立了社会主义市场经济体制，为拓展新的社会阶层发展空间奠定了经济制度基础。与此同时，为确保市场经济高速发展下的社会结构稳定团结，通过统一战线工作策略性地化解了日趋多元化的社会群体矛盾，将不断涌现又变动不居的新的社会阶层紧密团结起来，充分发挥他们在知识、技术、管理方面的才能，史无前例地拓展了统战工作范畴。如此，中国共产党铺设了一条以国情为基准，以社会主义市场经济体制为保障，以统一战线为整合策略的理论发展路径。这为新的社会阶层不断分化发展，新的社会阶层理论不断完善打下了坚实基础。

第一节　现实依据：社会主义初级阶段基本国情

作为邓小平社会主义国家发展观的核心，社会主义初级阶段理论是在历史转折点上，党中央关于如何选择和把握党和国家的发展方向的理论开端。邓小平曾一针见血地指出："左"的错误认识根源，归根到底，是没有搞清楚“什么是社会主义，如何建设社会主义”这一基本问题。[①]邓小平对社会主义中国的认识包含三个相互递进的层面，第一个层面是“什么是社会主义”，弄清楚这个问题有助于对第二个层面即“我国当前处在社会主义什么阶段”的思考，由此，邓小平提出了“社会主义初级阶段论”，从而有了第三个层面的逻辑追问——“如何建设社会主义”，更准确地说，就是如何在社会主义初级阶段的前提条件下实现中国的现代化发展。以上三方面环环相扣，共同构成了邓小平社会主义本质论的内在逻辑，将社会主义国家发展建设的核心——经济问题“置于意识形态纠纷之上”[②]，形成了以经济建设为中心的全党、全国人民的共识，为非公有制经济的发展，以及社会主义市场经济体制的建立奠定了思想基础。

一　准确定位我国社会主义发展阶段

（一）社会主义初级阶段是我国最大国情

1984年6月，邓小平从马克思主义理论与我国发展实际相结合的角度出发，提出：“社会主义必须是切合中国实际的有中国特色的社会主义。”[③]他指出，马克思主义最注重发展生产力，共产主义是社会生产力高度发展，社会物质财富极大丰富的高级社会形态。贫穷不是社会主义，更不是共产主义，作为共产主义的初级阶段，社会主义的最根本任务是解放和发展生产力，最终消灭贫穷，其优越性体现在比资本主义生产力发展得更快更高，人民的物质文化生活得以不断改善。[④]在这个基础上，邓小平进一步要求找准中国社会主义发展的现状。他在1987年8月会见外国友人时指出：“十三大要阐述中国社会主义是处在一个什么阶段，就是处在初级阶段，是初级阶段的社会主义。社会主义本身是共产主义的初级阶段，而我们中国又处在社会主义的初级阶段，就是不发达的阶段。一切都

---

① 《邓小平文选》第3卷，人民出版社1993年版，第116页。

② 凌志军：《变化：1990—2002年中国实录》，人民日报出版社2011年版，第26页。

③ 《邓小平文选》第3卷，人民出版社1993年版，第63页。

④ 《邓小平思想年编》（1975—1997），中央文献出版社2011年版，第505页。

要从这个实际出发，根据这个实际来制订规划。”① 随后，党的十三大报告提出，社会主义初级阶段“特指我国在生产力落后、商品经济不发达条件下建设社会主义必然要经历的特定阶段”②。也就是说，我们已经进入了社会主义社会，这是必须坚持且不能离开的。但同时，我们还处在生产力不发达的初级阶段，到基本实现社会主义现代化尚需百年时间。这就要求我们的所有工作都必须从这一实际出发。由于我国社会生产力还比较落后，“在生产关系方面，发展社会主义公有制所必需的生产社会化程度还很低，商品经济和国内市场很不发达”③，“这就决定了我们必须经历一个很长的初级阶段，去实现别的许多国家在资本主义条件下实现的工业化和生产的商品化、社会化、现代化”④。这是我国基本经济制度尚未成熟和不尽完善的根源所在。由此，党中央确立了在社会主义初级阶段建设有中国特色的社会主义基本路线——“领导和团结全国各族人民，以经济建设为中心，坚持四项基本原则，坚持改革开放，自力更生，艰苦创业，为把我国建设成为富强、民主、文明的社会主义现代化国家而奋斗”⑤。

社会主义初级阶段作为邓小平社会主义本质论的创新点，是对中国社会主义发展阶段的准确定位，实事求是地认识到我国社会主义生产关系与生产力的发展水平还没有完全适应，认识到中国仍处在一个经济不发达的过渡阶段。这个阶段的社会发展需求从更高层面回应了毛泽东对新民主主义国家发展路径的思考，即充分尊重经济发展的客观规律，充分尊重人民的根本利益，以避免直接从小农经济发展到社会主义的民粹主义陷阱，⑥ 同时，它体现了改革开放以后中国共产党重新把握我国社会主义国家发展方向的时代性、创新性和先进性。1997年9月，江泽民在党的十五大报告中，进一步阐述了社会主义初级阶段论。他指出，“我们讲一切从实际出发，最大的实际就是中国现在处

① 《邓小平思想年编》（1975—1997），中央文献出版社2011年版，第631页。
② 《十三大以来重要文献选编》（上），人民出版社1991年版，第12页。
③ 《十三大以来重要文献选编》（上），人民出版社1991年版，第11页。
④ 《十三大以来重要文献选编》（上），人民出版社1991年版，第10页。
⑤ 《十三大以来重要文献选编》（上），人民出版社1991年版，第15页。
⑥ 胡绳：《毛泽东的新民主主义论再评价》，《中共党史研究》1999年第3期。

于并将长时期处于社会主义初级阶段"①，对内改革，对外开放的基本原则和导向，就是要在"社会主义初级阶段"这个最大实际面前，保持克制，克服那些超越阶级的错误观念和政策；适当放手，放宽对农业生产、工业发展以及其他各个领域的自主权。邓小平社会主义初级阶段论经过改革开放的实践发展获得了进一步丰富——人民群众物质条件、劳动积极性和社会主义优越性实现了三位一体的统一。

（二）社会主义初级阶段我国社会发展的阶段性特征

2007 年 10 月，党的十七大报告指出，"进入新世纪新阶段，我国发展呈现一系列新的阶段性特征"②。从社会经济发展来看，生产关系不断调整变化以适应不断提高的社会生产力，中国经济实现了令世界瞩目的发展成就。另外，我们必须认识到，与西方发达国家相比，我国的社会生产力总体水平还不高，产业结构尚需优化升级，尽管"中国制造"蜚声全球，但缺乏自主创新能力，长期积累下来的结构性矛盾没有得到根本改变，依然存在以资源浪费和环境污染为巨大代价的粗放型增长方式。如何有效、快速、可持续地发展经济，是当前经济发展面临的艰巨任务；从经济体制来看，我们初步建立起了以公有制为主体、多种所有制经济共同发展的基本经济制度。但也要看到，仍然存在影响经济社会健康发展的制度性障碍，改革已进入攻坚期和深水区；人民生活总体上达到小康水平，城乡消费结构升级，居民生活质量明显提高。但也要看到，当前所达到的还是低水平、不均衡、不全面的小康，收入分配差距拉大的趋势没有根本扭转，还存在相当数量的低收入人口与城乡贫困人口，社会阶层收入和生活水平差异巨大，还未建立起能够统筹兼顾各方面利益的政治经济环境；从社会发展的协调性来看，政府大力推行支农惠农政策，农村保持良好发展势头。振兴东北老工业区、西部大开发等一系列重大经济战略，切实有效地抑制了地区发展的不平衡趋势。同时，我国城乡二元经济结构未得到根本改变，城乡、地区之间发展不平衡的问题

① 《十五大以来重要文献选编》（上），中央文献出版社 2000 年版，第 14 页。
② 《十七大以来重要文献选编》（上），中央文献出版社 2009 年版，第 10 页。

仍很突出；从社会建设管理来看，在对外开放、社会主义市场经济以及多种经济成分的推动下，各类社会主体活动更加频繁，经济发展更具活力。但同时，社会利益格局、关系结构和组织形式的剧烈变化，对社会建设和社会管理提出了诸多挑战。

作为我国社会主义初级阶段基本国情在新阶段的具体表现，以上种种阶段性特征表明，尽管“从生产力到生产关系、从经济基础到上层建筑都发生了意义深远的重大变化，但我国仍处于并将长期处于社会主义初级阶段的基本国情没有变”①。我国已进入发展关键期、改革攻坚期和社会矛盾频发期，国家发展蕴含巨大潜力和空间，同时，也面临着前所未有的机遇和挑战。新时期，统筹兼顾好各方面的利益，保障社会公平正义，尤其是处理好伴随改革开放迅速发展壮大起来的、原来社会历史条件下没有的新的社会阶层的利益诉求，对党和政府来讲是一项全新而重大的议题。

（三）社会主义初级阶段基本国情与社会发展阶段性特征有机统一

2012年，党的十八大报告指出：“在任何情况下都要牢牢把握社会主义初级阶段这个最大国情，推进任何方面的改革发展都要牢牢立足社会主义初级阶段这个最大实际。”② 社会主义初级阶段论不断发展和丰富的过程，是我国基本国情与阶段性社会发展特征有机统一的过程，也是中国特色社会主义伟大实践的全新探索过程。党中央对我国发展阶段性特征的把握，深刻揭示了基本国情与阶段性特征互为表里、辩证统一的内在联系，进一步深化了党在新时期的基本路线、基本原则和基本方针，为深入贯彻“科学发展观”③ 找到了科学依据。正是从这一点出发，党中央提出，科学发展观必须坚持以人为本，“始终把实现好、维护好、发展好最广大人民的根本利益作为党和国家一切工

---

① 《十七大以来重要文献选编》（上），中央文献出版社2009年版，第11页。

② 《十八大以来重要文献选编》（上），中央文献出版社2014年版，第13页。

③ 科学发展观，第一要义是发展，核心是以人为本，基本要求是全面协调可持续，根本方法是统筹兼顾。[《十七大以来重要文献选编》（上），中央文献出版社2009年版，第11—12页。]

作的出发点和落脚点，尊重人民主体地位，发挥人民首创精神，保障人民各项权益”[①]，走共同富裕的道路以促进人的全面发展，真正做到“发展为了人民、发展依靠人民、发展成果由人民共享”[②]。坚持统筹兼顾的方法原则，在社会稳定发展的前提下，正确认识和妥善处理人民内部矛盾，特别是要科学分析、合理解决中国特色社会主义事业中的重大关系，满足人民日益增长的物质文化需求，提高人民生活水平，保障社会公平正义，将我国“初级阶段”的基本国情与阶段性特征统一于实现社会主义和谐社会的过程。

二 新的社会阶层发展须率先突破生产力限制

毛泽东曾指出，生产力与生产关系的矛盾，经济基础与上层建筑的矛盾是任何一个社会的基本矛盾，社会主义社会也不例外，它们共同构成了社会主义社会发展的根本动力。[③] 毛泽东由此确立了以社会主义基本矛盾为核心的社会发展动力论体系。党的十一届三中全会以来，新的中央领导集体重新启用并发展了这一科学的理论体系，认为“社会主义基本制度确立以后，还要从根本上改变束缚生产力发展的经济体制，建立起充满生机和活力的社会主义经济体制，促进生产力的发展，这是改革，所以改革也是解放生产力。过去，只讲在社会主义条件下发展生产力，没有讲还要通过改革解放生产力，不完全。应该把解放生产力和发展生产力两个讲全了”[④]。因此，邓小平社会主义本质论不仅排除了某些非社会主义的因素，而且是从生产力与社会主义制度相互融合，生产力与生产关系的调整统一，社会主义最高价值取向、目标要求与其实现途径手段的辩证关系上，概括出的更高级更本质的东西。[⑤]

---

① 《胡锦涛文选》第 2 卷，人民出版社 2016 年版，第 624 页。

② 《胡锦涛文选》第 2 卷，人民出版社 2016 年版，第 624 页。

③ 张启华、张树军：《中国共产党的思想理论发展史》（下），人民出版社 2011 年版，第 891 页。

④ 《邓小平文选》第 3 卷，人民出版社 1993 年版，第 370 页。

⑤ 雷云：《再论完整准确理解社会主义本质论——评对邓小平社会主义本质论的若干歧义和误读》，《科学社会主义》2015 年第 3 期。

（一）“解放生产力，发展生产力”是社会主义发展的本质要求

邓小平认为，允许社会生产力以旧社会所没有的速度迅猛发展，逐步满足人民不断增长的物质文化生活需要，是我国社会主义制度优越性的根本表现。[①] 将社会生产力的发展，以及人民物质文化生活的改善，视为政治领导正确与否的标准，意味着以邓小平为核心的第二代领导集体对于社会主义国家建设和发展的评判标准发生了根本转向，为生产、分配、流通全部国有化的计划经济体制，转向以公有制为主体、多种所有制经济共同发展的社会主义市场经济体制奠定了坚实基础。邓小平强调，党和人民的核心共识，就在于“劳动生产率提高了多少，利润增长了多少，劳动者的个人收入和集体福利增加了多少”[②]，这是今后主要的政治。由此，奠定了“以经济建设为中心，坚持四项基本原则，坚持改革开放”，即“一个中心，两个基本点”的党的基本路线。1980 年 4—5 月，邓小平在一系列谈话中指出，经济长期停滞，老百姓生活水平长期徘徊在很低的水平都不叫社会主义，[③]“如果搞不好，不能正确理解，不能采取正确的政策，那就体现不出社会主义的本质”[④]，体现不出社会主义到底好在哪里。过去，我们搞社会主义经济建设的最大错误，就在于忽视生产力的发展，进行社会主义改造，不能破坏生产力，而应大力促进生产力发展。

这一时期的中国共产党人在逐渐加深对社会主义本质问题的认识基础上，提出了判断社会主义经济发展的压倒一切的标准——“归根到底要看生产力是否发展，人民收入是否增加”[⑤]。社会主义公有制适用于多大范围，采取什么样的具体形式等问题，都应根据生产力发展的状况来决定。实践证明，人民公社就是因为将形式上的“又大又公”理解为生产力在事实上的发展，从而导致了社会主义建设走了很

---

① 《邓小平文选》第 2 卷，人民出版社 1994 年版，第 128 页。
② 《邓小平思想年编》（1975—1997），中央文献出版社 2011 年版，第 204 页。
③ 《邓小平文选》第 2 卷，人民出版社 1994 年版，第 312 页。
④ 《邓小平文选》第 2 卷，人民出版社 1994 年版，第 313 页。
⑤ 《邓小平文选》第 2 卷，人民出版社 1994 年版，第 314 页。

长一段弯路。[①] 这一压倒一切的标准既是社会主义生产力与生产关系相适应的表现，又体现出邓小平社会主义本质论的人本取向[②]。因此，邓小平说："发挥社会主义的优越性，归根到底是要大幅度发展社会生产力，逐步改善、提高人民的物质生活和精神生活。"[③] 只有在大量事实面前才能证明，无论是经济发展的速度还是效果，社会主义制度都比资本主义制度更具优势，否则一切都是妄谈。对于从集体主义和平均主义的错误观念出发，而导致社会对"资本"的普遍排斥，以及人们头脑中对"致富""商品交易""市场经济"等概念的犹疑和敏感，邓小平明确表态，社会主义不应该谈"富"色变，"贫穷不是社会主义，发展太慢也不是社会主义"。[④] 对于贫穷落后的中国来说，革命是解放生产力，改革则是社会生产力领域的真正革命，1992 年南方谈话时，邓小平指出，社会主义的本质就是"解放生产力，发展生产力，消灭剥削，消除两极分化，最终达到共同富裕"[⑤]。中国共产党对社会主义生产力发展的必要性、合理性和迫切性的重视，意味着其对社会主义本质认识的深化和提高。这就为 20 世纪 80 年代以后非公有制经济的飞速发展，新的社会阶层的不断涌现，以及恢复我国社会经济活力奠定了理论基础。

（二）科学技术与经济社会应有机融合

解放和发展生产力是实现社会主义的基本前提，生产力是其中的决定性因素。从这一点出发，邓小平认为，只有当科学技术与生产力各要素紧密结合起来时，才能将其转化为现实的生产力。针对科学技术与经济建设长期脱节、科技成果应用率低的情况，邓小平在 1978 年 3 月召开的全国科学大会开幕式上作了重要讲话，指出：要实现"四

① 胡绳：《什么是社会主义，如何建设社会主义？——学习〈邓小平文选〉第三卷》，人民出版社 1994 年版，第 7—8 页。

② 薛秀军、杨楹：《邓小平社会主义本质论的人本取向》，《科学社会主义》2004 年第 48 期。

③ 《邓小平文选》第 2 卷，人民出版社 1994 年版，第 251 页。

④ 《邓小平文选》第 3 卷，人民出版社 1993 年版，第 255 页。

⑤ 《邓小平文选》第 3 卷，人民出版社 1993 年版，第 373 页。

个现代化，关键是科学技术的现代化。没有现代科学技术，就不可能建设现代农业、现代工业、现代国防。没有科学技术的高速发展，也就不可能有国民经济的高速度发展”①。在这里，他第一个讲到的问题就是如何正确认识“科学技术是生产力”。邓小平认为，作为生产力的具体实现形式，科学技术越来越显示出强大作用。科学技术推动了生产资料与劳动力二者之间进一步有机融合。邓小平对科学技术本质上就是生产力的认识，集中体现了社会生产力发展与科学技术之间的同一性关系。因此，对于中国现代化转型而言，科技体制改革在目标、性质、方向上都与经济体制改革高度统一。二者都是为了解放生产力，互为补充，双管齐下，“新的经济体制，应该是有利于技术进步的体制。新的科技体制，应该是有利于经济发展的体制”②，只有这样才能解决科技与经济脱轨的问题。

1985年3月，在《关于科学技术体制改革的决定》中，党中央明确规定了我国科学技术体制改革的主要内容：首先，在运行机制方面，要克服国家在科学技术工作领域包得过多，统得过死的弊端，引入市场机制，在市场调节和经济杠杆的作用下，使科学技术机构既具备自我发展的能力，又能为经济建设服务；其次，企业要作为技术成果转化为生产能力的中间环节，必须增强和提高自身技术吸收与研发能力，同步促进企业、科研机构、设计机构、高等院校之间的联合和协作，合理纵深配置各方面科学技术力量；最后，在人事制度方面，要克服“左”倾思想影响，尊重智力劳动，造成人才辈出、人尽其才的良好环境。《决定》体现出中国共产党的经济发展理念在新时期产生了巨大变化，将作为生产力代表的科学技术与改革开放以前中国社会尚付阙如的几大要素相结合，尤其是运用经济杠杆和市场调节作用，充分调动作为市场经济基础单位的“企业”，以及生产劳动的主体——人的积极性，为社会主义生产力迅速发展，并由此催生出的科

---

① 《邓小平文选》第2卷，人民出版社1994年版，第86页。

② 《邓小平文选》第3卷，人民出版社1993年版，第108页。

技企业管理者、民营科技创业者、技术白领、电商等新的阶层群体奠定了政策基础,[①] 全面推开了科学技术体制改革。1988 年 9 月，邓小平在与捷克斯洛伐克总统谈到科学技术发展时提出了著名的“科学技术是第一生产力”理论。此后，中国政府先后批准建立了国家高新技术产业开发区，制定了一系列重要科技发展计划，建立了国家自然科学基金规章制度，奠定了新时期中国科技发展的基本格局。[②] 同时，这些科技举措和实践孕育了大批代表新生产力的科技人才。

（三）以创新为核心实施“科教兴国”战略

在 1995 年 5 月召开的全国科学技术大会上，江泽民指出：“创新是一个民族进步的灵魂，是一个国家兴旺发达的不竭动力。如果自主创新能力上不去一味靠技术引进，就永远难以摆脱技术落后的局面。”[③] 科学技术创新正日益成为解放和发展社会生产力的重要基础和标志，决定着这个国家、民族是否能屹立于世界先进民族之林。[④] 以“创新”为主导的科技发展战略，使我国社会经济迅速迎合了知识经济时代生产力发展方式不断革新的要求，回应了在世界新科技革命飞速发展的新时期，社会主义国家如何发展，依靠什么发展，为了谁发展的问题，在解放生产力、发展生产力的同时，为解决社会矛盾和合理调整社会结构，提供了新的发展方案。[⑤] 尽管我国已具备一定

---

① 1987 年 1 月，在国务院关于进一步推进科技体制改革的若干规定中，党和政府进一步放宽放活了对科技人员的政策。支持和鼓励部分科技人员走出科研机构、高等学校和政府机构，到城镇和农村承包、承租全民所有制中小企业，承包或领办集体乡镇企业，兴办经营各种所有制形式的技术开发、技术服务、技术贸易机构，创办各类中小型合资企业、股份公司等，允许他们在为社会创造财富的同时取得合法收入，技术入股者按股分红，“要让那些带领人民致富的科技人员自己也富裕起来”。这样一来，既加速了技术成果商品化，促进新兴技术产业兴起，又造就了一批适应社会主义市场经济条件的科研人员、新兴企业家和事业家。[《十二大以来重要文献选编》（下），人民出版社 1988 年版，第 1226 页。]

② 包括“星火计划”“863 计划”“火炬计划”“攀登计划”、重大项目攻关计划、重点成果推广计划等。(《科技历程》，中华人民共和国科学技术部网，http：www. most. gov. cn/kjfz/kjlc，2017 年 1 月 3 日。)

③《江泽民文选》第 1 卷，人民出版社 2006 年版，第 432 页。

④ 江泽民：《论科学技术》，中央文献出版社 2001 年版，第 147 页。

⑤ 杨先农：《毛泽东思想的当代价值与中国特色社会主义道路的拓展研究》，四川人民出版社 2015 年版，第 265 页。

的科技实力和基础，但长久以来，在诸如关键共性技术、前沿引领技术、现代工程技术、颠覆性技术创新等“卡脖子”问题上，我们仍然比较被动。究其原因，在于我们的基础理论研究薄弱，缺乏科学技术人才储备，无法支撑起关键核心技术的创新发展。这是我们急需弥补的不足之处。因此，要在邓小平“拿来主义”的基础上，充分调动起国内科学技术人员的积极性，着力提高国家的自主研发能力，赶上新时期科技创新这趟车。在《中共中央、国务院关于加速科学技术进步的决定》中，中央为将“科学技术是第一生产力”上升到国家战略层面，提出了“科教兴国”①战略，强调“科学技术人员是新的生产力的重要开拓者和科技知识的重要传播者，是社会主义现代化建设的骨干力量”②，是实施科教兴国战略的关键部分。中央提出，实现科技生产力的新解放和大发展，必须深化科技体制改革，充分发挥广大科技人员的积极性、创造性，动员全社会的力量，以全面推进科技进步，最终建立起既能实现自我发展和创新，又能为社会主义市场经济服务的科技体制。作为一场解放生产力的革命，科技体制改革与社会主义经济体制改革相互促进，逐渐形成了以市场为主导，企业为主体，人才为基石的社会主义现代化科技体系，在推动社会生产力发展进步的同时，培养了大量新兴科技人才和管理人才，进一步丰富了社会主义本质论，充分体现出中国特色社会主义制度的独创性。

三　新的社会阶层发展符合“共同富裕”的价值目标

在整个社会主义初级阶段，落后的生产力与人民群众日益增长的物质文化需求之间的矛盾贯穿始终。改革开放初期，中国社会处于“不患寡而患不均”的状态，因此，邓小平在提出解放生产力、发展生

① 科教兴国，是指全面落实科学技术是第一生产力的思想，坚持教育为本，把科技和教育摆在经济、社会发展的重要位置，增强国家的科技实力及向现实生产力转化的能力，提高全民族的科技文化素质，把经济建设转移到依靠科技进步和提高劳动者素质的轨道上来，加速实现国家的繁荣强盛。[《十四大以来重要文献选编》（中），人民出版社1997年版，第1344页。]

② 《江泽民文选》第1卷，人民出版社2006年版，第435页。

产力的基础上，主张在经济政策上，“要允许一部分地区、一部分企业、一部分工人农民，由于辛勤努力成绩大而收入先多一些，生活先好起来”①。这样才能产生极大的社会示范作用，使整个国民经济呈波浪式不断向前推进，从而带动全国人民尽快富裕起来。邓小平对社会经济发展的突破性认识和理论勇气，为寻求围绕市场调节和价值规律发展的经济道路提供了政策保障。

作为社会主义本质论的最终目标和落脚点，共同富裕的价值核心在于社会公平正义。1981 年 6 月底，在《中国共产党中央委员会关于建国以来党的若干历史问题的决议》中指出，社会主义是在显著提高社会生产力，“完善和发展社会主义的生产关系和上层建筑”的基础上，“逐步消灭一切阶级差别，逐步消灭一切主要由于社会生产力发展不足而造成的重大社会差别和社会不平等”。② 与此同时，实现“共同富裕”须经由科学合理的发展路径，且需要一个漫长的过程。以邓小平为核心的中共中央充分尊重经济发展的客观规律和当时的社会现实，深刻认识到资本流动不可能实现绝对均质化，但先富起来的一部分人将对“左邻右舍”、其他单位和地区的人们产生极大的示范力量，这种示范力量将助推国民经济呈波浪式发展前进，从整体上实现人民物质生活水平增长。1983 年，邓小平在同中央几位同志的谈话中指出：“农村、城市都要允许一部分人先富裕起来，勤劳致富是正当的。”③这一新的思路，极大地调动起了国家、集体、个人三个层面对实现社会主义现代化建设的积极性，将农村和城市中敢于先行的包括个体承包经营者、私营业主等伴随改革开放迅速增长的非公有制群体，从思想层面彻底解放了出来。1984 年 10 月通过的《中共中央关于经济体制改革的决定》中指出，“共同富裕”决不等于也不可能是完全平均和同步富裕，“只有允许和鼓励一部分地区、一部分企业和一部分人依靠勤奋劳动先富起来，才能对大多数人产生强烈的吸引和鼓舞作用，并

① 《邓小平文选》第 2 卷，人民出版社 1994 年版，第 152 页。

② 《三中全会以来重要文献选编》（下），人民出版社 1982 年版，第 845 页。

③ 《邓小平文选》第 3 卷，人民出版社 1993 年版，第 23 页。

带动越来越多的人一浪接一浪地走向富裕”[①]。1986 年，《中共中央、国务院关于一九八六年农村工作的部署》进一步提出，由于劳动者个体之间的具体条件不同，以及所处地区之间的差异，不可避免地会出现富裕程度和时间先后的差别。在政策上要坚持共同富裕的方向，同时也要承认发展的差别。平均主义只会抑制生产发展，将经济导向共同贫困，是不可取的。因此，必须要区别看待社会主义发展中先富和后富的问题与私有制条件下的两极分化。[②] 这一时期，中央对于先富和后富以及富裕程度不同的认识，经历了一个不断深化发展的过程，并逐渐明确了这一方针只是人民群众在实现共同富裕的过程中存在先后、快慢的差别，最终实现共同富裕的目标及其背后所反映出的社会公平正义的本质是符合社会主义社会发展规律的，这也是整个中国社会摆脱贫困、走向富裕的必由之路。

一方面，农村中普遍实行家庭联产承包责任制积累了大量各类承包大户，市场经济转型过程中，乡镇企业异军突起以及私营经济迅速发展，在农村社会逐渐形成了具有潜在政治影响力的私营企业主和致富能人群体。党和政府十分看重这些新的社会阶层在经济领域的示范作用，有意利用他们的致富才干与经验为一方经济社会发展提供参考借鉴，更重要的是在人们头脑中奠定“致富光荣”的合法性观念。因此，党和政府通过人民政协等路径与他们加强联络，培养他们对国家政权和中国特色社会主义制度的认同感和归属感，甚至大胆启用这部分群体担任党的基层领导人，从而使他们很快成为中国共产党进行基层社会治理的骨干力量。这样一来，既肯定了农村“先富”群体的经济地位，又赋予他们极高的政治地位。对于 21 世纪的中国共产党来说，这是中国化马克思主义理论划时代的政治转型，它完全摒弃了过去受“阶级斗争为纲”的意识形态局限而对新生社会力量持有的敌视态度，顺应了社会历史发展的时代要求，充分发挥了制度弹性，将改

---

① 《十二大以来重要文献选编》（中），人民出版社 1986 年版，第 578 页。

② 《十二大以来重要文献选编》（中），人民出版社 1986 年版，第 877 页。

革开放中涌现的新的社会阶层、新生社会力量统统纳入自己的制度体系，使他们成为党和国家的支持力量，最大限度地发挥其正能量，最大限度地减少社会矛盾摩擦，从而扩大了新时期党的执政基础。在国家的顶层设计与基层社会治理的有机结合下，广大农村社会很好适应了市场经济规则，经过一段时间的稳步发展，逐步摆脱了改革开放以前积贫积弱的状态，全国贫困人口逐年递减，农民生活水平不断提高，社会福利保障逐渐惠及农村地区。尽管仍然存在许多社会问题，但总体来讲，农村地区较为典型地展现了一个“先富带后富”的过程，至于这种总体稳定的趋势能否实现可持续发展，能否最终真正实现“共同富裕”，则依赖于中共中央对农村土地政策的明朗化，以及各项涉及民生的政策措施对农村社会的积极“反哺”。

另一方面，中国以沿海地区区位优势为依托增开特区，率先打开通往海外的贸易渠道，对中国经济整体腾飞产生了“雁行效应”①。1979 年 4 月，当时的广东省委第一书记习仲勋在中央工作会议上正式提出，要利用临近港澳的有利条件，在广东搞一个出口加工区的建议。邓小平对这一提议表示了支持，在各组召集人汇报会上提出：为方便利用华侨资金、技术和设备，在福建、广东两地实行特殊政策。②“广东、福建两省八千万人先富起来，没有什么坏处”③，更不会使我国变成资本主义，因为我们是在全民所有制基础上通过这种方式增加国民整体收入。随后，中央颁发了《关于大力发展对外贸易增加外汇收入若干问题的规定》，并专辟一节讨论“试办出口特区”，准备利用广东、福建两省有利条件，率先开放深圳、珠海。随后，五届全国人大

① 1935 年由日本学者赤松针对东亚国家提出的一种经济发展形态，以日本为雁头，率先带领某一产业发展，待技术成熟，这一产业转移至亚洲四小龙国家开始发展，与此同时，日本产业结构升级新的层次。同样地，当亚洲四小龙发展成熟以后，这些产品生产又转移到更落后的国家，从而形成产业结构在整个东亚的雁行形态。文中指的是，中国本国的“垂直分工体系”规模大到足以在一国之内就实现从沿海到中部，再到西部，最后到大西部地区的雁行发展梯队。

② 《邓小平思想年编》（1975—1997），中央文献出版社 2011 年版，第 234 页。

③ 汤应武：《改革开放 30 年重大决策纪实》，中共中央党校出版社 2008 年版，第 158 页。

常委会第十五次会议正式批准了建立深圳、珠海、汕头、厦门四个经济特区。设立经济特区为引进外国技术、管理、知识、资金打开了窗口，吸引了大量外资和港澳的私人资本，迅速刺激特区进出口贸易发展。特区发展的良好势头又反过来推动中央进一步放开政策，在邓小平的敦促下，1984 年 5 月，中共中央、国务院决定开放从大连到北海十四个沿海港口城市，1985 年 2 月，中央又进一步制定了开放沿海地区经济的两步走战略：第一步，开放长江三角洲、珠江三角洲和闽南厦漳泉三角地区；第二步，开辟辽东半岛、胶东半岛作为沿海经济开放区。① 最终以 1988 年在海南省设立最大经济特区为标志确立了开发经济特区的基本格局。② 1990 年 12 月，邓小平提出了“沿海如何帮助内地”的设想，由沿海一个省对口帮扶内地一个省或两个省，从技术转让开始着手，逐步带动内地第二、第三产业发展。这意味着发展快、发展好的地区必然要反哺落后地区。

一部分人通过遵纪守法的辛勤劳动先富起来只是手段，“先富带后富，最终实现共同富裕”的落脚点在于共同富裕。因此，广大人民群众怎样实现富裕，富裕起来以后怎样兼顾好公平和效率，如何通过分配制度解决财富分配，避免两极分化，是令中央更为担忧的重大问题。③ 据此，中央强调，这一时期我国社会发展格局是以实现“共同富裕”为目的的发展，但这个过程又不可避免地存在时间先后和程度差异的富裕问题，党和政府的分配政策必须体现社会主义的公平正义，

① 汤应武：《改革开放 30 年重大决策纪实》，中共中央党校出版社 2008 年版，第 169—170 页。

② 1988 年 1 月 23 日，邓小平在一份关于加快沿海地区对外开放和经济发展的报告中批示：“完全赞成。特别是放胆地干，加速步伐，千万不要贻误时机。”（《邓小平文选》第 3 卷，人民出版社 1993 年版，第 408 页。）

③ 1993 年，邓小平在同邓垦谈到富裕起来以后如何分配的问题时，指出：“十二亿人口怎样实现富裕，富裕起来以后财富怎样分配，这都是大问题。题目已经出来了，解决这个问题比解决发展起来的问题还困难。分配的问题大得很。我们讲要防止两极分化，实际上两极分化自然出现。要利用各种手段、各种方法、各种方案来解决这些问题……少部分人获得那么多财富，大多数人没有，这样发展下去总有一天会出问题。分配不公，会导致两极分化，到一定时候问题就会出来。这个问题要解决。过去我们讲先发展起来。现在看，发展起来以后的问题不比不发展时少。”［《邓小平思想年编》（1975—1997），中央文献出版社 2011 年版，第 719 页。］

从而有效调动最广大人民群众参与社会主义建设和发展的积极性，以维护“勤劳致富”的合法性，充分彰显社会主义制度的优越性。这就解释了为什么“先富论”成为这一时期的主导思想，可以说，没有“一部分人通过诚实劳动和合法经营先富起来”就不可能有大多数人“共同富裕”起来，这是社会历史发展的客观事实。因此，“先富带后富”的实现途径既是对中国开辟经济发展新出路的彻底的思想解放，为合理合法引入外国资金、技术、设备，甚至中外合资办厂、外资独立设厂等对外贸易举措提供了政治保障，同时又开辟出一大块在既有的计划经济体制之外的非公有制经济领域，在人才培育、观念创新、制度改革等方面为新的社会阶层蓬勃发展创造了历史条件。

第二节　制度基础：社会主义市场经济体制

列宁在《俄国资本主义的发展》开篇即提出：“社会分工是商品经济的基础。”① 多元化经营方式和经济群体的出现表明，中国现代化发展正在经历社会分工深度细化，预示着商品经济在社会主义制度体系下必然破土发芽。20 世纪 90 年代以后，党中央以解放思想、实事求是为基本原则，充分尊重经济社会的发展规律和内在要求，逐步建立起社会主义市场经济体制，以平衡市场调节与国家宏观调控之间的关系。一方面，冲破了当时“资”与“社”的意识形态争论，开始了由社会主义计划经济体制向市场经济体制的转型，② 为中国经济发展合理吸收和借鉴西方资本主义的发展成果提供了参考途径。另一方面，突破了传统计划经济对发展多元所有制经济的阻碍，培育了大量新兴的市场经济主体，为发展新的社会阶层和激发国家经济活力提供了制度保障，也为巩固党的执政基础，扩大基层群众力量营造了稳定的经济社会环境。

---

① 《列宁选集》第 1 卷，人民出版社 2012 年版，第 164 页。

② 在社会学意义上，这一转型被称为“第二次大转变”，是麦克 · 布洛维针对原社会主义阵营的各个国家的市场转型提出的论断。（沈原：《社会转型与工人阶级的再形成》，《社会学研究》2006 年第 2 期。）

一　从计划经济体制转向有计划的商品经济体制

党的十一届三中全会召开以后，陈云曾就“计划与市场问题”发表讲话。他强调，整个社会主义时期必须有两种经济：计划经济部分和市场调节部分，二者同时并存既是必然也是必要的。① 尽管中央认为计划经济处于基本和主要地位，市场调节则居于从属和次要地位，但对市场调节必要性的肯定，打破了自 20 世纪 60 年代以来将“计划”看作社会主义国家唯一经济运行方式的神话，并重新审视市场调节和价值规律的作用。邓小平在 1979 年 11 月与外国学者的谈话中指出：市场经济不仅只存在于资本主义，“社会主义也可以搞市场经济”②，只不过它是具有社会主义属性的市场经济。1981 年 11 月，在题为《当前的经济形势和今后经济建设的方针》的政府工作报告中，中央明确规定：“国营经济和集体经济是我国基本的经济形式，一定范围的劳动者个体经济是公有经济的必要补充”③，必须大力发展社会主义商品生产和商品交换，在计划以外发挥市场调节的辅助作用，运用价值规律，特别是注意运用经济杠杆、经济法规来管理经济，通过经济手段和行政手段相结合的方式改变过去单纯依靠行政手段将经济管得过死的做法。④ 根据这一管理原则，我国的企业大体分为四种不同管理方法⑤，这样一来，在“计划”与

---

① 《陈云文选》第 3 卷，人民出版社 1995 年版，第 245 页。

② 《邓小平文选》第 2 卷，人民出版社 1994 年版，第 236 页。

③ 《三中全会以来重要文献选编》（下），人民出版社 1982 年版，第 1028 页。

④ 《三中全会以来重要文献选编》（下），人民出版社 1982 年版，第 1028 页。

⑤ “根据企业在国计民生中所占地位的不同，根据企业所有制的不同，根据企业产品的重要性和种类、规格的多少不同，可以分别实行不同的管理方法。大体上有四种类型：一是按照国家指令性计划进行生产的。这是关系国家经济命脉的骨干企业或关系国计民生的主要产品的，它们的产值占工农业总产值的大部分，但品种不是很多。二是按市场变化而在国家计划许可的范围内生产的。这是品种繁多的小商品，分散在许多小企业和个体劳动者中生产，不可能也不便于统一计划管理，它们的产值只占工农业总产值的小部分。在这两大类之间，还有两类产品和企业。一类是大部分按国家计划生产，小部分由企业自行组织生产，这一类基本上接近前一大类，但又有所不同；另一类是大部分由企业按照市场变化组织生产，小部分按照国家计划进行生产，这一类基本上接近后一大类，但也有所不同。”［《三中全会以来重要文献选编》（下），中央文献出版社 2011 年版，第 335 页。］

"市场"之间灵活处理，有的放矢，最终形成一种"管而不死，活而不乱"①，能按照社会需要组织和发展生产的社会主义市场经济雏形，为以后进一步发展和丰富经济形式打开了僵化已久的局面。自此，中央逐步明确了"市场"是一种与价值无涉的经济运行方式，从而消除了人们对于"市场"必然附属于资本主义的刻板印象，为"市场"在中国经济社会进一步起作用，以及非公有制经济因素在社会主义制度范围内合理存在奠定了思想基础。

1982 年，党的十二大报告提出正确贯彻"计划经济为主、市场调节为辅"的原则，② 在国家规定的范围内，鼓励农村和城市里的劳动者个体经济补充进公有制经济，并适当发展。③ 由此，"市场"一词从理论和实践两个层面第一次进入中国官方话语体系。尽管"市场"仍然跟在"计划"后面，但中国经济实现了"市场"从无到有、从零到一的实质性突破。任何一个现代化国家发展都必然无法脱离市场经济这个作用于人们社会生活的无形的手。当前，全球经济正在逐步融为一体，对于任何一个主权国家来说，越早学会运用市场优势发展社会经济，以及通过认识市场弊端有效控制经济安全稳定运行，越有利于在社会政治稳定的前提下保持经济高速发展，提高人民生活水平以巩固政权合法性，同时，也有利于中国发展对外贸易，积极参与世界经济活动。根据国务院关于"大的方面管住管好、小的方面放开放活"和"简政放权"④ 的精神，1984 年 10 月，《中共中央关于经济体制改革的决定》提出："商品经济的充分发展，是社会经济发展的不可逾越的阶段，是实现我国经济现代化的必要条件。"⑤ 中央对商品经济的认识突破了视计划经济与商品经济为二元对立关系的传统观念，从某种程度上讲，也是毛泽东关于

---

① 《三中全会以来重要文献选编》（下），人民出版社 1982 年版，第 1030 页。
② 《十二大以来重要文献选编》（上），人民出版社 1986 年版，第 22 页。
③ 《十二大以来重要文献选编》（上），人民出版社 1986 年版，第 20—21 页。
④ 《十二大以来重要文献选编》（中），人民出版社 1986 年版，第 547 页。
⑤ 《十二大以来重要文献选编》（中），人民出版社 1986 年版，第 568 页。

商品经济正确思想[①]在新时期的重建，为经济体制全面改革提供了新的理论指导。同时，进一步放活经济，扩大市场调节范围，也意味着城乡经济由传统按国家计划生产转变到面向市场需求生产，国家的计划管理从过去主要依靠行政领导转向主要依靠经济手段。

为深化对市场的认识，积极利用市场调节优势，1987 年 2 月 6 日，邓小平说："为什么一谈市场就说是资本主义，只有计划才是社会主义呢？计划和市场都是方法嘛。只要对发展生产力有好处，就可以利用。它为社会主义服务，就是社会主义的；为资本主义服务，就是资本主义的。好像一谈计划就是社会主义，这也是不对的，日本就有一个企划厅嘛，美国也有计划嘛。我们以前是学苏联的，搞计划经济。后来又讲计划经济为主，现在不要再讲这个了。"[②] 据此，党的十三大报告深刻阐释了"计划"与"市场"的关系、所有制、分配制度等存在争议的问题，进一步破除计划经济模式对我国经济发展的阻碍。为明确"有计划的社会主义商品经济体制是计划与市场内在统一的体制"，中央主要强调了以下几个基本问题。首先，社会主义商品经济建立在公有制基础上，但其发展需要以市场的发育和完善为前提。也就是说，由于所有制基础不同，社会主义商品经济与资本主义商品经济存在根本上的区别，市场和计划作为两种调节手段共同为社会主义经济发展服务。其次，社会主义商品经济必须遵循商品交换原则和价值规律，严格区别计划调节和指令性计划，以避免过于刚性的指令性计划影响正常贸易交往，破坏客观经济规律。最后，计划和市场是在全社会范围内发挥各自优势，总体上遵循"国家调节市场，市场引导企业"的

---

① 1958 年 11 月 2—10 日，毛泽东召集部分中央领导人和地方负责人举行工作会议。会上，他多次发言批评急于想使人民公社由集体所有制过渡到全民所有制、由社会主义过渡到共产主义，以及企图废除商品生产的错误主张。毛泽东指出，现在要利用商品生产、商品交换和价值法则，作为有用的工具，为社会主义服务。我国的现实条件决定了，只有经过商品生产、商品交换，才能引导农民发展生产，进入全民所有制，应当利用商品生产来团结几亿农民。商品生产不能与资本主义混为一谈，要看它同什么经济制度相联系，同资本主义制度相联系就是资本主义的商品生产，同社会主义制度相联系就是社会主义的商品生产。（《毛泽东文集》第 7 卷，人民出版社 1999 年版，第 435、437、439、441 页。）

② 《邓小平文选》第 3 卷，人民出版社 1993 年版，第 203 页。

机制，[①] 也即“计划经济和市场调节相结合的程度、方式和范围，要经常根据实际情况进行调整和改进”[②]。例如，向地方、企业放权让利，以搞活经济；协调好各方面利益关系，健全宏观调控体系。“社会主义商品经济”的提出表明中央在市场与计划之间努力寻找平衡点，它是国家能力与市场自由度之间相互博弈、妥协的必然结果。针对如何“加快建立和培育社会主义市场体系”的问题，中央认为，商品市场与生产要素市场都是社会主义市场体系中不可或缺的必要条件，强调商品市场的多元性是发挥市场机制的关键，以及社会主义市场体系具有“竞争”和“开放”的重要特征；[③] 中央还指出，“目前全民所有制以外的其他经济成分，不是发展得太多了，而是还很不够”。据此，党和政府鼓励进一步发展个体经济、私营经济和城乡合作经济等多种所有制经济。尤其是社会主义条件下，与占优势的公有制经济相结合的私营经济，有利于提升社会生产力，其多元化的经济主体有利于激活市场活力，不断涌现的新经济组织和新社会组织为解决就业提供了更多渠道，另外，这种经济形式能够更多更好地满足人民多方面生活需求。因此，在分配问题上，私营企业尽管存在雇佣劳动关系，拥有一定数量的雇佣劳动力，会给企业主带来部分非劳动收入，但这部分收入只要是合法的，就应当得到制度保护，应当允许其发展。[④] 尽管迫于党内的各种压力，还没有全面放开对市场的管控，但从中央经济话语体系的重大转变能够看出，中国共产党已经开始努力建构一个能够将社会主义制度与市场经济要素合理结合的制度体系，彰显出党中央贯彻落实“以经济建设为中心”的决心。

这一时期，传统计划经济体制被冲破，迅速调动起人民群众的劳动积极性，而逐步放开市场也激起了党内以阶级斗争为纲的僵化思想的强烈反弹，关于姓“资”姓“社”、计划与市场的争论伴随着中央对“市

---

① 《十三大以来重要文献选编》（上），人民出版社 1991 年版，第 27 页。

② 《十三大以来重要文献选编》（中），人民出版社 1991 年版，第 701 页。

③ 《十三大以来重要文献选编》（上），人民出版社 1991 年版，第 29 页。

④ 《十三大以来重要文献选编》（上），人民出版社 1991 年版，第 31—32 页。

场”的明显倾向而愈演愈烈。传统指令性计划经济已经明显束缚了生产力发展，但由于政策尚未稳定，导致大批非公有制经济群体困在各自的经营领域动弹不得。[①] 对此，1990 年 12 月，邓小平在与中央领导同志谈话时强调：“资本主义与社会主义的区分不在于是计划还是市场这样的问题。社会主义也有市场经济，资本主义也有计划控制。”[②] 这次表态扫除了当时关于姓“资”还是姓“社”的思想障碍，作为中央向非公有制经济领域劳动者发出的一个重要信号，极大地稳定了人心。邓小平十分清楚，对于这一时期的中国社会和人民群众来讲，经济发展取得巨大成就，人民生活水平显著提高就是最大的社会公平正义。对商品经济、市场自由、新的社会阶层这类新出现的事物，党中央在没有充足的实践经验应对的情况下应秉持“不争论”的态度，先放手试一试，给予他们一定程度上的发展空间和自主权，看一看中国是否能走出一条能够容纳私营、个体、混合所有制、合资等多元所有制形式的，能够将社会主义制度与市场经济元素兼容的中国特色社会主义经济发展道路。

二 建立社会主义市场经济体制平衡好“计划”与“市场”的关系

解放思想，实事求是，是中国共产党探索中国特色社会主义实践的重要思想路线。改革开放作为一个新事物，一个全新的历史发展阶段，亟须破除僵化的体制机制限制。尽管计划经济能够在短时间内最大限度地动员整合社会资源，但也因其沉重的官僚管理体系而对企业人才和创新形成压制。[③] 因此，要对经济体制进行大刀阔斧的改革，就必须从思想上认识到“一大二公”的所有制形式限制了我国社会生产力的发展。只有尊重经济发展的客观规律，正确看待计划调控与市场调节的关系，通过建立符合社会主义社会根本属性和发展要求的经济体制，才能突破传统计划经济体制的窠臼，有的放矢地发挥市场的天然调节作用，真正激发社会主体的活力。

① 凌志军：《变化：1990—2002 年中国实录》，人民日报出版社 2011 年版，第 59 页。

② 《邓小平文选》第 3 卷，人民出版社 1993 年版，第 364 页。

③ 黄宗智等：《中国非正规经济》（上），《开放时代》2011 年第 1 期。

（一）社会主义市场经济体制的形成思路

1992 年 6 月 9 日，江泽民第一次公开使用了“社会主义市场经济体制”的提法。他在中央党校省部级干部进修班上指出，“改革的一个核心问题，就是要从根本上改变束缚生产力发展的原有经济体制，建立充满生机与活力的新经济体制”，为进一步解放生产力清除障碍。因此，改革也是一次革命，是一次生产力领域的革命。① 江泽民指出，经过十几年的摸索②，加上对国外经验的总结，我们对建设社会主义基本经济制度的认识日渐成熟，全党在这个问题上的看法趋于一致，已经具备进入实施阶段的条件。“在党的十四大报告中，总得最后确定一种大多数同志都赞同的有关经济体制的比较科学的提法，以利于进一步统一全党同志的认识和行动，以利于加快我国社会主义的新经济体制的建立。我个人的看法，比较倾向于使用‘社会主义市场经济体制’这个提法。”③ 这个经济体制应包括这样几个区别于传统计划经济体制的主要特征：第一，在所有制结构上，坚持以公有制经济为主体，多种经济成分共同发展；第二，在分配制度上，坚持以按劳分配为主体，其他分配方式为补充，在保障社会公平正义的前提下，允许和鼓励一部分人、一部分地区先富起来，逐步实现共同富裕；第三，在经济运行机制上，充分发挥市场经济和计划经济各自的优势，优化资源配置，合理调节社会收入分配。

同一时间，邓小平即明确表态高度赞成江泽民关于“社会主义市场经济体制”的提法。④ 随后召开的党的十四大会议正式将我国经济体制改革的目标确定为建立社会主义市场经济，进一步拔高了“市场”

① 《江泽民思想年编》（1989—2008），中央文献出版社 2010 年版，第 80 页。

② 党的十二大提出计划经济为主，市场调节为辅；党的十二届三中全会指出商品经济是公有制基础上的有计划商品经济；党的十三大提出社会主义有计划商品经济的体制应该是计划与市场内在统一的体制；党的十三届四中全会后，提出建立适应有计划商品经济发展的计划经济与市场调节相结合的经济体制和运行机制。[《十四大以来重要文献选编》（上），人民出版社 1996 年版，第 18 页。]

③ 《江泽民思想年编》（1989—2008），中央文献出版社 2010 年版，第 82—83 页。

④ 《邓小平思想年编》（1975—1997），中央文献出版社 2011 年版，第 710 页。

在我国经济社会中的地位。江泽民在会上强调，我们要建立的这一基本经济制度，是要在国家宏观调控下，发挥市场对资源配置的基础性作用，还市场以其本来在经济社会中的重要地位。尊重价值规律，一切经济活动要与不断变化的市场供求关系相适应，通过价格杠杆和竞争机制调节资源配置，将资源合理、优化配置到效益较好的环节，实现企业优胜劣汰。由于市场对各种经济信号的灵敏反应，能够及时协调产需关系。但同时，也要加强和改善国家对经济的宏观调控，克服市场自身的弱点。

（二）正确认识和处理计划与市场的关系

邓小平在南方谈话中提出，“计划多一点还是市场多一点，不是社会主义与资本主义的本质区别”，作为经济手段，计划和市场都可以为社会主义生产力发展服务，“社会主义要赢得与资本主义相比较的优势，就必须大胆吸收和借鉴人类社会创造的一切文明成果，吸收和借鉴当今世界各国包括资本主义发达国家的一切反映现代社会化生产规律的先进经营方式、管理方法”①。邓小平以其深刻的政治智慧和巨大的理论勇气冲破了长久以来“左”的思想对经济发展的禁锢，并为中国经济发展制定了新的目标：社会主义基本制度确立以后，要从根本上改变阻碍我国生产力发展的体制机制，“建立起充满生机和活力的社会主义经济体制，促进生产力的发展”②。从此，邓小平经典的“白猫黑猫”③论广为流传，南方谈话也成为新的历史时期解放思想的宣言书。

---

① 《邓小平文选》第3卷，人民出版社1993年版，第373页。

② 《邓小平文选》第3卷，人民出版社1993年版，第370页。

③ “白猫黑猫”论最早出现于1962年7月，邓小平在谈到农业生产管理政策的调整问题时，引用刘伯承常说的四川谚语“黄猫、黑猫，只要捉住老鼠就是好猫”以表述他对恢复农业生产和包产到户的看法，尤指“生产关系上不能完全采取一种固定不变的形式，看用哪种形式能够调动群众的积极性就采用哪种形式”。（《邓小平文选》第1卷，人民出版社1994年版，第323页。）1992年春天，邓小平视察武昌、深圳和珠海等地以后，“不管黑猫白猫，只要捉到老鼠就是好猫”再度流行坊间，事实上，这一次“白猫黑猫”指的是邓小平在破除姓“资”还是姓“社”的问题上以巨大的理论勇气和思想魄力提出的“三个有利于”的判断标准，即是否有利于发展社会主义社会的生产力，是否有利于增强社会主义国家的综合国力，是否有利于提高人民的生活水平。（《邓小平文选》第3卷，人民出版社1993年版，第372页。）

建立社会主义的新经济体制是实现经济体制改革的根本任务，而正确认识计划和市场问题及其相互关系是关键。历史经验告诉我们，要实现社会经济高度发达，就不可越过商品经济充分发展的阶段。担心市场作用多了就会走上资本主义道路是没有根据和不正确的。① 尽管市场的自发性会带来一些消极作用，但更重要的方面在于，这种自发性还对激励企业竞争、推动经济发展具有十分积极的作用，尤其是作为一种资源配置方式，市场调节有着计划调控无可比拟的优势，“它通过竞争和价格杠杆把稀缺物资配置到能创造最好效益的环节中去，并给企业带来压力和动力”②。另外，对于市场自身明显的弱点和局限性，我们必须发挥计划调节的优势，从宏观上平衡好经济的全面发展，以加强社会保障和社会收入再分配的调节，防止两极分化。在市场调节不力的若干环节，也需利用计划手段及时调整资源配置。

社会主义市场经济制度的确立深刻体现出中国共产党作为一个学习型政党的本质属性。2013 年 11 月，习近平总书记指出，“使市场在资源配置中起决定性作用和更好发挥政府作用”③ 是全面深化改革的一个重大理论观点。自党的十四大以来，中央对政府和市场的关系始终是根据实践拓展和认识深化在寻找新的科学定位。④ 处理好政府与市场的关系，实际上就要弄清楚资源配置中究竟是市场还是政府在起决定作用。理论和实践已经证明，“市场”始终是实现资源配置的最有效形式，“市场经济本质上就是市场决定资源配置的经济”⑤。与过去相比，中国共产党对市场在资源配置中起“决定性”作用的新定位，表明社会主义市场经济的内在逻辑实现了自我完善和辩证统一，我国经济发

---

① 《江泽民思想年编》（1989—2008），中央文献出版社 2010 年版，第 81、82 页。

② 《江泽民思想年编》（1989—2008），中央文献出版社 2010 年版，第 82 页。

③ 《习近平谈治国理政》，外文出版社 2014 年版，第 75 页。

④ 党的十五大提出“使市场在国家宏观调控下对资源配置起基础性作用”，党的十六大提出“在更大程度上发挥市场在资源配置中的基础性作用”，党的十七大提出“从制度上更好发挥市场在资源配置中的基础性作用”，党的十八大提出，“更大程度更大范围发挥市场在资源配置中的基础性作用”。[《十八大以来重要文献选编》（上），中央文献出版社 2014 年版，第 498—499 页。]

⑤ 《十八大以来重要文献选编》（上），中央文献出版社 2014 年版，第 499 页。

展将随着这一新的定位而更加活跃，市场经济中的主体将呈现出更加多元化、多样性、多层次的特征，从而更充分体现出社会主义制度的优越性。

（三）新的社会阶层的发展高度依赖社会主义市场经济体制

社会主义市场经济体制在不断平衡和完善“计划”与“市场”的过程中，为新的社会阶层的喷薄式发展提供了制度保障。因为从生成机制来看，新的社会阶层与市场经济有着天然的联系——市场化是其成长壮大的驱动力，市场经济体制为其提供了制度性保障，而伴随市场经济体制成长起来的新的社会阶层具备了强大的市场能力。此三者成为新的社会阶层赖以生存的重要机制。①

社会主义市场经济体制的确立，最大程度上化解了传统“单位制”对人的创造性和人才发展的体制限制。计划经济体制下的“单位”使人们生活在一种共性化的生存模式下。尽管从国家行政层面看，这种模式能够以最短时间举一国之力完成社会资源整合，并为人们提供社会基本保障，但在实际上却遏制了经济主体的分裂繁衍。随着国家放宽非公有制经济发展政策，尤其是社会主义市场经济体制的建立健全，社会产业结构与职业身份愈加多元化，社会结构发生剧烈变化。如同第二次世界大战以后资本主义社会“管理革命”与“技术革命”所催生出的“白领阶层”一样，② 社会生产体制的变迁与新的生产要素的参与，使得这一时期我国新的社会阶层的出现成为必然趋势。这种新的局面又迫使中央政府不断完善市场经济体制，以便为非公有制经济群体以及新的社会阶层群体成长壮大提供合理的制度化路径。

与此同时，市场经济的发展改变了社会就业方式与就业渠道，市场化就业取代了代际传递式就业与国家分配工作，成为新的就业方式。新的社会阶层能够自由选择就业方式，不受他人或体制的干预。一方

---

① 张海东、杜平：《新社会阶层的生成机制及其再组织化问题》，《中央社会主义学院学报》2017 年第 4 期。

② 张海东、杨城晨：《新社会阶层：理论溯源与中国经验》，《福建论坛》（人文社会科学版）2018 年第 11 期。

面，这种市场化为他们快速积累财富、获得经济资本创造了条件，使之迅速崛起并成为市场经济条件下最活跃的群体。另一方面，体制外更自由、自主的就业选择，也加剧了他们的职业流动性、身份不确定性以及收入风险。① 但不可否认的是，新的社会阶层以其强大的市场能力，即对于生产资料的财产占有、对于教育或技术资格的占有和对于体力劳动力的占有，足以位列体制外中间阶层。他们的经济资源、政治资源、文化资源都在不断累积并趋于一致，这种强大的市场能力既是成长于市场经济体制下所赋予他们的先天优势，又是他们自身在竞争中发展起来的内在动力，二者相辅相成决定了他们将仍然是我国社会经济发展的代表性群体。

三　大力发展非公有制经济以释放社会活力

建立社会主义市场经济体制是中国化马克思主义政治经济学的历史性突破。江泽民在"商品经济"的提法上更上一层楼，选择了"社会主义市场经济"这个包容性极强的词，一方面通过将市场经济同社会主义基本制度相结合，冲破了姓"资"姓"社"的诘难，以有效防止"左"、右二元对立的意识形态对社会经济造成灾难性的破坏，淡化了传统马克思主义政治经济学的阶级斗争色彩；另一方面也意味着中国的社会主义制度建设和发展已经走上了独具中国化、本土化特征的道路，它既脱胎于传统，又不同于传统；既吸收了西方资本主义国家发展的有益经验，又不同于其他社会主义国家的现代化路径选择，社会主义市场经济体制在具有市场经济一般规律的同时，更呈现出鲜明的中国化特征。②

（一）与多层次生产力水平相适应的多层次所有制结构

1990年春，邓小平指出："搞社会主义，也允许各种形式的所有制存在。"③ 所有制问题关系的不仅仅是生产力的问题，更关乎人与人

① 张海东：《新社会阶层的结构化、组织化及发展趋势》，《江海学刊》2019年第5期。
② 《江泽民思想年编》（1989—2008），中央文献出版社2010年版，第93页。
③ 《邓小平思想年编》（1975—1997），中央文献出版社2011年版，第690页。

之间的社会地位和社会关系问题，种田的和炒股的，国企职员和私企白领在前后政策之间别如云泥。20 世纪 80 年代初期，彭真曾指出："国营、集体和个体这三种经济，各在一定范围内有其优越性，虽然它们的地位和作用不同，但都是不可缺少的。"① 随后，"八二宪法"承认了个体劳动经营的合法性地位。② 1987 年年初，中央在《把农村改革引向深入》的决定中指出，适应生产和市场的要求，形成了灵活多样的新的经济组合。双层经营、承包经营、租赁经营、合伙经营③、股份制经营、不同所有制之间的联合经营等，体现出生产资料所有权和使用权既统一又分离的辩证关系，体现出多元化所有制交叉融合的趋势。全民所有制经济实现了初步改革，合作经济日趋完善，个体经济和私营经济获得一定发展，"农村经济将形成以公有制为主导，多种经济成分、多种经营形式并存的格局"④。

1990 年 4 月，邓小平明确提出："搞社会主义，也允许各种形式的所有制存在。"⑤ 经济学家于光远认为，社会主义公有制实质上是"社会所有制"，而非"全民所有制"，其基本形式包括社会主义国家所有制、劳动群众集体所有制、社会主义社区或社团所有制、社会主义混合所有制、社会主义个人所有制，等等。我国社会主义初级阶段的条件决定了

---

① 《彭真文选》（1941—1990），人民出版社 1991 年版，第 446 页。

② 1982 年，由其所作的宪法修改草案报告指出："在城市和农村，劳动者个体经济在相当长的时期内还有必要存在并有一定程度的发展。"经国家允许，集体经济组织以及个人能够在一定范围内使用国家的某些资源，"在法律规定范围内的城乡劳动者个体经济，是社会主义公有制经济的补充；国家保护个体经济的合法的权利和利益，并通过行政管理，对个体经济进行指导、帮助和监督"。[《十二大以来重要文献选编》（上），人民出版社 1986 年版，第 144 页。]

③ 1985 年 1 月 1 日，《中共中央、国务院关于进一步活跃农村经济的十项政策》中提出："有些合作经济采用了合股经营、股金分红的方法，资金可以入股，生产资料和投入基本建设的劳动也可以计价入股，经营所得利润的一部分按股分红。这种股份式合作，不改变入股者的财产所有权，避免了一讲合作就合并财产和平调劳力的弊病，却可以把分散的生产要素结合起来，较快地建立起新的经营规模，积累共有的财产。这种办法值得提倡，但必须坚持自愿互利，防止强制摊派。"[《十二大以来重要文献选编》（中），人民出版社 1986 年版，第 616 页。]

④ 《十二大以来重要文献选编》（下），人民出版社 1988 年版，第 1228 页。

⑤ 《邓小平思想年编》（1975—1997），中央文献出版社 2011 年版，第 690 页。

各种不同所有制经济成分必然会形成横向联合，股份制既是商品经济发展过程中必不可少的条件，又是引起社会主义所有制变革，以及与所有制相匹配的分配制度得以变化调整的关键。20 世纪 80 年代初，有人提出在一些地方试点推行股份制，既有利于企业所有权和经营权分离，使一部分生产者转变为经营者和管理者，在经营方式上获得更大的自主权，且企业经营效益与个人所得挂钩，能够最大限度地调动各方面的积极性。同时，实行股份制也有利于将社会闲散资金（即社会存款）投放于生产经营，从而缓解资金紧张，抑制通货膨胀。此外，还要打消股份制施行以后人们把买股票看成是资本家，把分红看作剥削的顾虑，尽快将按股分红作为按劳分配的补充，以完善收入分配制度。①

1997 年，党的十五大报告刷新了此前中央对私营经济的定义，中央认为，“私营经济是社会主义市场经济的一个组成部分”，意味着私营经济作为一种新的所有制形式，在社会主义市场经济中的比重和分量将进一步增加。报告提请九届全国人大二次会议将“在政府的指导、监督和控制的前提下，允许私营经济存在”载入《中华人民共和国宪法修正案》。时隔近四十年，中央对私营经济的恢复，特别是第一次以宪法的形式确定了私营经济的合法性，无疑是中国化马克思主义政治经济理论的又一次重大突破。② 在这一年的调查中，来自北京、上海、广州的 205 位企业经理回答了“除国计民生领域的国有企业外，其他国有企业的资产使用何种组织形式较为有效”的问题。其中 63.9% 的人选择了“股份制”，40% 的人认为应采取多种组织形式，14.6% 的人

① 刘鸿儒、王佩真：《中国改革全书：1978—1991》（财政体制改革卷），大连出版社 1992 年版，第 515 页。

② 2004 年 3 月，十届人大二次会议通过了新的中华人民共和国宪法修正案，将宪法第十一条第二款：“国家保护个体经济、私营经济的合法的权利和利益。国家对个体经济、私营经济实行引导、监督和管理。”修改为：“国家保护个体经济、私营经济等非公有制经济的合法的权利和利益。国家鼓励、支持和引导非公有制经济的发展，并对非公有制经济依法实行监督和管理。”将宪法第十三条：“国家保护公民的合法的收入、储蓄、房屋和其他合法财产的所有权。”“国家依照法律规定保护公民的私有财产的继承权。”修改为：“公民的合法的私有财产不受侵犯。”“国家依照法律规定保护公民的私有财产权和继承权。”（《十六大以来重要文献选编》（上），中央文献出版社 2005 年版，第 890 页。）

推崇“国有民营”，12.7%的人主张出售、出让给私人。从调查来看，党的十五大提出的多种所有制并存、公有制实现形式多样化，以及推进国有企业的股份制改革，取得了这些企业经营者的广泛认同。[①] 2000年，中央在“十五”规划中明确指出，我国社会主义初级阶段的重要特征在于社会生产力的多层次性和所有制结构的多样性，调整和完善所有制结构，以适应社会生产力发展的要求，须要营造平等发展和公平竞争的企业环境，“支持、鼓励和引导私营、个体企业”[②]，特别是民营小微企业和科技型中小企业健康发展。至此，社会主义制度的优越性得以通过社会主义市场经济的广泛性与兼容性充分彰显。

（二）注重引导以非公有制经济群体为代表的多元化市场主体

调查显示，到2000年年中，我国私营企业数量达到近150万家，个体工商户3100多万户，从业人员1.3亿人。无论是企业数量、从业人数还是规模大小都十分可观，他们在活跃城乡经济、满足社会多方面需要、增加就业和促进经济发展等方面发挥着重要作用。[③] 面对日益发展壮大的多元化市场主体，2001年3月4日，江泽民在全国政协九届四次会议中国民主建国会、中华全国工商业联合会委员联组会上发表讲话。他指出：“以公有制为主体、多种所有制经济共同发展”包含两个基本含义，一是我国是社会主义国家，必须坚持公有制为主体，因为它是社会主义的经济基础；二是我国社会主义初级阶段的基本国情决定了非公有制经济的发展，有利于充分调动社会资源和增强国民经济活力，因此，必须在以公有制为主体的根本前提下，坚持发展多种所有制经济。这一认识表明，坚持公有制主体地位与发展非公有制经济之间的平衡，是实现社会生产力发展必须抓住的两个基本方面，也是社会主义市场经济体制得以成立的关键。从这一点出发，江泽民进一步阐述了中央对非公有制经济人士的基本原则方针。他指出，既

① 马立诚、凌志军：《交锋：当代中国三次思想解放实录》，人民日报出版社2011年版，第323页。

② 《十五大以来重要文献选编》（中），人民出版社2001年版，第1388页。

③ 王伟光：《“三个代表”重要思想研究》，人民出版社2002年版，第309页。

要鼓励、支持非公有制经济人士，又要帮助、教育和引导他们做合格的“建设者”。首先，要引导他们把企业自身的发展与国家发展相结合。非公有制经济的发展，要为社会主义现代化建设服务。非公有制经济人士应该爱国守法，诚实劳动，多为国家和社会作贡献。其次，要注意教育和引导先富起来的非公有制经济人士，不满足于一己之富，而应当把个人富裕与全体人民共同富裕结合起来，始终不忘共同富裕这个社会主义的大目标，真正做到致富思源，富而思进，“报效祖国，奉献社会”。最后，要非公有制经济人士把遵循市场法则与发扬社会主义道德结合起来。希望他们兼以追求经济利益与思想道德，兼以重视经济效益与社会效益。①

2005 年 2 月，《国务院关于鼓励支持和引导个体私营等非公有制经济发展的若干意见》（以下简称《意见》）指出，改革开放以来，非公有制经济逐渐成为我国社会主义市场经济的重要组成部分，成为推进社会生产力发展的重要力量。我国经济发展的实践已经证明，积极发展个体、私营等非公有制经济，对全面建设小康社会和加快社会主义现代化建设具有重大战略意义：不仅能够扩大社会就业，改善人民生活，还有利于繁荣城乡经济，增加财政收入，更重要的是能够使经济结构优化，促进经济健康持续发展。② 为给各种非公有制经济发展创造良好的发展环境，《意见》调整了非公有制经济的市场准入规定，“允许非公有资本进入法律法规未禁入的行业和领域”③，“允许非公有资本进入垄断行业和领域”，进入公用事业和基础设施领域、社会事业领域、金融服务业、国防科技工业建设领域等新的经济领域，④ 从而极大地拓宽了非公有资本的投资经营范围。中央对伴随市场经济发展壮大的非公有制经济人士的引导、鼓励、帮助和教育，体现了社会主义市场经济与资本主义自由竞争的根本区别，社会主义的

---

① 《江泽民思想年编》（1989—2008），中央文献出版社 2010 年版，第 518 页。

② 《十六大以来重要文献选编》（中），中央文献出版社 2006 年版，第 694 页。

③ 《十六大以来重要文献选编》（中），中央文献出版社 2006 年版，第 685 页。

④ 《十六大以来重要文献选编》（中），中央文献出版社 2006 年版，第 685—686 页。

个体经营、个人富裕同国家前途命运紧密相关，其服务于社会主义现代化建设的功能，又与中国共产党的社会发展导向高度吻合，因此，以政党为核心的中国特色社会主义政治体制介入到这些非公有制经济人士的发展过程，通过寻求共识，有意识地吸纳他们以增强新时期党的执政力量和政治基础，使这一体制更具兼容性。

（三）逐步建立现代产权制度以保障人民财产所有权

我国社会主义初级阶段的生产力发展水平，决定了当前我们还不具备使“市场关系”消亡的条件，资本、财产所有权的存在与价值范畴的存在一样是必然的。我们当前的任务不是消灭市场、资本和财产所有权，而是剥夺剥夺者。因此，社会主义对剥夺者的剥夺就必须以劳动者重新获得财产所有权为根本，而决不能变成对一切人的剥夺。①党和政府的政策必须鼓励社会主义市场经济条件下的劳动者自主拥有财产权利，才能调动起他们投入社会主义建设的积极性。

2003 年 10 月，针对进一步巩固和发展公有制经济，鼓励、支持和引导非公有制经济发展问题，党的十六届三中全会提出，为确保公有制财产权在国有资本、集体资本和非公有资本等参股的混合所有制经济中占据主体地位，同时，又能够使私有财产权得到法律和制度上的保障，增强全社会创新创业的动力，形成良好的信用基础和规范的市场秩序，促进非公有制经济健康发展，我们必须“建立归属清晰、权责明确、保护严格、流转顺畅的现代产权制度”②。2007 年 3 月，十届全国人大五次会议通过了《〈中华人民共和国物权法〉总则》，规定国家“保障一切市场主体的平等法律地位和发展权力”，“国家、集体、私人的物权和其他权利人的物权受法律保护，任何单位和个人不得侵犯”③，从而以法律的形式保障了非公有制经济群体的财产私有权。2013 年，党的十八届三中全

---

① 周为民、陆宁：《按劳分配与按要素分配——从马克思的逻辑来看》，《中国社会科学》2002 年第 4 期。

② 产权是所有制的核心和主要内容，包括物权、债权、股权和知识产权等各类财产权。（《十六大以来重要文献选编》（上），中央文献出版社 2005 年版，第 467 页。）

③《十六大以来重要文献选编》（下），中央文献出版社 2006 年版，第 993 页。

会进一步巩固并深化了这一制度体系，中央指出，产权是所有制的核心，“国家保护各种所有制经济产权和合法利益，保证各种所有制经济依法平等使用生产要素、公开公平公正参与市场竞争、同等受到法律保护，依法监管各种所有制经济”①。习近平在这次全会上的讲话中，针对非公有制经济的权益问题强调，坚持和完善基本经济制度必须坚持“两个毫不动摇”②，公有制经济和非公有制经济享有平等的地位和权益：

> 全会决定从多个层面提出鼓励、支持、引导非公有制经济发展，激发非公有制经济活力和创造力的改革举措。在功能定位上，明确公有制经济和非公有制经济都是社会主义市场经济的重要组成部分，都是我国经济社会发展的重要基础；在产权保护上，明确提出公有制经济财产权不可侵犯，非公有制经济财产权同样不可侵犯；在政策待遇上，强调坚持权利平等、机会平等、规则平等，实行统一的市场准入制度；鼓励非公有制企业参与国有企业改革，鼓励发展非公有资本控股的混合所有制企业，鼓励有条件的私营企业建立现代企业制度。这将推动非公有制经济健康发展。③

国家法律政策对于非公有制经济财产所有权的确认和保护，是中国这样一个社会主义国家走向现代化的又一重大突破。传统中国社会的所有权体系缺乏将劳动所得视为基本权益的法律保障，中国共产党人从恢复传统资本家阶级和旧知识分子的政治地位，允许个体工商户经营，到全面推动非公有制经济发展，逐步建立现代产权制度④，最终

---

① 《十八大以来重要文献选编》（上），中央文献出版社 2014 年版，第 515 页。

② “两个毫不动摇”是指：“必须毫不动摇巩固和发展公有制经济，坚持公有制主体地位，发挥国有经济主导作用，不断增强国有经济活力、控制力、影响力。必须毫不动摇鼓励、支持、引导非公有制经济发展，激发非公有制经济活力和创造力。”（《十八大以来重要文献选编》（上），中央文献出版社 2014 年版，第 515 页。）

③ 《十八大以来重要文献选编》（上），中央文献出版社 2014 年版，第 501—502 页。

④ 现代产权制度作为社会主义市场经济体制的基石，具有归属清晰、权责明确、保护严格、流转顺畅的基本特征，其核心是产权保护。（《党的十九大报告辅导读本》，人民出版社 2017 年版，第 231 页。）

实现非公有制经济与公有制经济享有同等经济地位和政策待遇，在人民群众的劳动所得与生产积极性之间建立起了深刻联系，从而主导了中国现代化经济体制建立健全的发展历程。2017 年 10 月，习近平总书记在党的十九大报告中指出：坚持社会主义市场经济改革方向、加快完善社会主义市场经济体制，“必须以完善产权制度和要素市场化配置为重点，实现产权有效激励、要素自由流动、价格反应灵活、竞争公平有序、企业优胜劣汰”。这是在党的十八届三中全会提出“使市场在资源配置中起决定性作用和更好发挥政府作用”① 重要论断和形成“有效市场”与“有为政府”的实践基础上，进一步深化对社会主义市场经济规律的认识，坚定了我国基本经济制度的改革方向。在以“创新”为第一动力的今天，我们还要进一步完善知识产权制度，在严格依法保护的基础上实现有效激励：“加快实行以增加知识价值为导向的分配政策”，探索对以知识、技术、管理为资本的从业人员实施股权、期权和分红激励，充分发挥知识产权对科技创新和成果转化的长期激励作用。② 三十多年的发展实践证明，党中央为发展中国特色社会主义伟大事业而设计的社会主义市场经济体制，既符合我国社会主义初级阶段生产力发展水平，又满足了人民群众不断增长的物质生活需求，充分调动了劳动人民生产建设的积极性。在以公有制为主体的前提下，非公有制经济的发展为实现新时期“共同富裕”开辟了新的有效途径，逐渐形成了“权益保障—劳动积极性—社会基础稳定”的发展逻辑，成为社会主义市场经济体制的一大重要特征。

事实证明，中国共产党通过继承自马克思、恩格斯、列宁、毛泽东以来社会主义理论和实践发展中的合理因素，吸收西方现代化发展的有益经验，不断丰富和创新社会主义制度体系，最终形成了符合中国基本国情、保障经济持续高速发展的中国特色社会主义市场经济制度。尽管西方始终对我国经济体制持有疑虑，但不可否认的一点是，

① 侯惠勤、范希春：《十八届三中全会精神十八讲》，人民出版社 2014 年版，第 34 页。

② 《党的十九大报告辅导读本》，人民出版社 2017 年版，第 231 页。

他们也预见到了中国的市场经济模式将在许多新兴市场国家占据主导，这恰好说明了社会主义市场经济体制作为中国共产党探索经济发展的实践成果，将市场经济效率与极具韧性的社会主义制度相结合，满足了“经济发展取得巨大成就，人民生活水平显著提高”这一对当时的中国社会来讲最大的社会公平正义。运用市场机制来调节大多数商品市场以及劳动市场的供需，对提高中国的整个社会经济效率起到了关键作用。同时，对于市场经济嵌入中国社会主义制度以后可能出现的社会问题，例如：当资本平均报酬率超过 GDP 的平均增长率必然导致贫富差距扩大的现象，中央政府保留了对主导整个机构体系最骨干、最核心的部门的控制权，以将相当大的协调和制衡机制牢牢掌握在手中，保障了多种所有制经济有效、安全运行。

第三节　统战策略：新时期统一战线中的“建设者”

作为取得新民主主义革命最终胜利的三大法宝之一，统一战线是毛泽东将马克思主义阶级分析理论与中国革命现实充分结合的中国化创新成果。改革开放以来，中国经济高速发展与社会全面转型，社会结构关系巨大变迁，新的社会阶层崛起且呈几何增长趋势，这些新情况新问题对中国共产党的新时期统一战线理论提出了全新挑战。党的十八大报告提出：“统一战线是凝聚各方面力量，促进政党关系、民族关系、宗教关系、阶层关系、海内外同胞关系的和谐，夺取中国特色社会主义新胜利的重要法宝”，要“鼓励和引导新的社会阶层人士为中国特色社会主义事业作出更大贡献”。[①] 标志着历经漫长的认识过程，中国共产党正式将变动不居的新的社会阶层纳入中国特色社会主义制度体系当中，实现了对新时期中国共产党统一战线范围的发展和扩大。

---

① 《胡锦涛文选》第 3 卷，人民出版社 2016 年版，第 636 页。

一 社会主义劳动者和两种爱国者的广泛联盟

1979年6月，邓小平指出，随着我国现代化建设的全面展开，我们的革命统一战线也进入了一个新的历史发展阶段。在这样的历史条件下，新中国成立三十年来中国的阶级状况发生了深刻变化：首先，工人阶级的地位大大提高；经过二十多年农业集体化的发展历程，中国农民已经是“集体农民”，使得新时期的工农联盟更加坚固；经过社会主义改造，中国的知识分子群体已经以劳动者的身份，成为工人阶级的一部分；我国各兄弟民族之间是团结友爱、互助合作的社会主义新型民族关系。邓小平在这里重点提到，过去的资本家阶级，其绝大多数“已经改造成为社会主义社会中的自食其力的劳动者”①。从与工人阶级相对立的“资产阶级”，到社会主义社会中自食其力的劳动者，这一称谓上的变化所蕴含的政治意义是划时代的——作为党的工作重心从以阶级斗争为纲向以经济建设为中心转换这一思想解放的重大理论成果，传统的“资本家阶级”向“社会主义劳动者”的转变，包括毛泽东认为的，由于与民族资产阶级有着千丝万缕联系而属于改造对象的知识分子阶层向工人阶级的转变，均标志着由毛泽东所创立的统一战线理论，作为一种思想遗产和理论资源，经历了否定之否定的发展历程，又回到了新时期统一战线理论之中，成为其中重要的创新点。

从这一创新点出发，邓小平接着指出，首先，在新时期的统一战线中，由于上述资本家阶级和旧知识分子社会属性的彻底转变，作为他们政治代表的各民主党派，也随即转变为他们各自所联系的，在中国共产党领导下拥护社会主义的爱国者联盟。作为一支重要的政治力量，他们将继续发挥着统一战线的功能。其次，随着港、澳、台同胞和海外侨胞的爱国主义觉悟不断提高，他们成为拥护社会主义和拥护祖国统一的爱国者，在推动国家统一、民族发展以及国际反霸权斗争方面的作用日益突出。因此，新时期统一战线的功能也随之发生了时

① 《邓小平思想年编》（1975—1997），中央文献出版社2011年版，第243页。

代性转变。“我国的统一战线已经成为工人阶级领导的、工农联盟为基础的社会主义劳动者和拥护社会主义的爱国者的广泛联盟。新时期统一战线和人民政协的任务，就是要调动一切积极因素，努力化消极因素为积极因素，团结一切可以团结的力量，同心同德，群策群力，维护和发展安定团结的政治局面，为把我国建设成为现代化的社会主义强国而奋斗。”① 改革开放条件下，传统社会阶层身份的变化和新的社会阶层的涌现，使人民政协恢复了其所联系的那部分人民群众同党和政府的桥梁作用，具备了更广泛的政治代表性。② 更重要的是，建设社会主义现代化国家已成为他们和中国共产党的共同利益和共同愿望，这一根本性变化是我们理解新时期统一战线继续发展创新的关键点。最后，由于改革开放持续扩大、中国的国际地位日益提高、港澳台地区与大陆地区的联系日益加强，使得以爱国主义为纽带联系、争取和团结海外侨胞和港澳同胞的任务愈发重要。这一点，既是顺应新的社会历史条件变化的结果，也蕴含了毛泽东在新中国成立初期对统一战线所作的说明。③ 1979 年 10 月，邓小平在对各民主党派和工商联代表

---

① 《邓小平思想年编》（1975—1997），中央文献出版社 2011 年版，第 243—244 页。

② “随着我国社会主义改造的基本完成和国内阶级状况的根本变化，各民主党派的社会基础也发生了根本变化。在新的历史时期，民主党派原来所联系的阶级、阶层的人们，绝大多数已经成了工人阶级知识分子和其他社会主义劳动者，还有一部分拥护社会主义的爱国者，同时已经有一大批建国以后成长起来的知识分子参加了民主党派。各民主党派已经成为各自所联系的一部分社会主义劳动者和一部分拥护社会主义的爱国者的政治联盟，都是在中国共产党领导下，以社会主义劳动者为主体的、为社会主义服务的政党。”［《十二大以来重要文献选编》（下），人民出版社 1988 年版，第 1093—1094 页。］

③ 1953 年 7 月 16 日，中共中央政治局召开会议，毛泽东提出：“我们有两个联盟、两种合作。一种是工人阶级和农民的联盟，就是劳动人民的联盟；一种是工人阶级和剥削者的联盟，跟资产阶级的联盟”，前者是后者存在的基础和前提。（《历次全国统战工作会议概况和文献》，中国档案出版社 1988 年版，第 127 页。）针对党外人士对人民代表普选结果的疑虑，毛泽东在中央人民政府委员会第二十次会议上说：“我们的重点是照顾多数，同时照顾少数。凡是对人民国家的事业忠诚的，做了工作的，有相当成绩的，对人民态度比较好的各民族、各党派、各阶级的代表性人物都有份”，“凡是爱国者（只要有这个资格）都会一道进入社会主义，我们没有理由不同他们一道进入社会主义”。（《毛泽东文集》第 6 卷，人民出版社 1999 年版，第 260、261 页。）“台湾同胞可安居乐业，两岸各族人民可解骨肉分离之痛，在台诸前辈及大陆去台人员亦可各得其所，且有利于亚太地区局势稳定和世界和平。”［《廖承志文集》（下），人民出版社 1990 年版，第 661 页。］

的讲话中，将统一战线进一步概括为“全体社会主义劳动者、拥护社会主义的爱国者和拥护祖国统一的爱国者的最广泛的联盟”①，从而将上述三方面社会群体统摄在新时期中国共产党统一战线范畴内，与时俱进地创新了毛泽东统一战线思想中所强调的“四个阶级的联盟”②。同时，由于中国劳动者群体中社会分工的不断分化、扩大，除新兴社会阶层外，农民工问题、下岗工人问题、弱势群体问题不断涌现，使得中国共产党新的社会阶层理论面临不少新的问题。

二　统战新对象：“中国特色社会主义事业的建设者”

1989 年 12 月，江泽民在党建理论研究班的讲话中指出“在社会主义条件下，人民群众的根本利益是一致的，但不同的阶级和阶层也有不同的具体利益”，各种具体的利益关系和内部矛盾，应当在全国人民根本利益一致性的基础上进行调节，遇到涉及广大人民群众切身利益的政策性问题，都必须审慎，必须密切联系群众，在制定和执行政策时要兼顾好“国家、集体、个人三者利益的关系”。③ 1992 年以后，社会主义市场经济的建立打破了计划经济体制下单一的社会结构形态，出现了以非公有制经济群体为代表的新的社会阶层和利益群体，针对这些新出现的身份群体，江泽民对“多元一体”社会阶层结构下利益多元化的时代特征予以了承认，即在统一中有差异，并在官方话语体系中肯定其作为社会主义事业建设者的人民主体地位。

（一）市场经济条件下统一战线呈现“面宽线长”的特点

1993 年 11 月，全国统战工作会议明确指出，改革开放以来，尤其是市场经济体制的建立，引起了社会结构、利益关系的深刻变化和

① 《邓小平文选》第 2 卷，人民出版社 1994 年版，第 203 页。

② “四个阶级的联盟”：指工人阶级、农民阶级、城市小资产阶级和民族资产阶级的联盟。（杨先农：《毛泽东思想的当代价值与中国特色社会主义道路的拓展研究》，四川人民出版社 2015 年版，第 360 页。）

③ 《江泽民文选》第 1 卷，人民出版社 2006 年版，第 99 页。

重新组合，极大地调动了广大人民群众的积极性和创造性，使我国社会主义生产力获得空前发展，体现了中国共产党对社会主义建设规律认识的一个飞跃。这些新的发展形势向党的统一战线理论提出了新的要求，“面宽线长”成为这一时期统一战线的特点和难点。新时期统一战线工作包括党派工作、党外知识分子工作、非公有制经济代表人士工作、民族工作、宗教工作、港澳台以及海外侨胞工作等，这些工作对象和主体共同组成了包含以下三方面的广泛联盟：（1）以建设有中国特色社会主义为共识的大陆范围人民群众的联盟；（2）以拥护祖国和平统一、拥护社会主义为共识的大陆同胞与台港澳同胞的联盟；（3）以促进中华民族伟大复兴为共识的海内外全体中华民族的联盟。在新旧社会历史交替、社会重大关系调整的关键时期，不可避免地会产生新的矛盾和新的利益群体，而涉及领域如此之广、群体如此众多的爱国统一战线正是协调关系、化解矛盾、维护社会稳定的积极力量。因此，中央强调，要坚持“求同存异”，正确对待统一战线中的各种差异和分歧。“有同无异，就没有必要建立统一战线。有异无同，就建立不起来统一战线”，统一战线本质上就是“同”和“异”的辩证统一体。因此，要善于正确对待、具体分析和区别不同性质的差异。统一战线工作对象中第一次出现的非公有制经济代表人士，作为伴随市场经济发展而成长壮大起来的第一批新的社会阶层，他们联系、代表着非公有制经济群体的利益，反映着他们的要求，同时，非公有制群体是活跃社会主义经济，推动社会发展的新生力量，是党在新时期所面对的全新的群体统战范围。这类“异”对于改进工作、减少失误大有好处。因此，我们应当欢迎。①

（二）初次划定新的社会阶层具体范畴

2000年12月4日，江泽民在全国统战工作会议上提出，得益于多种经济成分、经营方式、分配方式的巨大发展，我国“出现了与

① 《十四大以来重要文献选编》（上），人民出版社1996年版，第496、501、506、510页。

社会主义市场经济相伴随的新的经济组织和利益群体”①，标志着党中央高度重视这些新的经济组织，以及分布其中的多元利益群体，为进一步正确认识他们，在党的话语体系中承认和肯定他们对改革开放所作出的巨大贡献，在变化了的社会基础条件下巩固和扩大党的群众基础埋下了伏笔。2001 年 7 月 1 日，江泽民在庆祝中国共产党成立八十周年大会上的讲话中，第一次对改革开放以来我国社会阶级阶层结构中的新社会群体予以承认和肯定。将“民营科技企业的创业人员和技术人员、受聘于外资企业的管理技术人员、个体户、私营企业主、中介组织的从业人员、自由职业人员”等“新的社会阶层”，与工人、农民、知识分子、干部、解放军等并列，将他们称作“中国特色社会主义事业的建设者”，② 他们是探索有中国特色社会主义伟大实践的根本力量，是全面实现社会主义现代化的生力军。把新的社会阶层视为与工人、农民、解放军、干部、知识分子等传统劳动者群体一样的新型劳动者群体，说明党中央对于在中国经济社会不断发展完善过程中几经挣扎的非公有制经济群体的正面肯定和积极评价，与时俱进地解决了这些新社会群体在“二元对立”的传统阶级分析理论框架中无法明晰其归属这一重大的理论和实践问题，扩大和巩固了中国特色社会主义的经济基础和群众基础，从而使奠基于新民主主义革命时期的中国共产党阶级分析理论更具包容性和时代性。

另外，江泽民在讲话中表达了中央对于吸收新的社会阶层进入中国共产党组织内部的积极态度。他指出，应该把拥护中国共产党，为党的事业而努力奋斗、经过长期考验、符合党员条件的各方面优秀分子吸收到党内来，通过不断提高广大党员的思想政治觉悟，提高党的社会影响力和凝聚力。③ 作为统一战线理论的全新内容，新的社会阶层以“社会主义事业的建设者”的身份在官方话语体系中正式出现，意味着中国共产党执政理念的全面转型。将新的

① 《江泽民文选》第 3 卷，人民出版社 2006 年版，第 142 页。

② 《江泽民思想年编》（1989—2008），中央文献出版社 2010 年版，第 540 页。

③ 《江泽民思想年编》（1989—2008），中央文献出版社 2010 年版，第 540 页。

社会阶层视为新时期的政治同盟吸纳到党的组织中，赋予其更高的政治地位，标志着中国化马克思主义阶级分析理论实现了又一里程碑式的突破。

（三）认真审视新的社会阶层在统一战线中的地位

在2001年8月31日国防大学军队高级干部理论研讨班的讲话中，江泽民进一步强调，在处理关于“七一”讲话的一些重大理论和实际问题时，要确立以“实际问题”为中心研究马克思主义的方法。当前，我国社会阶层结构发生了深刻变革，这正是中央提出研究“我国社会经济成分、组织形式、就业方式、利益关系和分配方式多样化”的根本依据。过去，我国社会结构中最基本的阶层主体只有工人、农民、知识分子、干部和军人，但经济领域的深刻变革使今天的社会结构中“又出现了新的社会阶层”，他们必将随着经济社会的发展进一步壮大。“对这些新的阶层究竟应该怎么看？党在政治上对他们应该采取什么样的态度？”如何正确估量这些社会阶层的发展趋势？都是不能含糊和回避的重大问题。对此，江泽民提出，要“在我国社会阶层构成发生新变化的条件下”，团结和引导这些新的社会阶层同其他劳动者一起“为建设有中国特色社会主义和实现中华民族的伟大复兴而共同奋斗”，是不断增强党的工人阶级基础的必然选择。新的现实变革迫使中国共产党必须主动考虑如何扩大新时期执政的覆盖面和影响力。如果党不吸收符合党员条件的新的社会阶层优秀分子入党，“并通过他们去做工作，怎么能够有效团结和引导这些阶层为实现党和国家的发展目标一道前进呢？”因此，不仅要从经济上看，还要从政治上看到这些新的社会阶层的潜在能量，勿将时间和精力空耗在姓“社”还是姓“资”的意识形态争论上，而是努力去解释当下的中国社会，在看待人们政治上先进与否的问题时，不再简单地以财产的有无和多少作为衡量标准，而是从他们的财产来源、支配和使用，他们的思想政治素质、行为表现，他们的劳动贡献等方面予以综合考量和客观评价。① 这次讲话解开了人们害怕拥有“财

① 《江泽民思想年编》（1989—2008），中央文献出版社2010年版，第555—556页。

富”的紧箍咒，正式宣告了党对于引导和团结新的社会阶层，吸收他们当中优秀分子以党员的身份为国家建设和社会主义现代化发展服务的决心，不仅改变了过去非公有制经济人士的经济状况与政治地位形成强烈反差的窘境，而且赋予他们极高的政治认同。2004 年 3 月，十届全国人大二次会议通过了新的宪法修正案，将序言中关于统一战线的表述修改为：“在长期的革命和建设过程中，已经结成由中国共产党领导的，有各民主党派和各人民团体参加的，包括全体社会主义劳动者、社会主义事业的建设者、拥护社会主义的爱国者和拥护祖国统一的爱国者的广泛的爱国统一战线，这个统一战线将继续巩固和发展。”① 在 1982 年宪法的基础上，“社会主义事业的建设者”标志着新的社会阶层拥有了崭新的历史身份和重要意义，意味着党的统一战线理论在社会结构深刻转型、利益格局重大调整、深层次矛盾日益显现的关键时期，仍发挥着强大的社会整合功能。

三　团结新的社会阶层是处理好社会各阶层关系的关键

随着社会经济快速发展，社会结构深刻变革，以新的社会阶层为代表的我国社会主义事业建设者作为新时期的社会生产力代表，被正式纳入了党在新时期的统一战线范围，从而进一步丰富和创新了中国特色社会主义统一战线理论。2004 年 9 月，胡锦涛在庆祝中国人民政治协商会议成立五十五周年大会上正式提出，我国统一战线已经发展成为包括社会主义劳动者、社会主义事业的建设者、拥护社会主义的爱国者和拥护祖国统一的爱国者的最广泛联盟，这就意味着党和政府要对劳动者、建设者、爱国者三类统战对象做好具体工作。他强调，一是要不断巩固和加强由工人（包括知识分子在内）、农民组成的社会主义劳动者之间的团结，要发挥他们对我国先进生产力发展和社会全面进步的推动作用，从而巩固和发展统一战线的核心政治基础——“工农联盟”；二是要团结好以新的社会阶层为主体的社会主

① 《十六大以来重要文献选编》（上），中央文献出版社 2005 年版，第 890 页。

义事业的建设者，进一步加强同他们的联系，了解他们的利益诉求，保障他们的合法权益，帮助和引导他们坚定地走有中国特色的社会主义道路，恪守社会主义核心价值观，为促进国家发展、改善人民生活和增加社会财富多贡献智慧和力量；三是要高举爱国主义旗帜，广泛团结港澳台同胞和海内外各方面爱国力量。

（一）新的社会阶层对国民经济发展的重要性

作为中国特色社会主义事业的建设者，新的社会阶层在经济、政治、文化领域越来越发挥着重要作用。毫无疑问的是，新的社会阶层因其强大的市场能力整合了大量经济资源，具备雄厚的经济实力。从其人数规模来看，我国新的社会阶层总人数已超过 1.5 亿，约占总人口的 11.5%，非公有制经济固定资产投资超过全国的 50%，占国内生产总值的比重超过一半。① 从中央对新的社会阶层人士的具体职业分类来看，他们的受教育程度较高，属于知识型、技术型新型人才，往往与新形态产业相联结。新产业新业态新模式加速成长。2021 年全年新登记市场主体 2887 万户，日均新登记企业 2.5 万户，年末市场主体总数达 1.5 亿户。② 可以说，新的社会阶层的不断涌现推动了第三产业领域的迅速扩展，满足了生产服务、社会组织、中介服务职业活动的巨大需求。因此，其职业活动、职业特征决定了他们已然处于当前我国社会交往的核心领域。③

另外，新的社会阶层崛起与政府放开就业渠道不无关系，自主择业创业在一定程度上缓解了社会就业压力。2000 年前后，城镇个体、私营、外资等非公有制经济和多种形式的企业更出现井喷式发展，2002 年年底，这些企业"吸纳的就业人员达一亿四千五百万"，而再就业的下岗失业人员中有 80% 是通过非公有制经济和多种形式实现再

---

① 王长燕：《马克思主义阶层分析与当代中国"新的社会阶层"的历史地位和作用》，《农村经济与科技》（增刊）2017 年第 28 卷。

② 中华人民共和国国家统计局：《中华人民共和国 2021 年国民经济和社会发展统计公报》，国家统计局官网，http://www.stats.gov.cn/xxgk/sjfb/zxfb2020/202202/t20220228_1827971.html，2022 年 2 月 28 日。

③ 李强：《社会学视觉中的新社会阶层》，《中央社会主义学院学报》2017 年第 4 期。

就业的。2003 年 8 月 15 日，胡锦涛在全国再就业工作座谈会上指出：经过改革开放二十几年的发展积累，中央已经深刻认识到，中小企业在促进经济社会发展和扩大就业中具有重要作用，“一定要重视中小企业发展”①。截至 2003 年，经登记注册的各类中小企业超过 590 万家，占企业总数的 83% 以上，吸纳了 71% 以上的城镇就业人口。② 作为缓解城镇就业压力，解决社会阶层利益冲突的扩容器，新的社会阶层在社会主义市场经济中的地位已经无可取代。

新的社会阶层的出现不仅推动了非公有制经济领域的产业革新、经营模式创新，实现了多元化市场化就业，还反映出社会利益格局的深刻调整。改革开放以前的社会经济主要由国有经济和集体经济构成，社会成分简单，被李强教授喻为“整体性社会聚合体”，容易引发社会整体利益冲突。③ 而市场经济条件下的社会主体更加丰富多元，且不断分化繁衍，这也使得我国社会结构实现了现代化发展。同时，在具有一定经济社会地位以后，新的社会阶层在思想舆论层面也更具话语权。他们的成长背景决定了其对党和政府以及既有社会体制是比较认同的，从体制外向体制内流动的意愿较为强烈，尤其是相较于体制外其他非农职业群体，他们更有意愿加入中国共产党。④ 其社会心态和政治立场也都比较符合社会主流价值观，较少数存在社会边缘化心理的人员也主要是受收入水平的影响，在生存压力下对自身的身份认同较为薄弱。新的社会阶层人士具备较高的数字能力，通过数字媒体他们很容易对社会大众造成意见影响，这也是党和政府必须重视如何认识和看待这一群体的原因之一。

（二）新时期统战工作重点：解决好新的社会阶层的利益诉求

新的社会阶层的“新”具有四个方面的基本特征。第一，新的社

---

① 《胡锦涛文选》第 2 卷，人民出版社 2016 年版，第 80 页。

② 《胡锦涛文选》第 2 卷，人民出版社 2016 年版，第 80 页。

③ 李强、丁辉文、赵罗英：《怎样理解和认识当前我国新的社会阶层？》，《学习与探索》2017 年第 10 期。

④ 李强、丁辉文、赵罗英：《怎样理解和认识当前我国新的社会阶层？》，《学习与探索》2017 年第 10 期。

会阶层是“新”历史条件下的产物。第二，新的社会阶层是“体制外”的新身份群体。第三，新的社会阶层定义与社会学统计数据口径尽管有所出入，但在社会地位和经济话语权方面，他们占据了重要位置。第四，因前三个方面的特征原因，这一群体在社会交往中处于中心区域，在诸多社会问题上对社会舆论和群体意见能够产生重大影响。基于以上基本特征，以及新的社会阶层在社会经济领域的重要地位和影响力，2006 年 7 月 10 日，胡锦涛在全国统战工作会议上指出，随着经济社会结构的深刻变革，我国社会阶层结构发生了新变化：以知识分子为代表的脑力劳动者，与广大体力劳动者共同组成的工人阶级队伍不断扩大，整体素质普遍提高，从而进一步增强了这一阶级的先进性；农村中，一部分农民离土离乡成为城市化发展的一分子，也有人顺应市场经济发展趋势，而日益成为社会主义新型农民；此外，还出现了大量以知识、技术为资本的新阶层群体。他们的快速分化和迅猛增长，丰富和充实了社会主义市场经济主体，成为推动社会生产力向前发展的一支新兴力量。

这一时期的党中央认为，新世纪新阶段中国共产党统一战线已经“进一步发展成为全体社会主义劳动者、社会主义事业的建设者、拥护社会主义的爱国者和拥护祖国统一的爱国者的最广泛的联盟”①。指出，工人阶级是我们党在任何时候任何情况下，都要全心全意依靠的政治基础，要维护他们的合法权益，不断发展他们的先进性，“充分发挥他们在建设中国特色社会主义事业中的主力军作用”；要积极培育造就有文化、懂技术、会经营的新型农民，他们代表着社会主义新农村建设过程中社会生产力的最新发展方向，是切实巩固和发展新形势下工农联盟的关键所在；新的社会阶层以“社会主义社会建设者”的角色成为党的群众工作的新领域和统一战线工作新的着力点。

据此，胡锦涛强调，做好新的社会阶层人士的统战工作，是我们

① 《十六大以来重要文献选编》（下），中央文献出版社 2008 年版，第 567 页。

处理社会各阶层利益关系时尤其要注意的问题。[①] 在具体工作中要主要做好以下三个方面。第一，正确处理和协调新的社会阶层的利益诉求，全面兼顾和实现社会各阶层、各方面群体的根本利益，关注他们的诉求，倾听他们的声音。第二，尊重他们的劳动创造和创业精神，肯定他们作为新的生产力代表和新的经济增长动力为国家各项建设事业作出的巨大贡献。保障和维护他们的合法权益，集中他们的聪明才智以最大限度调动他们的积极性、主动性和创造性，更好地发挥他们所掌握的各种生产要素在社会建设发展中的作用。第三，以社会主义核心价值观引领他们做合格的社会主义事业的建设者。既要引导他们坚持爱国、敬业、诚信、守法、贡献、致富思源等社会责任，积极回馈社会、造福人民，同时，也要通过扩大有序的政治参与，使他们享有与经济地位相匹配的政治地位，以增强他们的社会影响力，为实现中华民族伟大复兴不断凝聚力量，为实现党和政府与新的社会阶层人士的双向认同，为中央在兼顾国家发展大局的前提下处理好各方面利益关系定下基调。运用社团、社区、网络和活动等途径，更广泛地将新的社会阶层人士团结和凝聚在党和政府周围。[②]

根据胡锦涛的讲话精神，2006 年 7 月 24 日出台的《中共中央关于巩固和壮大新世纪新阶段统一战线的意见》，针对非公有制经济中不断发展壮大的新的社会阶层人士，提出了以下几条具体规定：

> （十八）新的社会阶层人士统战工作的方针和内容。坚持充分尊重、广泛联系、加强团结、热情帮助、积极引导的方针。要密切与新的社会阶层人士的联系，了解和掌握新的社会阶层的发展变化，畅通反映意见建议的渠道，维护合法权益，鼓励和帮助他们发展事业，表彰宣传他们中的先进典型。……（十九）探索做好新的社会阶层人士统战工作的机制和方法。要在党委统一领导

① 《十六大以来重要文献选编》（下），中央文献出版社 2008 年版，第 576—578 页。

② 《胡锦涛文选》第 2 卷，人民出版社 2016 年版，第 482 页。

下，建立由统战部门牵头、党政有关部门参加、社会有关团体参与的联席会议制度，形成开展新的社会阶层人士统战工作的合力。……（二十）建设一支高素质的新的社会阶层代表人士队伍。把新的社会阶层代表人士的培养选拔纳入党外代表人士队伍建设的总体规划，按照有较高政治素质、有较大社会贡献、有较强参政议政能力、在所联系阶层中有较大影响的标准，建立和完善评价体系，有重点地培养选拔，逐步建立一支代表人士队伍。……（二十一）重视发挥工商联在促进非公有制经济人士健康成长和促进非公有制经济健康发展中的作用。工商联是党领导的以非公有制企业和非公有制经济人士为主体的具有统战性、经济性、民间性的人民团体和商会组织，是党和政府联系非公有制经济人士的桥梁纽带，是政府管理非公有制经济的助手。充分发挥工商联在非公有制经济人士参与政治和社会事务中的主渠道作用，就有关问题听取非公有制经济人士的意见和建议。①

（三）统一战线的新特征反映出社会结构的新变化

针对不断变化的社会结构状况，《中共中央关于巩固和壮大新世纪新阶段统一战线的意见》指明，新世纪新阶段党的统一战线呈现出新的特征：空前的广泛性、巨大的包容性、鲜明的多样性和显著的社会性。广泛性体现在随着改革开放进程的不断深入，市场经济条件下的中国社会出现了以知识、技术为劳动资本的新兴社会阶层，统一战线的内涵得以更加丰富充实，又由于“一国两制”指导方针的显著效果，港、澳、台和海外侨胞所组成的爱国者群体，使党的统一战线得以获得空前的发展壮大；包容性体现在新时期党的统一战线能够把不同的党派、民族、阶层、群体、信仰，以及生活在不同社会制度下的全体中国人团结起来，为实现中华民族伟大复兴，求同存异，凝神聚气；多样性体现在人民群众根本利益一致性的基础上，人们在利益诉求、

① 《十六大以来重要文献选编》（下），中央文献出版社 2008 年版，第 576—578 页。

价值取向、思想观念等方面的选择性、自主性和差异性也在不断增强。正是由于以上特征，统战工作所覆盖的领域、范围、层面深入而广泛，因而呈现出明显的社会性。[①] 对四点特性的概括表明了党对新世纪新阶段统一战线的定位和发展的规律性认识，是新时期中国共产党统一战线理论取得的又一重大进展。

2003 年 11 月 22 日，胡锦涛在同全国公安会议部分代表座谈时指出，在改革不断深化、利益格局不断调整的情况下，难免会产生一些人民内部矛盾，且多数与群众切身利益相关。由人民内部矛盾引发的群体性事件的起因多数含有合理要求，许多情况下是由于相关部门和政府机构没有及时做出反应，没有解决问题才导致矛盾由诉求演化为冲突，非对抗性矛盾问题转化为对抗性矛盾问题。[②] 因此，社会关系中的和谐共存方面与矛盾冲突方面都有所表现，对这一时期党的统一战线理论提出了新的挑战。

构建社会主义和谐社会必须正确认识和妥善处理涉及党和国家全局性工作的重大关系，“最根本的是要处理好各方面利益关系”[③]。尽管人民群众的根本利益在整体上是一致的，但也必须看到，不同方面、不同阶层、不同群体也有这样那样的具体利益诉求。据此，中国共产党深刻认识到，“正确认识和处理社会各阶层的关系”是新时期统一战线的主要任务，联系着各党派、各团体、各民族、各阶层和各界人士的统一战线，在构建社会主义和谐社会中需要发挥其重要而独特的作用，为构建社会主义社会和谐作出应有的贡献。[④]

这一时期，党中央与时俱进地提出“全体人民各尽其能、各得其所而又和谐相处”[⑤]。胡锦涛强调，处理好新形势下我国社会各阶层关系的根本在于妥善处理其“利益关系”。首先，党和政府的一切工作都

① 《十六大以来重要文献选编》（下），中央文献出版社 2008 年版，第 566、567 页。
② 《胡锦涛文选》第 2 卷，人民出版社 2016 年版，第 117、118 页。
③ 《胡锦涛文选》第 2 卷，人民出版社 2016 年版，第 470 页。
④ 《胡锦涛文选》第 2 卷，人民出版社 2016 年版，第 470—471 页。
⑤ 《胡锦涛文选》第 2 卷，人民出版社 2016 年版，第 480 页。

要围绕最广大人民群众的根本利益，着力解决人民最关心最直接最现实的利益问题，这是实现“发展为了人民、发展依靠人民、发展成果由人民共享”的根本出发点和落脚点。其次，在社会分配问题上兼顾效率与公平，通过各种生产要素按贡献参与分配，完善基本分配制度，构建合理的社会分配格局，缓解区域发展差距和居民收入分配差距扩大的趋势，以加强和突出社会公平，使社会全体成员稳步迈向共同富裕。最后，从民生出发，给人民群众实实在在的利益，使社会各阶层受益于社会主义的优越性；对人民内部矛盾能够做到坚决依法纠正侵害人民利益的恶劣行为，搭建人民群众意见表达的平台，积极引导他们以理性合法的形式实现利益诉求，解决矛盾冲突。①

四　“互联网＋”创业创新推动统一战线新发展

（一）“大众创业、万众创新”“互联网＋”孕育新的社会阶层

2015 年 3 月，李克强在十二届全国人大三次会议的政府工作报告中正式提出“中国制造 2025”规划。这意味着中国政府将全力推进创新驱动、智能转型、强化基础、绿色发展这四大主轴策略，从而确保中国在 2025 年正式跨进制造强国的门槛，并最终在 2045 年实现具有全球影响力的制造强国。制造业与虚拟时代的结合可能带来全新的生产活动过程，数字自动控制技术在自动化生产过程中的普及将大幅提高生产效率，降低产品定制化的门槛。私人订制与传统大规模生产的边际成本逐渐趋同，规模化工业生产所需要的劳动力将逐渐被自动化机器取代，以个人创意、私人设计为代表的“创客空间”“工作室”将逐渐成为商品生产的主阵地。数字化不仅提供了生产过程所必需的全套产业配置，甚至完成了整合产品供应链资源的工作。中央政府于 2015 年 6 月 11 日颁布了《国务院关于大力推进大众创业万众创新若干政策措施的意见》（以下简称《意见》）。《意见》指出，第一，“大众创业、万众创新”是培育和催生经济社会发展新动力的必然选择。由

---

① 《胡锦涛文选》第 2 卷，人民出版社 2016 年版，第 483 页。

于中国经济发展日益受到资源环境的约束，传统经济发展模式难以为继，经济发展进入新常态，必须从过去的要素驱动、投资驱动转向创新驱动。通过结构性改革、体制机制创新，实现社会生产力与生产关系的新陈代谢和升级换代，支持各类市场主体开办新企业、开发新产品、培育新兴产业，打造小企业“铺天盖地”、大企业“顶天立地”的发展格局，为市场经济提供新引擎、新动力。第二，“大众创业、万众创新”是扩大就业、实现富民之道的根本举措。在建设服务型政府、营造公平竞争创业环境的基础上，创业创新能够为有梦想、有意愿、有能力的包括科技人员、高校毕业生、农民工、退役军人、失业人员等各类市场创业主体，提供能够发挥其能力、专长、兴趣的平台，通过创业增加收入，让更多的人富起来，这将有利于分配结构日趋合理，实现“创新支持创业、创业带动就业”的良性互动发展。第三，“大众创业、万众创新”是激发全社会创新潜能和创业活力的途径。在价值理念和思想观念上塑造“敢为人先、追求创新、百折不挠”的创业精神，厚植创新文化，增强社会创业创新意识，使创业创新成为全社会共同的价值追求和行为习惯。① 作为后发现代化工业国家，实行社会主义市场经济的中国不可能像过去的欧美国家一样，将国内经济发展的问题转嫁到海外，而是必须寻求一个能够实现体制机制自我净化、不断升级的良性循环模式，创业创新就是这个“中国模式”的关键所在。“大众创业、万众创新”既为中国共产党兑现其“共同富裕”的政治承诺提供了有效途径，又为社会中不断出现的“有志阶层”和奋斗者群体营造了良好的政治环境，为扩大党的执政基础积蓄了新的社会力量。同时，党和政府对于创业创新的认同和鼓励，成为社会价值共识，推动了社会经济实践的发展。作为一个学习型政党，《意见》的出台体现了中国共产党极大的政治智慧和政治勇气，并为中国社会经济发展提供了全新的思路。

2015 年 7 月 1 日，《国务院关于积极推进“互联网 +”行动的指

① 《十八大以来重要文献选编》（中），中央文献出版社 2016 年版，第 564—565 页。

导意见》指出，“互联网+”是把互联网的创新成果与社会各领域深度融合，推动技术进步、效率提升和组织变革，提升实体经济创新力和生产力，形成更广泛的以互联网为基础设施和创新要素的经济社会发展新形态。因此，党中央明确提出了在坚持开放共享、融合创新、变革转型、引领跨越、安全有序的基本原则前提下，推进我国“互联网+”行动的发展目标：“到二〇一八年，互联网与经济社会各领域的融合发展进一步深化，基于互联网的新业态成为新的经济增长动力，互联网支撑大众创业、万众创新的作用进一步增强，互联网成为提供公共服务的重要手段，网络经济与实体经济协同互动的发展格局基本形成。”[①]“到二〇二五年，网络化、智能化、服务化、协同化的‘互联网+’产业生态体系基本完善，‘互联网+’新经济形态初步形成，‘互联网+’成为经济社会创新发展的重要驱动力量。”[②]在总体思路上，既要顺应世界“互联网+”发展趋势，也要充分发挥我国互联网的规模优势和应用优势，推动互联网由消费领域向生产领域拓展，将“互联网+”作为新的社会生产力发展方向和增长点，为经济社会发展提供新动能、新优势。在此过程中，尤其要坚持改革创新和市场需求导向，突出企业的主体作用，从广度和深度上推动互联网与经济社会各领域相融合。创新政府服务模式，营造安全的网络环境，提升公共服务水平。[③]

“大众创业，万众创新”以及“互联网+”创业创新、“互联网+”协同制造、“互联网+”现代农业、“互联网+”智慧能源、“互联网+”普惠金融、“互联网+”电子商务，等等，无疑将带来新一轮的社会阶层升级更新，也必然在新业态、新市场、新经济组织中缔造出不同于前面任何历史时期的全新的社会阶层。或许在不久的将来，中国共产党的话语体系中将创造性地出现“社会主义事业创新者”或“社会主义事业创业者”，以不断丰富新时期统一战线的内涵与外延。

---

① 《十八大以来重要文献选编》（中），中央文献出版社2016年版，第591页。

② 《十八大以来重要文献选编》（中），中央文献出版社2016年版，第592页。

③ 《十八大以来重要文献选编》（中），中央文献出版社2016年版，第590页。

（二）新形势下统一战线的一致性和多样性问题

2015 年 5 月 18 日，习近平总书记在中央统战工作会议上提出：做好新形势下统战工作，必须正确处理一致性和多样性关系。统一战线作为一致性和多样性的统一体，充分体现了二者“非一则不能成两，非两则不能致一”的辩证关系。从马克思主义唯物史观的立场出发，习近平指出，一致性和多样性是历史的、具体的、发展的，不能静止地、片面地过于追求一致性或放任多样性，以稳定和巩固统一战线的基础。正确处理二者关系的关键在于坚持求同存异。一方面，要把不断巩固共同思想政治基础，包括已有的共识、推动形成新的共识，作为基础和前提。同时，还要充分发扬民主、尊重包容差异，对其他各种多样性，要尽可能通过耐心细致的工作找到最大公约数。在“求同存异”的同时，还要避免出现以多样性的名义，行危害党的领导、社会主义政权和国家制度，损害国家利益和人民利益的实际问题。在这里，习近平总书记将统一战线比喻为一个同心圆，只要固守住政治底线这个圆心，那么“包容的多样性半径越长，画出的同心圆就越大”①。

习近平总书记强调，对党外人士“任何时候都不能忽视，都不能轻视”。针对党内一部分同志对党外人士的错误认识，比如，将非公有制经济人士视为“社会财富的攫取者、贫富分化的制造者”，习近平总书记强调，我们不能忽视“非公有制经济组织数量已经占到市场主体的百分之九十左右，创造的国内生产总值超过百分之六十”的事实。② 发端于 20 世纪八九十年代的非公有制经济“创一代”群体显著推动了当时我国的社会经济发展，同时也积累了大量财富和创业经验，如今是“创二代”接班的高峰期，如何引导他们接好班，用好财富是统战工作的又一重点。据此习近平总书记专门提到了新形势下党的统战工作需重点团结的新三类人，即留学人员、新媒体中的代表性人士和年轻一代非公有制

---

① 《十八大以来重要文献选编》（中），中央文献出版社 2016 年版，第 561—562 页。
② 《十八大以来重要文献选编》（中），中央文献出版社 2016 年版，第 558、559 页。

经济人士。他特别强调，要促进年轻一代非公有制经济人士健康成长，引导他们“致富思源、富而思进”。另一个值得注意的群体是“新媒体中的代表性人士”。由于近年来网络媒体和数字技术的裂变式发展，新媒体发展之快，覆盖之广，已成为人们获取信息的主渠道，使媒体格局深刻调整，舆论生态发生重大变革。据此，新媒体中的代表性人士成为新形势下中国共产党统战工作的又一重点对象，通过他们将更有利于广泛、快捷、高效引领社会思潮，凝聚社会共识。习近平总书记强调，要在团结和引导“新三种人”的基础上，“加大党外代表人士培养、选拔、使用工作力度”。①

这些新的统战工作对象的出现，充分表明中国共产党能够敏锐察觉变化了的社会结构，在统一战线的工作方法和价值理念上不断除旧立新，在准确把握当下社会各阶级阶层发展动向的同时，积极将这些社会有生力量吸纳进中国特色社会主义的体制内，为统战工作可持续发展奠定了扎实的群众基础和理论根基，增强了新形势下党的社会影响力和凝聚力。

（三）新的社会阶层在统战话语体系中的流变

从1979年到2015年，党的统一战线工作范围随着不同时期“新的社会阶层”的出现而不断扩大（见表1）。

表1　**改革开放以来中国统一战线的工作范围②**

1979年	中国人民政治协商会议成员和各民主党派党员 少数民族人士和宗教界人士 各界爱国力量 知识分子 **原工商业者** 香港和澳门同胞 中国海外团体领袖 外国人士

① 《中央统战会议召开　习近平新提重点团结三类人》，中国日报网，http://www.chinadaily.com.cn/interface/toutiao/1138561/2015-5-23/cd_20783437.html，2015年5月21日。

② “表1”为改革开放以来各个时期中国统一战线的工作范围，黑体字为新增统战对象。

续表

1982 年①	民主党派 无党派知名人士 非党的知识分子干部 起义和投诚的原国民党军政人员 **原工商业者** 少数民族上层人物 爱国宗教领袖人物 去台湾人员留在大陆的家属和亲友 港澳朋友 归国侨胞和海外侨胞
2000 年②	各民主党派成员 无党派人士 党外知识分子 少数民族人士 宗教界人士 **非公有制经济人士** 香港、澳门同胞 台湾同胞、去台湾人员留在大陆的亲属和回大陆定居的同胞 出国和归国留学人员 海外侨胞和归侨侨眷 原工商业者 起义和投诚的原国民党军政人员
2006 年 《中共中央关于巩固和壮大新世纪新阶段统一战线的意见》③	各民主党派成员 无党派人士 党外知识分子 少数民族人士 宗教界人士 非公有制经济人士 **私营企业和外资企业的管理技术人员** **中介组织从业人员** **自由职业人员** 原工商业者 起义和投诚的原国民党军政人员及眷属 港澳同胞 台湾同胞、去台湾人员留在大陆的亲属 出国和归国留学人员 海外侨胞和归侨侨眷

① 《胡耀邦文选》，人民出版社 2015 年版，第 343 页。

② 《十五大以来重要文献选编》（中），人民出版社 2001 年版，第 1492—1493 页。

③ 《十六大以来重要文献选编》（下），人民出版社 2008 年版，第 568 页。

续表

2015 年《中国共产党统一战线工作条例》(试行)①	民主党派成员 无党派人士 党外知识分子 少数民族人士 宗教界人士 非公有制经济人士 **新的社会阶层人士** 出国和归国留学人员 香港同胞、澳门同胞 台湾同胞及其在大陆的亲属 华侨、归侨及侨眷 其他需要联系和团结的人员

从上表整理出的内容来看，1979 年、1982 年中央重新恢复了“原工商业者”在党的统一战线工作范围中的重要地位。伴随着社会主义市场经济的建立和发展，“原工商业者”的身份已经难以概括迅速壮大和不断分化的市场经济主体。因此，在 2000 年的统一战线工作范围中首次出现了“非公有制经济人士”。我们可以将这一时期视为以个体户和私营业主为主体的新的社会阶层 1.0 时代。

而后，江泽民于2001 年在庆祝中国共产党成立八十周年大会上对“新的社会阶层”主体范畴进行了深入阐释，由此奠定了包括民营科技企业的创业人员和技术人员、受聘于外资企业的管理技术人员、个体户、私营企业主、中介组织的从业人员、自由职业人员等“七类人”在内的新的社会阶层 2.0 版本。2006 年，在党的统战话语体系中将他们进一步概括为“六类人”：私营企业主、个体工商户、私营企业和外资企业的管理技术人员、中介组织从业人员、自由职业人员。

由于非公有制经济人士和其他新的社会阶层人士在群体构成、职业特征以及作用发挥方面存在较大差异，尤其是在创新创业背景下，这种差异越发显著。据此，2013 年年初，习近平总书记在十二届全国人大一次会议的讲话中将二者并列提出。在 2015 年印发的《中国共产党统一战线工作条例》(试行) 中，“新的社会阶层人士”被作为新的

① 《十八大以来重要文献选编》(中)，中央文献出版社 2016 年版，第 540 页。

统战对象单列出来。明确了当前新的社会阶层人士主要包括四个群体：

> 民营企业和外商投资企业管理技术人员：指受聘于私营企业和外资企业，掌握企业核心技术和经营管理专门知识的人员。
>
> 中介组织和社会组织从业人员：包括律师、会计师、评估师、税务师、专利代理人等提供知识性产品服务的专业机构从业人员，以及社会团体、基金会、民办非企业单位从业人员。
>
> 自由职业人员：指不供职于任何经济组织、事业单位或政府部门，在国家法律、法规、政策允许的范围内，凭借自己的知识、技能与专长，为社会提供某种服务并获取报酬的人员。
>
> 新媒体从业人员：是指以新媒体为平台或对象，从事或代表特定机构从事投融资、技术研发、内容生产发布以及经营管理活动的人员，包括新媒体企业出资人、经营管理人员、采编人员和技术人员等。①

2020 年 12 月 21 日发布的《中国共产党统一战线工作条例》增加了“新的社会阶层人士统一战线工作”一章，强调要坚持信任尊重、团结引导、组织起来、发挥作用的思路，发挥新的社会阶层人士在建设中国特色社会主义事业中的重要作用。② 这四类群体区别于此前划定的统战范畴。原来所讲的“私营企业主、个体工商户”不再被称为“新的社会阶层人士”，而是被归入了“非公有制经济人士”。因此，从某种意义上来讲，狭义范畴的新的社会阶层是统战工作中的四类具体对象，但广义范畴的新的社会阶层则指代改革开放以来不断涌现的更大规模的经济群体。

① 《中国共产党统一战线工作条例》，中华人民共和国中央人民政府官方网站，http://www.gov.cn/zhengce/2021-01/05/content_5577289.htm，2021 年 1 月 20 日。

② 新华社：《新时代统一战线工作的基本遵循——中央统战部负责人就〈中国共产党统一战线工作条例〉答记者问》，中华人民共和国中央人民政府官方网站，http://www.gov.cn/zhengce/2021-01/05/content_5577381.htm，2021 年 1 月 5 日。

为把以上四类群体更加广泛地团结和凝聚起来，加强新的社会阶层人士统战工作，2016年7月，在中国共产党成立95周年之际，经中央统战部认真研究并报中央，在原有工作力量的基础上组建了八局——“新的社会阶层人士工作局”。其主要职责包括：联系和培养新的社会阶层代表人士，了解其思想状况，反映意见建议；开展相关领域工作调研并提出政策性意见；统筹协调有关单位，联系指导有关人民团体、统战团体、社会组织开展具体工作；承担新的社会阶层人士统战工作联席会议办公室的日常工作。这是中央统战部近11年来首次设立的正局级部门，是中国共产党统一战线工作的历史性的重大举措。① 这意味着，中国共产党统一战线理论在“互联网+”创新创业时代背景下，确立了以“求同存异”为价值取向，“团结、引导、选拔、培养”为实现途径，以帮助新的社会阶层人士解决创业发展中的现实困难和需求的战略性方针。

在评估和认定新的社会阶层的过程中，党的统战工作实现了自我完善的动态发展，并最终形成了由“全体社会主义劳动者、社会主义事业建设者、拥护社会主义爱国者、拥护祖国统一和致力于中华民族伟大复兴的爱国者”② 所组成的最广泛联盟。新的社会阶层的发展壮大及其具体类群的划定，与时俱进地发展了毛泽东在抗日战争时期联合“工、农、兵、学、商和其他一切爱国人士”③ 等社会阶层所组成的统一战线同盟——在中国社会历史发展的关键时期，将个人的价值观念、利益诉求与国家发展之需融为一体，将个人的前途命运与民族复兴的

---

① 沙雪良：《统战部11年后再设新局　负责新社会阶层人士工作》，新浪网，http://news.sina.com.cn/o/2016-07-05/doc-ifxtrwtu9870823.shtml，2016年7月5日；廉维亮：《中央统战部成立社会阶层人士工作局》，人民政协网，http://www.rmzxb.com.cn/c/2016-07-06/903445.shtml，2016年7月6日。

② 《十八大以来重要文献选编》（中），中央文献出版社2016年版，第539页。

③ 1948年3月1日，毛泽东在《关于民族资产阶级和开明绅士问题》一文中指出："学"，即是指一切受迫害、受限制的知识分子。"商"，即是指一切受迫害、受限制的民族资产阶级，即中小资产阶级。"其他爱国人士"，则主要地是指的开明绅士。所谓劳动人民，是指一切体力劳动者（如工人、农民、手工业者等）以及和体力劳动者相近的、不剥削人而又受人剥削的脑力劳动者。（《毛泽东选集》第4卷，人民出版社1991年版，第1287页。）

使命兼顾起来，使发端于新民主主义革命时期的统一战线理论具有了新的时代意义。而毛泽东在新民主主义革命时期所创立的实现社会各阶级阶层“各得其所”的执政理念和政权建设原则，在改革攻坚时期体现为党和政府已经具有了营造“统筹各方面利益关系，充分调动各方面积极性，努力形成全体人民各尽其能、各得其所而又和谐相处的局面”[①] 的自觉意识，彰显出中国特色社会主义新的社会阶层理论的社会整合力。

① 《十八大以来重要文献选编》（上），中央文献出版社 2014 年版，第 7 页。

第四章

中国特色社会主义新的社会阶层理论的价值意蕴

改革开放以来，党中央通过重新确立新时期的社会主要矛盾，回答了“什么是社会主义，如何建设社会主义”的根本问题。在社会主义市场经济条件下，丰富多样的所有制结构与多元化的利益分配格局高度适应了多层次的生产力发展要求。社会阶层结构图示得以不断丰富。从毛泽东的新的社会阶层理论到中国特色社会主义新的社会阶层理论，中国共产党的新的社会阶层理论在与时俱进地发展过程中实现了历史与逻辑的统一，补充和丰富了中国特色社会主义理论体系。2013 年 1 月，习近平总书记指出，随着中国特色社会主义的不断推进和发展，我们的制度必将愈益成熟，进一步彰显出其优越性，我们的道路必将更加宽广，对世界的影响必将越来越大。这正是我们道路自信、理论自信、制度自信所在。① 这种自信来源于社会主义国家现代化建设和发展过程中丰富的实践经验。

第一节　新时期中国共产党团结动员人民群众的理论着眼点

一　彰显中国化马克思主义阶级分析理论的时代特色

马克思恩格斯对社会历史发展的分析受到时间和空间两方面的局限。纵向来看，新的社会形态还孕育在旧的社会形态的母腹中，社会主义在当

① 《十八大以来重要文献选编》（上），中央文献出版社 2014 年版，第 111 页。

时全世界范围内还没有真正实践，马克思恩格斯对社会主义的描述建立在资本主义生产条件的基础上。按照马克思的设想，社会主义革命应当在工业发达、生产力迅速提高、工会组织日益成熟的欧洲资本主义国家发生，它们为社会主义革命爆发做好了生产力和革命力量上的充分准备。然而，资本主义最发达的欧洲列国没有成为理想的试验田，正如马克思在《政治经济学批判》序言中所说，“无论哪一个社会形态，在它所能容纳的全部生产力发挥出来以前，是决不会灭亡的”①，资本主义社会形态在其全部生产力发挥出来以前也是不会灭亡的。历史证明，西欧资本主义国家沿着社会历史发展的自然轨迹给予了资本主义充分发挥生产力的空间，随着劳动分工的细化以及科学技术的新发展，原有的社会阶级不断分裂出新的阶层，资产阶级和无产阶级的人数比例逐渐缩小，中间阶级逐渐壮大起来。推行股份制、扩大选举权、建立社会福利体系等一系列举措又使多元化的社会阶层在经济利益、政治权益以及社会公共事务等方面达成利益共识，阶级矛盾逐渐被淡化，阶级关系得以改善，社会秩序在发展过程中相对平稳。

横向来讲，尽管马克思的研究对东方国家在 19 世纪中叶的处境有所涉及，但东方封建宗法制度和殖民地性质的小农国家，各自都有着不同于西方社会的民族特点，马克思恩格斯没有预料到，无产阶级革命会在东方落后国家发生甚至取得政权。第一次世界大战为生产力并不发达的俄国提供了社会革命的契机，列宁领导的布尔什维克党率先举起了社会主义的大旗，并开始了漫长而艰难的社会主义探索之路。正是在俄国社会主义革命以及建设发展的艰难过程中，列宁逐渐认识到，理论与实践、一般规律与民族特点、马克思主义普遍真理与俄国特殊国情的辩证统一。② 这一认识为各落后殖民地国家的民族革命提供了理论参考——只有当马克思主义一般理论与各国具体国情相结合，理论之花才能结出实践之果。因此，也正是在列宁所领导的俄国社会主义实践过程中，确立了阶层分析与阶级分析

---

① 《马克思恩格斯选集》第 2 卷，人民出版社 1995 年版，第 33 页。

② 王东：《改革之路的真正源头》，北京大学出版社 1990 年版，第 191 页。

相结合，并作为整合社会力量为建设社会主义国家服务的系统方法论，二者共同构成了马克思主义阶级分析理论中有机联系、互为补充的两个方面。这一方法经由中国特色的历史实践和演绎，具有了中国化特征。

新民主主义革命时期，毛泽东灵活运用马克思主义阶级分析理论，描绘出了在半封建半殖民地的特殊历史条件下，我国“两头小，中间大”的阶级结构形态。这幅反映出当时社会结构特征的图示，作为中国化马克思主义阶级分析方法与阶层分析方法有机结合的理论创新，在坚持所有制结构决定分配和收入状况的基础上，将封建地主阶级和官僚买办阶级视为新民主主义革命的对象，将处于领导阶级和革命对象之间占中国人口 90% 以上的各阶级阶层，视为革命力量和动员对象。为达此目的，毛泽东强调在半封建半殖民地特殊境遇中，作为现代工业社会的标志性的资产阶级和无产阶级的成长和发展并不顺利，占人口绝大多数的农民和小资产阶级的生活状况每况愈下，由收入状态所决定的经济地位对各阶层群体革命态度有着十分重要的影响。根据中国社会实际，毛泽东将资产阶级划分为代表国际帝国主义势力的“官僚买办阶级”和对新民主主义革命摇摆不定的“中间阶级”这样两个阶层；按照不断变化的社会主要矛盾，将小资产阶级划分为对革命持“怀疑”“中立”和“左翼”的代表三种政治立场的派别；根据农业生产和农村社会的分化状态，将农民阶级划分为富农、中农、贫农等阶层，得出了农民阶级是中国革命主力军的创新性概念；在革命实践中，毛泽东敏锐地意识到农村中的富农和小地主、城市中的民族资产阶级亦即中国城乡中的“中间阶级”（实际上是“中国城乡中间阶层”）在动员人民群众中的重要作用，从而创新出了中国化社会阶级分析理论，实现了马克思主义阶级分析理论的结构性创新，彰显出马克思主义基本原理与中国实践相结合的强大理论魅力，为改革开放以后党的新的社会阶层理论的发展、丰富和创新提供了宝贵的思想资源。

1938 年 10 月，毛泽东指出，“马克思主义必须和我国的具体特点相结合并通过一定的民族形式才能实现”，对于中国共产党来说，最大的问题在于“使马克思主义在中国具体化，使之在其每一表现中带着必须有的中国的特性，即是说，按照中国的特点去应用它”。[①] 这段话实际上反映了毛泽东在运用马克思主义基本原理解决中国问题时，所体现出的实事求是、理论联系实际以及具体问题具体分析的品质特征。要解决中国自己的问题必须把屁股坐在中国身上，以毛泽东为代表的中国共产党人立足于半殖民地半封建的特殊社会历史条件，通过对中国社会阶级矛盾关系的深入调查，发现了“两头小，中间大”的阶级结构特征，从而区别于马克思着重关注的阶级结构变化对社会的影响。[②]“两头小，中间大”这一具有民族特征的阶级结构是对当时中国社会主要矛盾的客观反映，它蕴含着丰富的新民主主义理论因素，为毛泽东阶级分析理论的形成、发展和丰富提供了现实依据。

改革开放以来，我国经济社会的重大转向，引起了社会关系结构的剧烈变动。如何看待计划经济体制之外的非公有制经济成分及其从业人员，是摆在中国共产党人面前不可规避的理论难题。邓小平率先突破姓资姓社的意识形态窠臼，勇敢地承认商品经济的合理性和非公有制经济从业人员的合法性，为后来新的社会阶层理论的形成、发展和创新铺垫了基础。2002 年，江泽民在党的十六大报告中将“在社会变革中出现的民营科技企业的创业人员和技术人员、受聘于外资企业的管理技术人员、个体户、私营企业主、中介组织的从业人员、自由职业人员等社会阶层”[③] 统称为中国特色社会主义事业的建设者。表明中国共产党人在汲取毛泽东统一战线理论经验的基础上，敏锐察觉到中国经济体制转型、社会关系结构变迁过程中，新的社会阶层是重要的社会力量，更是关系着社会结构稳定与否的一个重要的政治主体。沿着解放思想、实事求是的思想路线，党中央赋予新的社会阶层以“社会主义事业建设者”的合法性地位，充分尊重这部分群体的特征和需求，对其通过勤劳致富、合法经营予以鼓励，增强了他们自

① 《毛泽东选集》第 2 卷，人民出版社 1991 年版，第 534 页。

② 韩步江：《毛泽东阶级分析法理论的回顾与反思》，《湖南科技大学学报》（社会科学版）2006 年第 9 期。

③ 《十六大以来重要文献选编》（上），中央文献出版社 2005 年版，第 11—12 页。

我认同的政治意识和社会意识，极大地调动起他们投身社会主义事业建设的积极性，巩固了新时期执政党的阶级基础。中国共产党新的社会阶层理论也实现了新时期阶级分析与阶层分析的有机融合与相互建构，阶层分析对阶级分析的补充，使我们既能宏观把握我国社会结构的发展变动趋势和特征，又得以通过微观考察分析，找到促进社会稳定发展的关键群体，体现出中央政府在市场经济条件下应对新的社会问题、新的社会阶层的学习能力和适应能力。

二　把握新中国成立以来我国社会主要矛盾的具体发展

实践表明，在社会历史发展的不同阶段，社会主要矛盾的具体表现形式及其特点都不一样，能否正确判断社会主要矛盾的特征和变化趋势，深刻影响着中国社会主义革命、建设和发展的根本方向。改革开放以来，随着社会阶层分化发展，形成了新矛盾、新需求、新阶层三位一体的实践发展轨迹，以及与之相对应的理论发展逻辑。

（一）先进的社会主义制度同落后的社会生产力之间的矛盾

毛泽东曾指出，当前我们社会的主要矛盾同旧社会的矛盾、同资本主义社会的矛盾存在根本性质上的区别，“它不是对抗性的矛盾”，而是通过社会主义制度本身的调节，不断得到解决。① 1956 年 9 月，党的八大正确分析了国内主要矛盾和国内形势的变化，提出了全党的注意力应当放在通过社会主义革命解放生产力方面。刘少奇在会上作政府工作报告，他指出：“在基本完成社会主义改造以后，中国社会阶级关系出现了历史性变化，原来剥削农民的地主和富农，正在被改造成为自食其力的新人；民族资产阶级分子正处在由剥削者变为劳动者的转变过程中；广大的农民和其他个体劳动者，已经变为社会主义的集体劳动者；工人阶级已经成为国家的领导阶级。”② 基于以上社会各阶级阶层的历史性变化，加之这些“新建立的生产关系在某方面还不完善”③，我国“国内的

---

① 《毛泽东文集》第 7 卷，人民出版社 1999 年版，第 213 页。

② 《中国共产党历史》第 2 卷（1949—1978）上册，中共党史出版社 2011 年版，第 396 页。

③ 《中国共产党历史》第 2 卷（1949—1978）上册，中共党史出版社 2011 年版，第 395 页。

主要矛盾是人民对于建立先进的工业国的要求同落后的农业国的现实之间的矛盾，是人民对于经济文化迅速发展的需要同当前经济文化不能满足人民需要的状况之间的矛盾"，其实质就是"先进的社会主义制度同落后的社会生产力之间的矛盾"。① 在这里，党中央明确了我国生产力水平还很落后的基本国情，将社会主义社会的主要矛盾视为生产关系和生产力、上层建筑和经济基础相互适应、调整下的非对抗性矛盾，从而根本区别于旧社会制度主要矛盾，意味着党的工作重心和根本任务随着革命战争的结束而转向经济建设。同时，中央提出，应在新的生产关系下积极保护和发展生产力，赋予社会各阶级阶层社会主义劳动者的身份，调动起他们对社会主义国家建设的积极性。

以毛泽东同志为核心的党的第一代中央领导集体，遵循社会生产力与生产关系相适应的基本规律，正确把握社会主要矛盾特征和不断变化的社会关系结构，将工人阶级与工农联盟及其他劳动人民联盟以外的联系，尤其是"同民族资产阶级继续保持经济上、政治上的联盟"作为社会主义革命阶段的一种新的确定，② 实际上为执政党在以后的经济体制改革和社会结构转型过程中，如何看待和把握新的社会矛盾条件下日益多元的社会阶层群体，提供了一种具有"内在连续性"的理论资源，奠定了社会主要矛盾、人民群众的现实需求、新社会群体"三位一体"的发展逻辑，真正做到了科学合理地利用对社会主义有利的因素，延续了中国共产党对社会各阶级阶层兼容并包、合同共建的一贯理路。③

---

① 《中国共产党历史》第2卷（1949—1978）上册，中共党史出版社2011年版，第396页。

② 《中国共产党历史》第2卷（1949—1978）上册，中共党史出版社2011年版，第262页。

③ 当时的中央按照"三个主体，三个补充"的方针来调整经济关系，适当放宽了对分散经营的政策，强调同人民生活密切相关的个体手工业、小商店、小摊贩、小挑贩，要长期保持单独经营；放宽市场管理，允许企业实行一定程度的自由选购和自由推销，允许完成统购和定购任务以后的一部分农产品进入自由市场。社会经济出现了短暂活跃，个体户也有明显增长。以上海为例，1956年9月份个体手工业户有1661户，10月份即增加到2885户，到年底增加到4236户。其中还出现自发经营的较大的手工业个体户和手工工场，人们称之为"地下工厂"，也出现了"地下商店"。［《中国共产党历史》第2卷（1949—1978）上册，中共党史出版社2011年版，第404页。］

（二）人民日益增长的物质文化需要同落后的社会生产力之间的矛盾

1976年，粉碎"四人帮"反革命集团以后，经过真理标准的大讨论，中央否定了"无产阶级专政下继续革命的理论"，恢复和发展了党的八大对社会主要矛盾的表述，指出：中国社会的主要矛盾是"人民日益增长的物质文化需要同落后的社会生产之间的矛盾"，这为中国共产党在全面总结正反两方面历史经验的基础上，探索一条符合我国基本国情和时代要求的社会主义道路打下了根基。

1. 社会主义社会主要矛盾的内在不适应性

1978年12月，党的十一届三中全会在北京举行。全会一致同意"把全党工作的着重点和全国人民的注意力转移到社会主义现代化建设上来"[①]，作为一场广泛而深刻的革命，它要求我们必须大力提高社会生产力，多方面地改变不适应生产力发展的，包括管理方式、活动方式和思想方式在内的一切生产关系和上层建筑，标志着中国现代化国家治理步入正轨。中央指出，须严格区别和处理两类不同性质的矛盾，以稳定社会主义现代化建设所需要的安定团结的政治局面；对于经济管理体制权力过于集中的严重缺点，全会明确提出：在国家统一计划的指导下，应该有领导地大胆下放更多经营管理自主权给地方和工农业企业。同时，中央强调，应"按经济规律办事，重视价值规律的作用"，以最终达到"充分发挥中央部门、地方、企业和劳动者个人四个方面的主动性、积极性、创造性"。这一提法为经济发展建设的各个环节确立了基本指导原则。邓小平在全会召开以前作了题为《解放思想，实事求是，团结一致向前看》的发言，将"技术革新进行得怎么样，劳动生产率提高了多少，利润增长了多少，劳动者的个人收入和集体福利增加了多少"[②]作为这一原则下衡量先进经济管理方法的新的标准。对"劳动者个人收入"的关注，是继新民主主义时期毛泽东提出人民"各得其所"以后重

---

① 《三中全会以来重要文献选编》（上），中央文献出版社2011年版，第3—4页。

② 《邓小平文选》第2卷，人民出版社1994年版，第150页。

新将物质利益与劳动者个人联系起来，强调经济利益与人民群众劳动积极性之间的密切联系，意味着新时期的社会利益格局以及建立其上的社会关系结构将发生重大变化。邓小平指出，我们当前的中心任务，就是要解决生产力发展水平难以满足人民和国家需要这一主要矛盾，[①] 党的三中全会决定把工作重心转移到社会主义现代化建设方面来，实际上已经解决了党和人民所面临的主要问题和中心任务。

在重新确立社会主义社会主要矛盾的基础上，邓小平还指出了社会主义社会主要矛盾在新的历史发展阶段的具体体现。随着党和政府工作重心全面转向经济建设，社会生产力迅猛提升，过去全部庞大的生产关系和上层建筑与新的生产力发展不相适应，表现为作为社会主义基本制度实现形式的传统计划经济体制对新时期社会生产力发展的严重阻碍。邓小平深刻意识到生产关系与上层建筑如果不能伴随生产力发展而进行自我调整，那么将阻碍生产力发展以及社会全面进步，甚至危及我国社会主义的前途命运。[②] 邓小平对我国社会主义初级阶段主要矛盾的科学研判，标志着中央对阶级关系的认识发生了重要转向。1979 年 3 月，邓小平提出："我们反对把阶级斗争扩大化，不认为党内有一个资产阶级，也不认为在社会主义制度下，在确已消灭了剥削阶级和剥削条件之后还会产生一个资产阶级或其他剥削阶级。"[③] 在处理各种利益关系时，必须按照统筹兼顾的原则。当时全民所有制单位在计划外使用的农村劳动力有五百万人，这部分劳动力大批涌进城市，而城镇本身又有大量人员待业。对此，中央提出："要广开就业门路，发展手工业、商业、服务业、饮食业，发展旅游业、城市公用事业和园林绿化事业"[④]。这些后来被统称为"第三产业"的发展，在为城乡劳动力过剩提供新的出路的同时，也造就了新的社会身份群体以充实中国社会阶级阶层结构。1980 年 1

① 《邓小平文选》第 2 卷，人民出版社 1994 年版，第 182 页。

② 董树：《邓小平对社会主义基本矛盾分析的新贡献》，《陕西师范大学学报》（哲学社会科学版）1998 年第 S2 期。

③ 《邓小平文选》第 2 卷，人民出版社 1994 年版，第 168 页。

④ 《三中全会以来重要文献选编》（上），中央文献出版社 2011 年版，第 117 页。

月，邓小平在总结党的三中全会以来在经济方面取得的成绩时指出：在调整、改革、整顿、提高的八字方针指导下，国民经济有了显著提高。职工工资提高了，“开辟了相当规模的多种多样的就业门路，去年一年就安排了社会待业人员七百万人以上”①。由此，新时期中国社会阶级和阶层结构发生了重大转变——从业于非公有制经济领域中的新的社会阶层和经济群体开始逐步形成，并迅速发展壮大。

邓小平关于社会主义社会主要矛盾及其具体表现形式的认识，体现了这一时期社会主要矛盾具有内在不适应性的特点。这种不适应性将聚焦点集中在生产力和生产关系的矛盾上，着眼于社会主义制度内部的矛盾性，从生产力发展的基本要求和社会主义根本制度的前提出发，确立了社会主义市场经济是我国生产力发展的根本途径。通过国家积极干预与“市场”这只看不见的手在经济领域的调节作用，逐步放开指令性计划经济对各个领域生产自主权的束缚，允许并容纳更多新的经济成分和生产关系的出现和发展。同时，邓小平对社会主要矛盾的进一步认识也为进入新时期以后中央高度重视社会主要矛盾出现的新变化和新特征，并针对新问题新情况“对症下药”确立了基本方法。

2. 新时期我国社会主要矛盾的广泛性和深刻性

20 世纪 90 年代，中国建立了社会主义市场经济体制，社会分工日益精细化，非公有制经济迅速发展壮大，新的社会阶层不断涌现，为中国的经济发展注入了新鲜活力。这一时期，党中央一方面强调我国的社会主要矛盾仍然是“人民日益增长的物质文化需要同落后的社会生产之间的矛盾”，党和政府的一切工作都必须围绕解决这一矛盾而展开。另一方面，党中央深刻认识到，多层次生产力水平对多元化生产关系的需求，导致了社会矛盾关系的深刻变化。社会阶层结构日益丰富，出现了代表不同利益诉求的群体，社会主要矛盾因而呈现出广泛性和深刻性的新特点。而生产关系的深刻变化发展反过来又对生产力的变革和创新提出了新的要求。

① 《三中全会以来重要文献选编》（上），中央文献出版社 2011 年版，第 271 页。

新时期以来，随着市场经济体制扎根社会主义制度的土壤，在平衡社会主要矛盾的同时，也引发了一些新的社会矛盾，诸如经济发展不均衡、不全面、不具持续性的问题，经济发展以生态环境为巨大代价的问题，另外还包括贫富差距拉大，权力寻租导致出现既得利益群体，社会资源分配不均等社会不公平问题。这些都是触及生产关系、上层建筑与生产力是否相适应的深层次问题，在以往的改革中少有涉及。2003 年，胡锦涛在同第二十次全国公安会议部分代表座谈时指出，要正确处理改革、发展、稳定这三者的关系，必须“自觉把改革的力度、发展的速度、社会可承受的程度统一起来，真正做到在社会稳定中推进改革发展，通过改革发展促进社会稳定”①。2010 年 9 月，胡锦涛在亚太经济合作组织人力资源开发部长级会议上作题为《深化交流合作，实现包容性增长》的致辞，他提出，“我们应该朝着生产发展、生活富裕、生态良好的目标，坚持发展经济，着力转变经济发展方式，提高经济发展质量，增加社会财富，不断为全体人民逐步过上富裕生活创造物质基础”，与此同时，“应该坚持社会公平正义，着力促进人人平等获得发展机会，逐步建立以权利公平、机会公平、规则公平、分配公平为主要内容的社会公平保障体系，不断消除人民参与经济发展、分享经济发展成果方面的障碍”。② 立足于社会现实和经济发展中的具体问题，党中央对我国社会主要矛盾的认识得以不断深化发展。

从历史经验教训来看，中国共产党对社会主要矛盾的正确认识决定了社会经济发展的连续性与政权的稳定性，同时也有过由于政策上的“非连续性”而导致经济发展迟滞、社会结构断裂的问题。社会主义建设的前三十年中国付出了高昂的社会代价③，但在客观上为新一届中央

① 《胡锦涛文选》第 2 卷，人民出版社 2016 年版，第 118 页。

② 《胡锦涛文选》第 3 卷，人民出版社 2016 年版，第 432 页。

③ 社会主义国家建设前二十多年在经济问题上最主要的教训，也是改革开放初期中国经济发展举步维艰的症结所在：第一，没有真正集中精力搞经济，政治斗争主导了正常的社会经济生活；第二，经济建设犯了产品不对路，即生产跟社会需要长期脱节的错误；第三，高度集中的管理体制严重束缚了生产力的发展，无论是个人还是企业都缺乏生产经营的自主权。（《胡耀邦文选》，人民出版社 2015 年版，第 150—155 页。）

政府提供了“市场化”的政治资本——动员能力极强的现代国家体制，其动员、渗透能力由中央垂直向下直达最基层群众组织，积蓄了十分强烈的国家发展意识，中央政府享有“举一国之力”调动全国资源集中配置使用的正当性。国计民生中最重要的土地资源的国有化和掌握国民经济命脉的国有企业，为改革开放的社会主义基本属性提供了制度保障。从这一角度出发，仍然可以将新中国成立初期的社会历史发展看作与前后历史阶段相接续的重要部分，这对于理解改革开放以后社会经济转型，新的社会阶层不断涌现提供了逻辑上的重要支撑。

（三）人民日益增长的美好生活需要和不平衡不充分的发展之间的矛盾

2002 年，党的十六大报告指出，我们“现在达到的小康还是低水平的、不全面的、发展很不平衡的小康，人民日益增长的物质文化需要同落后的社会生产之间的矛盾仍然是我国社会的主要矛盾”①。“不全面、发展很不平衡”表明，经过 20 世纪八九十年代的发展，社会主义市场经济条件下的中国社会关系结构已经发生变化，城乡区域经济发展不平衡，收入分配差距逐渐拉大，社会利益格局多元分化，尽管没有根本改变我国社会主义初级阶段的基本国情，但社会主要矛盾出现了新的特征。据此，党的“十二五”规划将在今后相当长一段时间内，努力平衡人民加速过快增长的物质文化需求与社会生产之间的关系，作为建设中国特色社会主义的主要任务。2017 年 10 月 18 日，习近平总书记在党的十九大报告中指出，“中国特色社会主义进入新时代，我国社会主要矛盾已经转化为人民日益增长的美好生活需要和不平衡不充分的发展之间的矛盾”。人民日益增长的美好生活需要表现在，不仅对物质文化生活提出了更高要求，在民主、法治、公平、正义、安全、环境等方面的要求也日益增长。尽管社会生产力水平总体上显著提高，但发展不平衡不充分的问题，成为了满足以上社会需求的制约因素。②

① 《十六大以来重要文献选编》（上），中央文献出版社 2005 年版，第 14 页。

② 《中国共产党第十九次全国代表大会文件汇编》，人民出版社 2017 年版，第 9 页。

从“人民对建立先进工业国的需求”“人民日益增长的物质文化需要”到“人民日益增长的美好生活需要”，中国社会主要矛盾始终伴随着社会经济发展阶段性特征的变化而变化，深刻反映了马克思主义理论中生产力与生产关系、“生产”与“需求”的矛盾运动关系。生产力的提高必然引起生产关系的调整，新的生产关系制造了新的社会需求，而“需求”既作为马克思价值理论的生产内因[①]贯穿“生产—消费—再生产”的整个过程，又是将生产力从束缚其发展的旧生产关系中解放出来，推动经济发展的根本动力。社会生产力不断发展进步而出现的各种各样的新社会群体，就是生产关系适应生产力发展而调整自身的最为明显的标志。将“社会需求和谐”[②]作为经济发展的基础，动员社会各类经济主体，为新兴生产力成长开辟更大空间，从而形成新矛盾、新需求、新阶层三位一体的社会发展动力运行机制，与我国经济社会的发展实际高度符合。作为贯穿中国共产党新的社会阶层理论发展始终的基本内涵，这一发展思路，彰显出中国化马克思主义社会历史观的新特征。

三　“新的社会阶层”从更高层面恢复和发展“中间阶级”

以农业为基础的传统中国社会，由于生产力落后，导致落后的生产关系又反过来成为束缚生产力发展的严重阻碍，使近代中国社会在世界历史转向现代化的过程中，始终处于“刺激—反应”的被动地位。即使出现了代表新的生产力发展方向的社会阶层，也很难在庞大的生产力基础发生重大变革以前成为社会发展的主导因素。正因如此，毛泽东才会在新民主主义革命时期提出，中国的民族资产阶级作为近代以来的“新产生的”阶级，属于“帝国主义侵入中国以来所发生的变

① 钟华祥、徐琴玉：《需求是马克思价值理论的生产内因》，《经济研究导刊》2012 年第 2 期。

② “社会需求和谐”总是“社会需求者”（包括“社会需求者关系”）以及不同“社会需求关系”之间的和谐。包括个体需求与整体需求、社会各阶层之间的需求关系、区域之间发展需求等的平衡和协调。鲍宗豪：《论马克思主义的社会需求理论》，《马克思主义研究》2008 年第 9 期。

化的一个方面"[①]，这就决定了"资本主义经济在中国社会中会有一个相当程度的发展"[②]，这不仅"是经济落后的中国在民主革命胜利之后不可避免的结果"[③]，而且也构成了中国新民主主义国家体制中的一个重要因素。在毛泽东看来，民族资产阶级是变化了的生产关系结构中新的部分，对活跃中国社会经济起着重要作用，并对即将迈入的全新社会历史阶段的生产力发展方向具有重要意义。毛泽东正是抓住了这个关系着中国生产力发展、社会主要矛盾变化的关键部分，从而创新出以民族资产阶级为核心的"中间阶级"概念。

"中间阶级"与今天中国共产党话语体系中的"新的社会阶层"有着千丝万缕的联系，二者既有相同之处，也存在差异性。简单概括其相同点在于，二者都是各自时代背景下中国共产党统一战线理论的原创概念，他们的出现不仅充实和丰富了人民群众的内涵，而且成为中国共产党实现社会认同、整合社会力量、完成历史重任的同盟者。差异性则在于，二者所指向的具体的、历史的对象有所不同，因此，实践内容也就不尽相同："中间阶级"是在新民主主义革命历史条件下，以城乡民族资产阶级为代表，最广泛争取和团结到的具有革命意愿的阶层群体；"新的社会阶层"则发端于改革开放，尤其是市场经济体制下所有制多元化发展，形成了主要由非公有制经济人士和自由择业知识分子组成，集中分布在各类新经济组织、新社会组织中的群体。在新阶段新形势下，中国共产党一方面通过"共同富裕"的价值共识，力求通过扩大中等收入者比重，塑造"橄榄型"社会分配结构格局，保障社会公平正义，从而获得新的社会阶层对我国社会主义制度和执政党的认同。另一方面，通过完善统一战线、人民政协等民主政治制度，搭建与新的社会阶层代表人士的沟通平台，加强了党和政府与他们的联系；运用中国特色社会主义基本政治制度的包容性，将新的社会阶层中的优秀分子吸收进党的基层组织，巩固了党在

① 《毛泽东选集》第2卷，人民出版社1991年版，第627页。
② 《毛泽东选集》第2卷，人民出版社1991年版，第650页。
③ 《毛泽东选集》第2卷，人民出版社1991年版，第650页。

新时期的执政基础。以上两方面构成了新的社会阶层与既有制度体系双向认同的重要路径。

第二节　中国共产党整合社会阶层实现双向认同的价值建构路径

为在一定历史阶段整合社会各阶级阶层，以实现人民大众与既成制度的双向认同，中国共产党人不断探索，最终形成了“各得其所”“共同富裕”“共享发展”的核心价值链。这些凝结了社会共识的核心价值诉求，是为解决老百姓具体的现实的利益诉求而总结提炼出的价值共识，反映了不同历史时期人民群众的迫切愿望和真实心声，兼顾了社会各阶级阶层的利益诉求。作为中国共产党的最高政治夙愿，它们一经提出便成为引领当时社会思潮的思想旗帜，将中国特色社会主义事业的劳动者、建设者、爱国者以及奋斗者牢牢团结为一体，从人民主体的广泛性、深刻性来讲，最大程度体现了社会公平正义。因此，通过建构社会核心价值体系实现以人民为中心的发展，成为中国特色社会主义新的社会阶层理论的题中之义。在讲求经济发展效率的今天，提醒中国共产党人时刻保持一个人民政党的初心，是其执政基础得以不断巩固的前提。

一　“各得其所”：新民主主义革命时期整合社会各阶级阶层

列宁曾指出，具体情况具体分析是马克思主义最本质的东西，是其活的灵魂。[①] 中国社会经济形态的特殊性与中国革命的民族特征决定了中国共产党领导下的无产阶级新民主主义道路必须率先完成资产阶级性质的民主革命，再逐渐向社会主义过渡。现实的需求迫使以毛泽东同志为代表的中国共产党人在阶级分析的基础上，对社会各阶级尤其是资产阶级进行再分层。这一时期，毛泽东已经深刻意识到，中国

① 《列宁全集》第39卷，人民出版社1986年版，第128页。

的资产阶级是与无产阶级共同伴随着帝国主义的侵略以及外来资本的唤醒而成长起来的新的阶级。中国共产党必须推动这些以分散的农村个体经济与城市私人经济为主体的群体融入新的制度体系。

通过阶层划分，毛泽东将资产阶级的中间派与左翼、地主阶级中的开明绅士、农民阶级中的富农阶层、知识分子与青年学生等中间阶层从他们原先所在的阶级中划分出来，重新组成了一个可以联合的爱国主义中间阵营。中国共产党的各项制度措施都要向这些愿意联合的同盟者做必要的让步。由此，形成了在策略上既联合又斗争，在价值观念上“各得其所”，在经济运营方式上允许和鼓励民族工商业发展、“劳资两利”“公私兼顾”“减租减息”等，在政权组织形式上实行“三三制”以充分保障他们政治权利的“互助互让”的社会关系。这些实践举措创新了传统马列主义关于阶级社会中资产阶级与无产阶级之间剥削与被剥削，压迫与被压迫的二元对立模式，弥合了不同阶层主体之间的裂隙和矛盾，并最终将全社会有抗战意愿的群体整合起来，形成了最广泛的抗日民族统一战线。

新民主主义革命时期的中国受制于半殖民地半封建的社会结构状况，这就决定了中国共产党建构社会核心价值共识的路径必然呈现出中国特有的实践脉络。近代中国的民族革命与民主革命有机统一于具体历史条件，在特殊历史条件下既要满足人民群众的物质生产需求，又要同时完成民族独立，实现国家统一，建立民主政权，从而确立我国人民主体的基本政治权利。因而其政治主体与经济主体也具有同步性和统一性。保护民族资本主义经济，鼓励民族资产阶级发展壮大等一系列具体政策，都体现了中国共产党充分尊重社会历史发展客观规律，尊重中国基本国情的实事求是的思想路线，实现了马克思主义阶级分析理论与中国社会现实的统一。这就解释了为何“各得其所”能成为新民主主义革命时期社会意识形态层面的重要价值原则和实践目标。正是抓住了这一点，中国共产党人才得以实现全民族范围内的价值认同。

要注意的是，毛泽东在传统阶级斗争理论基础上对生产关系和阶级关系进行了中国化创新。虽然在处理与大地主大资产阶级的关系时，毛泽东依然强调党的独立自主性，但这与社会各阶级阶层之间协商妥协并不冲突，它恰恰体现出毛泽东阶级分析理论在创新社会关系层面所具有的现实意义。

二 “共同富裕”：新时期动员经济主体优化社会结构

马克思恩格斯曾指出，“生产力的这种发展（随着这种发展，人们的世界历史性的而不是地域性的存在同时已经是经验的存在了）之所以是绝对必需的实际前提，还因为如果没有这种发展，那就只会有贫穷、极端贫困的普遍化”①。这表明，促进生产力的发展是摆脱贫困，进而实现共同富裕的基础。新中国成立初期（1949—1978 年），在人均收入水平极低的情况下，我们建立起了一个相对公平的社会主义社会，但国家计划命令干预社会经济的制度性安排极大地限制了人民主体的自主性和能动性。这就为改革开放以后，党和政府以共同富裕为目的调整现代化发展思路，使中国由革命话语体系下以政治动员为目的整合社会阶级，转向市场导向下以物质利益调动人民主体积极性，提供了现实基础。

1992 年年初，邓小平在南方谈话中指出，社会主义的本质就是“解放生产力，发展生产力，消灭剥削，消除两极分化，最终达到共同富裕”②。中国共产党由此开始了长达半个世纪的动员策略——“允许一部分人、一部分地区和企业先富起来”，意在通过他们的示范力量带动整个国民经济不断地波浪式地向前发展，最终实现共同富裕。通过“经济发展效率”与“社会分配公平”二者之间不断调整平衡，实现了中国社会关系结构的稳定发展。

（一）遵循按劳分配原则允许一部分人先富起来

从中国共产党自身发展经验来看，毛泽东在新民主主义革命时期

① 《马克思恩格斯选集》第 1 卷，人民出版社 2012 年版，第 166 页。
② 《邓小平文选》第 3 卷，人民出版社 1993 年版，第 373 页。

就对平均主义的薪给制予以了否定。他指出："平均主义的薪给制抹杀熟练劳动与非熟练劳动之间的差别，也抹杀了勤惰之间的差别，因而降低劳动积极性，必须代以计件累进工资制，方能鼓励劳动积极性，增加生产的数量与质量。"① 这一思想为改革开放以后的劳动分配制度所继承和发展。

通过改革农村生产经营方式与调整现代企业经营制度的实践，以邓小平同志为代表的中国共产党人逐渐意识到，人民群众的劳动积极性需要通过提高收入水平、优化社会资源配置来实现。邓小平认为，按劳分配原则是克服平均主义思想，调动人们劳动积极性的基本原则方针，② 更是一部分人通过诚实劳动和合法经营先富起来最终实现共同富裕的有效途径。对此，党中央申明，"平均主义思想是贯彻执行按劳分配原则的一个严重障碍"③，这种在消费资料分配问题上的平均主义，总是不考虑实际情况，就把一部分社会收入差别视同为两极分化。在改变全国工资总体偏低的前提下，企业内部的工资收入要遵循"多劳多得、少劳少得"的原则。④ 按劳分配的"劳"应当既包括从生产资料公有制出发，劳动者的劳动在一定程度上具有直接社会劳动性质的劳动量，还包括社会主义市场经济条件下，商品生产和交换过程中表现为价值的间接社会劳动，这部分劳动量需要与企业的经济效益挂钩，通过对企业个别劳动耗费进行折算的办法间接计算。⑤

伴随改革开放步伐加快、程度加深，逐步放开商品经济，有人提出，在按劳配的基础上，不可避免地存在着与商品经济相联系的其他形式的个人消费品分配原则，如按经营成果分配和按资金分配。⑥ 据

---

① 《毛泽东文集》第2卷，人民出版社1993年版，第464页。

② 参见《邓小平文选》第2卷，人民出版社1994年版，第31页。

③ 《十二大以来重要文献选编》（中），人民出版社1986年版，第578页。

④ 《十二大以来重要文献选编》（中），人民出版社1986年版，第577页。

⑤ 王克忠：《试论存在商品货币关系条件下的按劳分配》，《社会科学》1983年第6期。

⑥ 按经营成果分配，主要在实行了家庭联产承包责任制的农村和城镇的个体工商户，以及一部分采用租赁制的国家所有、个体经营和集体所有、个体经营的经济组织中分配；按资金分配主要表现为集资入股的利息和分红。（郭元晞：《有计划商品经济条件下的个人消费品分配》，《中国社会科学》1986年第5期。）

此，党的十三大强调，社会主义社会并不是要求在所有制和社会分配上纯而又纯，绝对平均，要“在以公有制为主体的前提下发展多种经济成份，在以按劳分配为主体的前提下实行多种分配方式，在共同富裕的目标下鼓励一部分人通过诚实劳动和合法经营先富起来”①。此外，人们的收入来源还可能是股份经济中的股份分红；企业经营者得到的部分风险补偿；凭企业发行债券取得的利息；雇佣一定数量劳动力带来的部分非劳动收入。以上这些，“只要是合法的，就应当允许”②。同时，党中央也十分注意对某些公司人员、某些从事“第二职业”的人员，以及私营企业主和部分个体工商户的收入的监督与调控，③ 提出了“保护合法收入，取缔非法收入，限制过高收入”④ 的要求。

1989 年 6 月，江泽民在题为《认真消除社会分配不公现象》的文章中进一步阐释了党中央对社会分配问题的看法。江泽民在这篇文章中谈到，以平等权利为基础的社会公平会受到社会经济文化发展的制约，必须把是否有利于社会生产力发展和社会进步作为衡量社会公平的根本标准。因此，党中央在改革之初实行“允许和鼓励一部分地区、一部分人通过诚实劳动和合法经营先富起来，带动全国人民走共同富裕的道路”的政策是符合按劳分配原则的。“我们现在正处在社会主义初级阶段……允许一部分非劳动收入存在，有利于搞活整个社会经济。”⑤ 但是，就社会整体来说，获得非劳动收入的机会是不均等的，就个体方面来说，个体劳动能力和贡献也存在差异，这些因素都不可避免地会使收入差距拉开。因此，在致富的路上会有先有后，不可能同步实现，社会收入差距就必须通过税收政策、价格政策、工商行政管理等宏观手段来调控，以避免贫富悬殊。

党的十三大报告指出：“我们的分配政策，既要有利于善于经营的

---

① 《十三大以来重要文献选编》(上)，人民出版社 1991 年版，第 14 页。

② 《十三大以来重要文献选编》(上)，人民出版社 1991 年版，第 32 页；马洪、王怀超：《中国改革全书：1978—1991》(总论卷)，大连出版社 1992 年版，第 218 页。

③ 《十三大以来重要文献选编》(中)，人民出版社 1991 年版，第 689 页。

④ 《十三大以来重要文献选编》(中)，人民出版社 1991 年版，第 969 页。

⑤ 《江泽民文选》第 1 卷，人民出版社 2006 年版，第 48、49 页。

企业和诚实劳动的个人先富起来，合理拉开收入差距，又要防止贫富悬殊，坚持共同富裕的方向，在促进效率提高的前提下体现社会公平。"[①] 在此基础上，江泽民进一步阐述了如何"在促进效率提高的前提下体现社会公平"。实现上述目标实际上就是解决平均主义和收入差距过大的问题，既要避免平均主义导致社会经济丧失活力，又要避免社会关系结构因贫富悬殊而出现僵化、板结，乃至矛盾对立。党中央号召"要坚决保护合法收入、合理调节过高收入、严厉取缔非法收入"。这三方面的合力是打造"中等收入者阶层"的关键所在，通过逐步建立起富有弹性的就业制度，创造机遇均等、公平的社会竞争机制，党中央才能真正落实"按劳分配"制度，摆脱"平均主义"对于社会财富增长的抑制作用，为社会财富整体状况由"均贫"向"可控—有序差等"的共同富裕转变奠定坚实的基础。

(二) 先富带后富实现共同富裕的丰富内涵

在发展目标和价值原则上，共同富裕的提出进一步巩固了我国社会主义制度的合法性。因为物质生活条件的保障是政治国家层面自由的前提和基础，人民群众才能成为现实的主体对象。无产阶级的"无"不是"没有"的意思，而是一种超越"有"之后的"无"，是无有无不有——是在物质财富极大丰富之后，人对于生产资料的真正占有。[②] 这也是人的本质内涵。因此，物质匮乏和贫穷本身并非社会主义的本质。改革开放初期的中国由于处在社会主义初级阶段，不可避免地保留了前社会主义的各种生产方式，但又要在短时间内实现物质生产的现代化和市场化，追赶甚至超越西方国家的工业化进程。因此，这一时期中国特色社会主义制度的合法性就体现为社会财富的普遍增长和生产力的普遍提高。

其次，在人与人的基本关系方面，共同富裕预见性地回应了如何

---

① 《十三大以来重要文献选编》(上)，人民出版社 1991 年版，第 32 页。

② 陈培永：《什么是人民、阶级及其他：以马克思的名义》，江苏人民出版社 2018 年版，第 157 页。

看待社会贫富差距的问题。因为不均等与不公平是完全不同的概念，[①]“不均等”是资源占有的客观差异，导致这种差异的原因可能是劳动者个体之间在知识、技能方面的客观差异，又或者是地域之间的区位差异等。而“不公平”是从价值观层面评判资源分布的合理与否，往往要从制度结构层面寻找解决途径。而市场经济的蓬勃发展，不可避免地会造成物质财富获得和增长的程度差异和先后之别。党和政府在探索社会主义市场经济体制的过程中，意识到了资本流动不可能绝对均质化，必须区别看待社会主义发展中先富和后富的问题与私有制条件下的两极分化。[②]党和政府致力于开创和探索一个更理想的社会制度体系——一个以共同富裕为发展目标，允许发展过程中存在客观上的先后快慢问题，兼顾公平与效率的脱贫致富之路。这是一个历史与逻辑相统一的过程，是在新的历史时期坚持人民主体地位不动摇的重要体现，是中国共产党在理论上不断深化认识的过程，也为后期各种制度安排奠定了思想基础。

最后，在社会动员策略层面，“允许一部分人先富起来”，通过先富带动后富的发展路径极大地激发了人民主体的自主性、能动性、创造性。[③]在个体逐渐取代企业作为经济主体而崛起，公司理性被个人理性所解构的过程中，“经济问题的中心，将不再是所谓的市场与政府的关系掩盖下的企业与政府的关系，而是个人与个人的关系”[④]。社会主义市场经济体制强调按劳动贡献和能力大小来看待物质财富增长，打

① 李强：《当代中国社会分层》，生活·读书·新知三联书店2019年版，第9页。

② 《十二大以来重要文献选编》（中），人民出版社1986年版，第877页。

③ 有学者将这一过程总结为四个阶段：第一个阶段（1978—2001年）以“先富论”为主导，“允许一部分地区和一部分人先富起来”，社会分配以效率优先，兼顾公平，地区差距、城乡差距、阶层差距有所扩大；第二个阶段（2002—2004年）开始兑现“共同富裕”的政治承诺，强调“先富带后富，最终达到共同富裕”，欲构建“橄榄型”社会结构；第三个阶段（2004—2010年）强调“扩大中等收入者比重”，不同阶层群体的收入差距开始缩小；第四个阶段（2010年以后）进入“与人民群众共享改革开放发展成果”的阶段，城乡收入差距开始缩小。（胡鞍钢、鄢一龙：《中国国情与发展》，中国人民大学出版社2016年版，第384页。）

④ 转引自汤潇《数字经济：影响未来的新技术、新模式、新产业》，人民邮电出版社2019年版，第258页。

破了改革开放之初人们普遍抱有“不患寡而患不均”的传统小农价值观念。许多人开始积极看待和投入市场经济。这就为有带头致富能力的劳动群体创造了机遇，在社会群体心理的普遍关照下，又在目标原则上坚持整体性、协同性，在以公有制为主体的前提下，发展出了多种所有制经济形式，成为解决当时我国社会主要矛盾的现实路径。

（三）为建构“橄榄型”社会不断扩大中等收入者阶层

中等收入群体的比重大小对描述社会收入分配状况的指标（基尼系数）起着关键性作用——提高该群体比重可以直接有效地降低基尼系数，从而明确收入分配状况。按照一些国际组织的定义和学者的建议，中等收入群体是一个涵盖范围十分广泛的群体。例如：以相对收入水平衡量，在社会平均收入中位数的75%—200%范围内，或者以绝对收入水平衡量，每人每天收入在10—100美元范围内，都可以被看作中等收入群体。无一例外的是，中等收入群体在社会结构体系中是十分重要的组成部分，其规模数量决定了一个社会的结构形态是否趋近于稳定的“橄榄型”。因此，任何国家的社会政策和相关的体制机制都力图能够创造条件，以利于人口、劳动力和人才的横向与纵向社会性流动，使城乡居民在摆脱贫困和低收入状况后，持续向更高收入水平升级。

改革开放以后，除私营企业主和个体户以外，最早在新经济组织中谋职就业的是“三资”企业的技术人员和管理人员。邓小平在1992年的南方谈话中，针对大量外资涌入国内的情况明确表示，“三资”企业归根到底是有利于社会主义的。[①] 很快，外商投资区域逐步扩大，出现了“北上西进”的趋势，1992年国务院新批准长江沿岸、沿边和各省省会等共36个城市对外开放，建立起经济特区、经济技术开放区、沿海沿江沿边开放口岸、经济开发区以及保税区等多种类型的投资优惠区，逐步形成了全方位、多层次、大开放的地区格局。同时，投资形式也更加多样化，合资经营占55%，合作经营占18%，独资经营占

① 《邓小平文选》第3卷，人民出版社1993年版，第373页。

22%，其他形式（包括：合作开发，国际租赁、补偿贸易、加工装配等）占5%。[①] 这一年年底，已经注册的“三资”企业累计达8.4万家，光1992年注册的就占4.7万家。[②] 而在“三资”企业就业的人数达到了221万人。这些劳动者的收入明显高于同类型内资企业，他们也因此成为我国当时“中等收入群体”的中坚力量，“三资”企业由此成为许多人追求收入提高的重要就业领域。

新的历史背景下，中国共产党所面临的社会结构变化远比从前复杂得多。在城镇统计口径内，数量增加最多的是私营经济，1992—2000年，私营经济就业人数从68万人暴涨至3458万人，直至2007年达到4581万人，比15年前增加了66倍；个体经济就业人数则由1978年的15万人，增加到2007年的3319万人；股份制经济（包括股份有限公司、有限责任公司和股份合作企业）的从业人员在1993年为164万人，2007年达到3033万人；外商投资经济和港澳台投资经济的就业人数从1990年的66万人增至2007年的1583万人。[③] 与之形成强烈反差的是传统公有制单位的就业岗位呈线性下降趋势。历经30余载，中国社会阶层结构的变化是：该小的阶层在继续缩小，该大的阶层在继续扩大。然而，相对社会整体格局来说，该小的阶层没有小下去，该大的阶层又没有大起来。[④] 究其原因，在于当前中国社会发展的最大风险仍然来自社会利益分配不公平，体现为城乡发展不平衡、地区发展不平衡、经济社会发展不平衡。而劳动力作为最活跃的生产要素，是党和政府促进社会性流动，破除妨碍劳动力和人才流动的体制机制弊端从而扩大中等收入群体的主要切入点。

---

① 李青：《中国共产党对资本主义和非公有制经济的认识与政策》，中共党史出版社2004年版，第349页。

② 国务院批准北京、上海、天津、大连、青岛五市和深圳等五个经济特区各试办一至两个中外合资或合作经营的商业零售企业，中日合资的上海第一八佰伴有限公司开了先河。金融业、交通运输业、保险业、房地产业、旅游业等领域出现了大量中外合资开发经营的企业。（李青：《中国共产党对资本主义和非公有制经济的认识与政策》，中共党史出版社2004年版，第347页。）

③ 陆学艺：《当代中国社会结构》，社会科学文献出版社2010年版，第135页。

④ 陆学艺：《当代中国社会建设》，社会科学文献出版社2013年版，第257、258页。

一方面，中央政府不断推进户籍制度改革，打破城乡、地域、行业分割和身份、性别歧视，积极顺应新产业和新用工形式的变化，以加快农业转移人口市民化进程，实现劳动力在城乡之间自由流动。随着近年来劳动年龄人口转为负增长，外出农民工增长速度放缓，通过提高劳动生产率来重新进行资源配置的效应逐渐减弱。为保持农民收入持续增长的势头，2006 年 1 月，《国务院关于解决农民工问题的若干意见》明确提出："农民工是我国改革开放和工业化、城镇化进程中涌现的一支新型劳动大军。他们户籍仍在农村，主要从事非农产业，有的在农闲季节外出务工、亦工亦农，流动性强，有的长期在城市就业，已成为产业工人的重要组成部分。大量农民进城务工或在乡镇企业就业，对我国现代化建设作出了重大贡献。"① 党的十八届五中全会在关于制定"十三五"规划的建议中提出，必须加快落实已确定了的"使一亿左右农民工和其他常住人口在城镇定居落户的目标"，以应对户籍人口城镇化率加快提高的趋势。② 因为从供给来看，劳动年龄人口总量正日益减少，提高户籍人口城镇化率对于稳定劳动力供给和工资成本、培育现代产业工人队伍具有重要意义；从需求来看，实现一亿人在城镇落户对消费需求的扩大、房地产市场的稳定、城镇基础设施和公共服务设施投资规模的扩大具有重大意义。2014 年，《国务院关于进一步推进户籍制度改革的意见》提出，要"进一步调整户口迁移政策，统一城乡户口登记制度，全面实施居住证制度"，到 2020 年，"努力实现一亿左右农业转移人口和其他常住人口在城镇落户"。③ 在历经了三十多年的修改调整以后，我国户籍制度终于取消了农业户口与非农业户口的分类，实行居住地户口登记制度。2016 年我国常住人口城镇化率已达到 57.4%，户籍人口城镇化率也达到 41.2%。正如李

---

① 《国务院关于解决农民工问题的若干意见》，人民出版社 2006 年版，第 1 页。

② "这一亿人主要指农村学生升学和参军进入城镇的人口、在城镇就业和居住五年以上和举家迁徙的农业转移人口。"［《十八大以来重要文献选编》(中)，中央文献出版社 2016 年版，第 779 页。］

③ 《国务院关于进一步推进户籍制度改革的意见》，人民出版社 2014 年版，第 3 页。

强教授所提出的，随着我国城镇化水平不断提高，如果农民工能够进入“中等收入层”，或“中间阶层”，那将会是中国社会结构意义最为重大的变迁。[①]

另一方面，从新的社会阶层的职业特征、受教育程度、收入水平和经济地位来判断，他们大体属于社会中间阶层，而且是体制外的中间阶层。[②] 这里的“中间阶层”意指按照社会学的社会分层理论来讲，新的社会阶层因其收入水平较高而在经济分层中处在中等水平。因此，他们足以成为“橄榄型”社会的重要组成部分。在对新的社会阶层的认识发展过程中，党中央也越来越意识到必须消除长期以来户籍、行业、区域和所有制方面的体制机制障碍，优化教育、医疗等资源配置，打通社会流动的通道，创造公平的社会竞争环境，才能在社会财富不断增长的同时，破除阶层代际传递的困境，使人人（特别是有志阶层）都能够通过辛勤劳动实现自身发展，激励广大社会主义建设者投身于我国现代化建设。

为不断扩大我国中间阶层的比重，拓宽居民劳动收入和财产性劳动收入渠道，带动越来越多的低收入者迈入中等收入群体的行列，党的十六大报告第一次明确提出：初次分配注重效率，再分配注重公平，强调要“扩大中等收入者比重，提高低收入者收入水平”[③]。到2020年，我国实现城乡居民人均收入倍增，关键在于中等收入群体的倍增：即在目前大约23%的基础上，每年提高两个百分点，努力使2020年我国中等收入群体占比达到40%以上，规模扩大到6亿人左右。这也意味着消费主体的形成与稳定，利益关系发生新的调整，初步形成“橄榄型”社会结构。[④] 为确保这一目标能够顺利实现，维护和实现社会公平正义，胡锦涛指出，伴随经济社会的发展前进，全社会民主法治意

① 李强：《当代中国社会分层》，生活·读书·新知三联书店2019年版，第218页。

② 张海东：《新社会阶层的结构化、组织化及发展趋势》，《江海学刊》2009年第5期。

③ 《十六大以来重要文献选编》（上），中央文献出版社2005年版，第22页。

④ 高尚全主编，成思危等著：《改革是中国最大的红利》，人民出版社2013年版，第303—304页。

识的增强，人民群众的公平意识越来越强，对党和政府维护和实现社会公平提出了更高要求。我们必须更好地处理按劳分配为主体和实行多种分配方式的关系：既要坚持鼓励一部分地区和一部分人通过诚实劳动、合法经营先富起来，又要“推动先富带未富、先富帮未富”，同时也要通过各项具体措施合理调节国民收入分配格局，使全体人民都能共享改革开放和现代化建设的成果。①

2007 年，党的十七大提出，要“创造条件让更多群众拥有财产性收入”②，使“中等收入者占多数”。2017 年 10 月，党的十九大报告提出，将“中等收入群体比例明显提高”作为 2035 年基本实现社会主义现代化的目标。这对于缩小城乡、区域、行业和社会成员之间的收入差距的任务来说，既是一个重要的显示性指标，也是一条重要的实现途径。机会均等、渠道畅通的劳动力和人才的社会性流动，既是经济发展的动力、社会进步的体现，又是各项政策的宗旨和收入分配不断改善的途径。随着我国全面建成小康社会，开启全面建设社会主义现代化国家的新征程，农村贫困人口实现脱贫，困难群众得到社会政策更好的托底保障，低收入群体的收入也将显著提高，就意味着越来越多的人口进入中等收入群体。③

三　“共享发展”：新时代培育和塑造数字经济力量

数字经济时代的到来使数字技术与经济社会深度融合，过去以需求、投资、出口为驱动力的“国富螺旋”伴随劳动人口红利下降开始转向依托云（云计算、大数据）、网（互联网、物联网）、端（智能终端、软件应用）实现国内消费者需求的供给侧改革的“民富螺旋”经济增长模式。④ 数字经济形态下的新业态、新商业模式和组织形式、新

---

① 《十六大以来重要文献选编》（中），中央文献出版社 2006 年版，第 315 页。

② 《十七大以来重要文献选编》（上），中央文献出版社 2009 年版，第 30 页。

③ 《党的十九大报告辅导读本》，人民出版社 2017 年版，第 333—334 页。

④ 汤潇：《数字经济：影响未来的新技术、新模式、新产业》，人民邮电出版社 2019 年版，第 220 页。

需求，催生了新产品和服务、新群体以及新价值观念，更深刻改变了我国社会主体结构，出现了以创新创业者为核心的社会主义奋斗者群体，开源、普惠、共享作为互联网基本精神培养人们形成了新的文化习惯。因此，中国共产党人民主体思想的核心价值体系在“共同富裕”的基础上进一步深化为“共享发展”，并提炼和总结出“以人民为中心”这一贯穿百年来党的人民主体思想的根本宗旨。

以需求为导向的数字消费推动了新实体经济的产业繁荣，催生了以电子信息产业为代表的大量新业态，激发了巨大的草根创新力。这也是为什么党和政府要在制度设计层面提出“大众创业，万众创新”的重要原因。因此，当前我国人民主体结构进一步分化为四类主体，他们共同构成了新时代中国特色社会主义建设和发展的奋斗者和创造者。第一类是代表先进生产力发展方向的数字创新创业者。他们是掌握一定信息技术资本或投资实力，对中国智能互联网发展趋势以及全渠道商业模式等拥有高敏感度，并能整合社会资源，引领数字经济发展思维，探索互联网商业模式的开拓者。第二类是从事网络技术研发、硬软件开发等数字产业领域工作的专业人员。他们往往拥有良好的教育背景、专业的知识技术能力和创新力，是数字经济产业化过程中逐渐崛起的技术新贵，也是近年来群体规模和体量不断扩大的经济力量。第一类与第二类群体在现实中存在身份叠加或转换，这可能取决于个体在就业与创业之间作何选择的主观意向。第三类是伴随传统产业数字化逐步融入新就业形态的劳动者，包括数字媒体从业人员、快递员、外卖员、农产品电商、直播卖货主播、人工客服人员等。这类群体的数量十分庞大，已经成为当前社会就业尤其是服务业中的主流群体。他们具有职业流动性大、收入不稳定、学历较低、缺乏专业培训体系、身份认同感低等特征。第四类群体是为移动互联网大厂以及跨国公司服务的下游制造业工人。之所以将他们纳入新的主体范畴，主要是因为他们中的大多数是经历城乡二元区隔到一元化的第二、第三代农民工群体（亦可称其为“新工人”）。不同于过去以土地为单一生产要素的农民阶级，也不同于进城务工的第一代打工者，他们夹在城乡之间或迷失在城市中，是中国城市化和工业化升级转型的产物。这些新的社会经济主体共同构成了我国数字经济主体的现实所指。在党的话语体系中，他们是中国特色社会主义事业的奋斗者和创造者，这意味着我国人民主体范畴获得了时代性的延伸和扩展，数字经济拓展了新的社会阶层范畴。

马克思在《1844年经济学哲学手稿》中所描述的“共产主义共同体”[①]，是自由人在理性选择之后共同建构起来的共同体，在这个共同体内尊重成员之间的差异，成员的相互交流和相互帮助可以完善个体自身，个体对共同体的认同所产生的权威是共同体得以继续发展的动力。[②] 有学者认为，以中国为代表的非西方世界的全面崛起，可能意味着一个更公正的全球秩序将建立起来，[③] 中国这样一个超稳定结构的国家治理经验，尤其是为平衡市场经济效率与社会可持续发展，照顾社会各阶层利益需求，承认社会意识形态多元化趋势而打造的“分享—合作”式社会关系格局，不仅能为促进国内经济发展社会稳定提供基础性理论，还将为平等互惠的国际经济交往，多元性文化与宗教的公共对话领域，绝大多数发展中国家的可持续发展，以及休戚相关、和而不同的新世界格局提供可借鉴的理论资源。

对于今天的中国而言，工业化、市场经济、科学技术和全球化共同造成了社会结构的剧烈变动，随着社会生产力水平不断提高，社会主体之间的矛盾逐渐加深，社会成员之间贫富差距日益拉大，机会不平等、利益保障不公平等一系列结构性制度问题加剧，在全体人民共同奋斗、经济社会发展的基础上，“共享改革开放的发展成果”已成为党中央对人民群众的新的政治承诺与愿景。为培育适应数字经济发展的新生经济主体和社会力量，党和政府适时提出了以新时代我国社会主要矛盾为问题导向，“坚持以人为本”，“坚持人民当家作主”，“坚

① 马克思：《1844年经济学哲学手稿》，人民出版社2014年版，第230—231页。

② 高石磊：《马克思共同体思想意蕴研究》，《求实》2015年第6期。

③ 朱云汉：《高思在云：中国兴起与全球秩序重组》，中国人民大学出版社2015年版，第116页。

持在发展中保障和改善民生"的基本方略，确立了"党的一切工作必须以最广大人民根本利益为最高标准"的新时代执政观。

党的"十三五"规划建议（以下简称"建议"）强调："共享是中国特色社会主义的本质要求。必须坚持发展为了人民、发展依靠人民、发展成果由人民共享，作出更有效的制度安排，使全体人民在共建共享发展中有更多获得感，增强发展动力，增进人民团结，朝着共同富裕方向稳步前进。"[①] 党中央已经意识到，要发展物联网技术和应用，运用网络空间发展分享经济，拓展网络经济空间，实施"互联网+"行动计划，以实现互联网与经济社会的融合发展。[②]"推进产权保护法治化，依法保护各种所有制经济权益"，鼓励民营企业依法进入更多领域，在国有企业改革过程中引入非国有资本，使非公有制焕发出经济活力和创造力。国家"依法保护企业家财产权和创新收益"以激发企业家精神。[③] 这是在当前中国发展的阶段性特征基础上，为数字时代新的社会阶层的蓬勃发展开辟道路。

2017年10月，党的十九大报告提出："在发展中补齐民生短板、促进社会公平正义，在幼有所育、学有所教、劳有所得、病有所医、老有所养、住有所居、弱有所扶上不断取得新进展，深入开展脱贫攻坚，保证全体人民在共建共享发展中有更多获得感，不断促进人的全面发展、全体人民共同富裕。"[④] 体现出中共中央着力于打造全民共享、全面共享、共建共享、渐进共享[⑤]的新发展格局。通过健全人民当家作主制度体系，发展社会主义民主政治，以保障社会公平正义，人民群众能够全面、均衡共享改革开放发展成果。正如习近平总书记所指出的，"共享"理念的实质就是坚持以人民为中心的发展思想，体现了党

---

① 《十八大以来重要文献选编》（中），中央文献出版社2016年版，第793页。

② 《十八大以来重要文献选编》（中），中央文献出版社2016年版，第794—795页。

③ 《十八大以来重要文献选编》（中），中央文献出版社2016年版，第798页。

④ 《中国共产党第十九次全国代表大会文件汇编》，人民出版社2017年版，第19页。

⑤ 《不忘初心：坚守中国共产党人的精神家园》编写组编：《不忘初心：坚守中国共产党人的精神家园》，人民出版社2016年版，第97页。

和人民对逐渐实现共同富裕的要求。[①] 人民群众既是社会主义改革开放的主体，又是享受改革开放成果的主体。

四 凝聚共识：以社会主义核心价值观引领新的社会阶层

人类社会历史发展的经验表明，全社会共同认可的核心价值观，对一个民族、一个国家而言是最持久、最深层的力量。曼纽尔·卡斯特在《认同的力量》中提出，网络社会的社会利益不断多元化和分散化，“其结构就是这些社会利益将在建构或重构认同的形式下聚合到一起”。同时，这些认同“将向民族国家传达公民社会的主张、要求和挑战”。[②] 这就要求民族国家能够在同一时刻对这些多元分散的要求作出回应，避免遭遇哈贝马斯所说的“合法性危机”[③]。

葛兰西在其经典著作《狱中札记》中提出，西方工业化国家的资产阶级往往利用自己或代理人掌握“文化霸权”来支配被剥削的社会阶层，并将其作为统治阶级的价值观内化于被统治阶级的意识形态之中。统治阶级通过操纵文化——多元社会中的信仰、价值观、话语体系、思想观念等，将代表本阶级的文化准则固化为全社会的普遍观念，并将它强加于民众，从而建构起普通大众对这一整套意识形态体系的认同机制。这样一来，国家的强制及其秩序只需对那些有明显“积极认同或消极否定”态度的社会群体执行纪律，就足以维护其基本统治秩序了。[④] 法国的马克思主义哲学家阿尔都塞则对国家暴力机器同国家

---

① 习近平：《在省部级主要领导干部学习贯彻党的十八届五中全会精神专题研讨班上的讲话》，人民出版社2016年版，第25页。

② ［美］曼纽尔·卡斯特：《认同的力量》，曹荣湘译，社会科学文献出版社2006年版，第326页。

③ 哈贝马斯把晚期资本主义称为“有组织的资本主义”，是实行国家干预的资本主义，因而与自由资本主义不同。哈贝马斯通过分析晚期资本主义社会以交换价值为核心的“经济系统”和以行政权力的使用为核心的“行政系统”之间的联系，阐述了晚期资本主义社会发生的许多新变化，包括当代资本主义危机趋势的新变化，从而形成了他的以“晚期资本主义合法性危机”为表征的当代资本主义危机理论。（傅永军：《哈贝马斯“合法性危机论”评析》，《马克思主义研究》1999年第4期。）

④ Antonio Gramsci, *Elections from Prison Notebooks*, New York: International Publishers, 1951, p. 12.

意识形态机器进行了区分，他认为，国家政治、经济以及社会的持续稳定，需要社会成员对既定的秩序规矩持服从的态度，这种服从表现为意识形态上的服从。因此，政权若不能够在国家意识形态机器内及之上保有优势地位，国家权力将无法存续。① 这一观点得到了泰瑞·伊格顿的支持，即意识形态，或曰文化霸权，构成了国家权力得以对社会进行有效管控的支配性力量和权力基础。② 同时，在现代政体中，国家权力对社会进行管控的另一个渠道“国家组织机器”，已经逐步演变成一种综合强制力量、表意力量以及规训力量三者复杂交织的过程。③

无论是西方中心主义、现实主义还是自由主义，都无法继续主导“多元现代性”国家的发展趋势，拥有悠久历史文化传统与深厚政治智慧的中国，在全球经济唱衰的背景下仍能够保持经济高速增长，其所包含的丰富发展经验和核心价值观或许能够对世界范围内的主权国家平衡好市场与社会、文化、环境之间的共生关系提供现实参考。毛泽东在新民主主义革命时期开创了以“各得其所”为核心价值诉求，以促成社会各阶级阶层“互助互让”的阶级分析理论，从而抓住了与上层精英和底层群众拥有千丝万缕联系的城乡“中间阶级”，使中国共产党占领了当时的意识形态制高点，一跃成为全民族根本利益的政治代表，从而最广泛地动员起人民群众加入到抗日民族统一战线中来，赢得了新民主主义革命的最终胜利。探索有中国特色社会主义道路的伟大实践表明，只有当中国共产党最广泛最充分地调动一切积极因素，依靠全国各阶级、阶层、组织、团体的力量，我们革命、建设和发展的历程才能顺利前进，否则就要遭遇波折，甚至走很多弯路。萧功秦先生认为，中国共产党意识形态经历了“实践标准论”“初级阶段论”“三个代表论”这三个发展阶段。④ 总结这一过程中意识形态发展转型

---

① Louis Althusser, *On Ideology*, London: Verso, 2008, pp. 5 – 6.

② Terry Eagleton, *Ideology: An Introduction*, London: Verso, 2005, p. 45.

③ 阎小骏：《中国何以稳定：来自田野的观察与思考》，香港：三联书店（香港）有限公司2015年版，第159页。

④ 萧功秦：《改革开放以来意识形态创新的历史考察》，《天津社会科学》2006年第7期。

的经验，就是要在传统意识形态话语体系中找到合法性概念来维护改革者各项方针政策的合法性和权威性，摆脱旧的错误思想对意识形态的话语霸权。

2003 年以后，我国人均国内生产总值突破一千美元，这意味着我国改革发展已经处在一个非常关键的阶段：经济结构的变化必然引起社会结构的变动。受经济与社会结构性矛盾的制约，新的社会阶层内部存在严重分化；社会结构中资源与机会配置不公平，导致新的社会阶层对社会主义制度的"认同"与"矛盾"并存；党和政府无法及时有效完善社会保障机制，也会导致新的社会阶层的自我认同度低。与此同时，一国庞大的上层建筑都随着社会经济基础的改变而发生巨大变化，人们受各种思想观念影响的渠道日益增多，受影响程度明显加深，思想活动的独立性、选择性、多边形和差异性显著增强。① 我们的传统意识形态话语体系已经不足以涵盖和容纳全部社会内容，这就需要实现意识形态的自我更新与发展创新。

2017 年 5 月 5 日到 9 月 8 日，中共重庆市綦江区委统战部和綦江区社会主义学院，对当地新的社会阶层人士发展现状与团结引导体制机制进行了问卷调查。调查显示新的社会阶层人士存在两方面的"认同"问题。第一，缺少有效引导，价值倾向多元。调研发现，新的社会阶层人士的价值观多元多变，具有包容性与功能性双重特性。第二，组织程度较低，自我意识较强。这反映出新的社会阶层在制度认同方面的一些普遍问题。由于大多数新的社会阶层人士是改革开放的受益者，他们对中国共产党很拥护，对党的战略理论和重大方针政策也很支持。但同时，由于职业流动性大，体制性约束少，对其代表人物的发现、遴选、培养、管理机制并不很健全，导致了这一群体的组织化程度较低，队伍比较松散，对于参加各类组织的态度也不十分积极主动。② 作为伴随改革开放实践和社会主义市场经济发展起来的群体，他们对于结构性制度问题更

① 《十六大以来重要文献选编》（中），中央文献出版社 2006 年版，第 309 页。

② 陈兴国：《新社会阶层人士发展现状与团结引导机制的构建——基于问卷调查的样本分析》，《内蒙古统战理论研究》2017 年第 6 期。

倾向于采取温和的方式来表达意见。

另一方面，从20世纪80年代初到今天，新的社会阶层的发展壮大始终与国家“以经济建设为中心”的思想导向紧密相关。从早期个体、私营经济的兴起，到今天多元分化的新经济主体，逐渐形成了中国特色社会主义市场经济下的创新创业奋斗精神，这表明新的社会阶层已经开始参与新时期社会价值观念的建构，这种建构既是这一群体自我意识与价值观念的觉醒，又与国家主导的主流思想高度契合。早在1993年3月，江泽民就在八届全国人大一次会议上讲：“社会主义现代化建设还处在艰巨的创业时期。伟大的创业实践，需要有伟大的创业精神来支持和鼓舞。”① 2015年6月11日，党中央提出，“推进大众创业、万众创新，是发展的动力之源，也是富民之道、公平之计、强国之策”②。20年来，一以贯之的创新创业意识导向是培育和催生经济社会发展新动力的必然选择，不仅要支持各类市场主体开办新企业、开发新产品、开拓新市场，而且能够将高校应届毕业生、农村转移劳动力、城镇困难人员、退役军人等人力资源转化为人力资本。因此，必须通过加强全社会以创新为核心的创业教育，弘扬“敢为人先、追求创新、百折不挠”的创业精神，厚植创新文化，不断增强创业创新意识，使创业创新成为全社会共同的价值追求和行为习惯。③

“政之所兴在顺民心，政之所废在逆民心。”④ 人心向背关系到党和国家的前途命运、生死存亡。我们的社会核心价值体系建构始终要将全民族的利益诉求与每个人的前途命运有机统一起来。中国特色社会主义新的社会阶层理论从传统话语体系中提取出了符合群众意志的

---

① “解放思想、实事求是，积极探索、勇于创新，艰苦奋斗、知难而进，学习外国、自强不息，谦虚谨慎、不骄不躁，同心同德、顾全大局，勤俭节约、清正廉洁，励精图治、无私奉献，这些都应该成为新时期我们推进现代化建设，所要大加倡导和发扬的创业精神。这些精神的核心和精髓，就是邓小平同志所一再倡导和论述的解放思想，实事求是。”（《十四大以来重要文献选编》（上），人民出版社1996年版，第248页。）

② 《十八大以来重要文献选编》（中），中央文献出版社2016年版，第564页。

③ 《十八大以来重要文献选编》（中），中央文献出版社2016年版，第564—565页。

④ 《十八大以来重要文献选编》（中），中央文献出版社2016年版，第75页。

合理内核，为整合当下中国社会各阶层意识形态奠定了核心价值理念。从这个意义上说，以“共同富裕”为发展目的，兼顾社会各阶层利益诉求，解决人民群众关心的现实问题，“努力形成把国家和人民的利益放在首位而又充分尊重公民个人合法利益的社会主义义利观”①，是党中央在新的历史条件下，尤其是意识形态多元发展趋势下，以社会主义核心价值观引领新的社会阶层，从而全面整合社会力量的关键所在。

第三节 新的社会阶层持续稳定发展的实践意义

进入21世纪以后，全球国家发展治理呈现出“多元现代性”的特征，新兴工业国家面临着以下三方面的严峻课题：第一，如何控制全球资本主义带来的两极分化风险，并利用其积极影响，平衡好市场与国家、市场与社会、市场与文化、市场与环境之间的共生关系；第二，如何增强国家治理能力，尤其是管理市场秩序，保障人民群众的社会经济权利，进行财政转移与二次分配，确立政府维护社会公平正义、实现共同富裕的价值取向；第三，如何建构保障和维护经济弱势群体权益的政治组织与多元化意识形态，通过有效参与民主与监督机制提高政治效能感，处理好社会各阶级阶层“多层次”“多元化”“多样性”的利益诉求，营造“和而不同”“多元同质”的社会结构，使“人民群众”的主体性得以彰显。

作为中国共产党历经半个多世纪的实践探索而总结出的宝贵经验，新的社会阶层理论既回应了全球发展中国家普遍面临的问题，又以中国智慧开创了与中国具体国情相适应的阶级分析与阶层分析相融合的理论范式，在促进和保障新时期经济社会稳定发展的同时，愈发彰显出中国特色社会主义制度的优越性。首先，中国特色社会主义新的社会阶层理论为国家政权在社会阶级阶层格局急剧变化的

① 《江泽民思想年编》（1989—2008），中央文献出版社2010年版，第478页。

情况下，保持、扩大和更新社会支持和执政基础提供了保障。其次，这一理论通过有序扩大政治参与，整合多元化的社会利益诉求，将越来越多的新旧社会力量有机融合进国家治理结构之中。最后，在面临社会结构转型中出现的不稳定因素和反对声音时，新的社会阶层理论有助于梳理和重塑新的意识形态体系，以延续国家对社会的充分把握，引领新时期社会主义核心价值观，协调国家与社会关系运行和谐有序。①

一　促进和保障新时期社会主义市场经济主体稳定发展

20世纪初中国的新的社会阶层（买办资产阶级或民族资产阶级）是外国资本强行进入中国以后在“刺激—回应”下出现的产物，因而带有被动性；新民主主义革命时期毛泽东抓住以城乡中间阶级为核心的社会各阶级阶层，作为新民主主义国家建设不可或缺的基础力量，开辟了中国共产党新的社会阶层理论的中国化道路，因而具有革命性和前瞻性；改革开放以来，伴随社会经济的恢复和发展，以个体户和私营业主为代表的新的社会阶层迅速发展壮大，一个更加丰富多元的社会阶层结构图景日益显现。正是基于这一重大社会现实，中共中央开始建构一套用以解释和引导这些变动不居、层出不穷的新的社会阶层的理论体系——中国特色社会主义新的社会阶层理论。新时期以来，新的社会阶层呈现出“一体多元”的结构性特征，如何在多元化趋势的洪流中站稳脚跟，实现社会公平正义，彰显人民主体性，成为新时期党中央面临的重大课题。

（一）寓人民主体性于社会主义市场经济体制的公平正义

约翰·罗尔斯在其著名的《正义论》中曾提出：“正义是社会体制的第一美德，就像真实是思想体系的第一美德一样。一种理论如果是不真实的，那么无论它多么高雅，多么简单扼要，也必然会遭到人们

① 阎小骏：《中国何以稳定：来自田野的观察与思考》，香港：三联书店（香港）有限公司2015年版，第22页。

的拒绝或修正；同样，法律和体制如果是不正义的，那么无论它们多么有效，多么有条不紊，也必然会为人们所改革或废除。每个人都具有一种建立在正义基础上的不可侵犯性，这种不可侵犯性甚至是整个社会的福利都不能凌驾其上的。”① 改革开放意味着中国主动迎向了全球化—信息化进程，也意味着不可避免地被卷入资本在世界范围内运行的逻辑体系，今天看来，马克思对于资本主义体系的批判并未过时，一个社会将资本运行逻辑作为凌驾于一切之上的价值标准，必定是一个头足倒立的社会。从全球范围来看，世界上最富有的 85 人的财富总额相当于另外 35 亿最贫困人口所拥有的全部财产。② 资本超越民族国家的界限，通过以跨国公司为代表的基本组织形式，在全球范围内恶性竞争所带来的结果，乃是全世界范围内的生产关系体系的崩溃与重建，矛盾对立的阶级社会再次重现并无限扩张，就全球范围来看，先发国家的资本、金融寡头处在将资本集中起来的一端，而这些国家的产业工人、中间阶级与后发民族国家的人民处在全球无产阶级一端，“中产阶级”神话破灭，出现“再无产阶级化”现象。尽管中国经济总量已居世界第二位，但人均国内生产总值在世界排名仍靠后，仍有几亿农村劳动力需转移就业和落户城镇。社会阶级阶层结构裂变，贫富两极分化加剧，城乡居民收入也进一步拉大。从 2019 年统计数据来看，城镇居民与农村居民的人均可支配收入的绝对值仍然有较大差距。按常住地分，城镇居民人均可支配收入 42359 元，比上年增长 7.9%，扣除价格因素，实际增长 5.0%。农村居民人均可支配收入 16021 元，比上年增长 9.6%，扣除价格因素，实际增长 6.2%。③ 一些地方政府单纯将“GDP 增长”视为“经济发展”，导致重发展、轻保障，重生产、轻生活，进一步加剧城乡发展结构不平衡。

---

① ［美］约翰·罗尔斯：《正义论》，何怀宏、何包钢、廖申白译，中国社会科学出版社 1988 年版，第 1 页。

② 《世界最富 85 人拥有财富相当于全球 35 亿人资产总和》，人民网，http://news.ifeng.com/world/detail_2014_01/21/33203459_0.shtml，2014 年 1 月 21 日。

③ 《中华人民共和国 2019 年国民经济和社会发展统计公报》，国家统计局官网，http://www.stats.gov.cn/tjsj/zxfb/202002/t20200228_1728913.html，2020 年 2 月 28 日。

中国社会基本矛盾与阶级阶层关系结构特征既是全球社会关系变化的缩影，同时，又有其自身的特点。一方面，我们实现了人民生活水平整体提高，恩格尔系数明显下降。2019 年，我国居民恩格尔系数为 28.2%，连续八年下降，已达到联合国 20%—30% 的富足标准。① 另一方面，根据国家统计局数据显示，中国的贫富悬殊也在这三十几年中越拉越大，中国的基尼系数由 1959 年的 0.315，攀升到 2016 年的 0.465，② 这还是在近年地区差距和城乡差距逐渐缩小以后取得的比例。另一份关于中国家庭净资产的基尼系数调查数据表明，我国家庭资产分布极不均衡，最富的 10% 家庭拥有 60.6% 的社会总财富，2013 年全国家庭资产基尼系数高达 0.717。③ 事实上，资本和劳动收入差距扩大的结构性矛盾并未发生根本改变，这意味着中国社会财富分配不平等，教育、医疗、社会福利和保障等社会资源分配不均的问题仍然存在，社会各阶级阶层的政治权利和社会地位存在明显级差，更重要的是，市场竞争的阶层分化进入代际传承阶段，“富二代”“官二代”“星二代”等身份标签，以及与之相对应的“草根”“屌丝”等社会底层自我解嘲的称谓背后，反映的是社会阶层上下流动渠道不畅通，阶层结构正在固化、板结的深层次矛盾。

2012 年，党的十八大提出，公平正义是中国特色社会主义的内在要求，要“加紧建设对保障社会公平正义具有重大作用的制度，逐步建立以权利公平、机会公平、规则公平为主要内容的社会公平保障体系，努力营造公平的社会环境，保证人民平等参与、平等发展权利”④。面对市场经济发展过程中必然的“亲资本”，以及由此造成的社会结构性矛盾，社会缺乏公平正义，中央政府不断给予非公有制经济与公有

---

① 张军：《从民生指标国际比较看全面建成小康社会成就》，国家统计局官网，http://www.stats.gov.cn/tjsj/sjjd/202008/t20200807_ 1781473.html，2020 年 8 月 7 日。

② 《国家统计局局长就 2016 年全年国民经济运行情况答记者问》，国家统计局官网，http://www.stats.gov.cn/tjsj/zxfb/202002/t20200228_ 1728913.html，2017 年 1 月 20 日。

③ 西南财经大学中国家庭金融调查与研究中心：《2014 中国财富的分布及高净值家庭财富报告》，https://wenku.baidu.com/view/b300c391c1c708a1284a44a9.html，2014 年 1 月。

④ 《十八大以来重要文献选编》（上），中央文献出版社 2014 年版，第 12 页。

制平等的发展权利，在所有制和经营形式上坚持多样化。与此同时，通过致力于改善民生和创新管理以加强社会建设，力求避免在发挥市场调节的基础性作用过程中，出现资本对人民群众基本权益的侵蚀，提高老百姓的安全感和获得感。努力兑现覆盖绝大部分人民群众的“共同富裕”的政治承诺，将人民群众的主体性寓于经济发展与社会公平正义，以巩固政权的合法性基础。

（二）团结新的社会阶层以维护社会主义国家人民主体性

曾经以“历史终结论”扬名的弗朗西斯·福山在近年开始转变学术导向，提出21世纪国家之间的竞争主轴是国家能力建设，[①] 这其中有两方面的原因：新兴民主国家缺乏自我发展经验和保护机制而陷入恶性民主困境，此其一；其二，以“自由化”“市场化”“私有化”为主导的经济运行机制，使国家职能被不断削弱，因此难以平衡好国家主体性、市场经济效率、社会公平正义与可持续发展之间的关系。新的社会阶层理论为中国这样一个新兴后发工业国家提供了应对国家主体性削弱的可能性路径。

马克思在《哥达纲领批判》中提出，脱胎于资本主义的共产主义在第一阶段的经济、政治、精神、道德等方面仍带有明显的资本主义痕迹，这对于处在社会主义初级阶段的中国有巨大的启发意义。“资产阶级法权”在社会主义社会中客观存在，且范畴之广，几乎渗透在基于等量交换原则所形成的经济、政治、社会、意识形态领域的所有表现形式中。其中，资产管理权是资产阶级法权的核心体现，掌握这种权力的特殊群体构成了资产阶级法权的人格化代表。

从国内外经验来看，非公有制经济发展规模以及非公有制经济群体在国民中所占的比例，与国家政权稳定乃至社会历史发展走向有着密切联系。新民主主义革命时期，以毛泽东为代表的中国共产党通过抓住城乡中间阶级，允许和鼓励他们在经济生活中发挥积极作用，以

① Francis Fukuyama, State-Building: Governance and World Order in the 21st century, Cornell University Press, 2004.

带动民间商品经济发展，活跃社会经济，从而将最广泛社会阶级阶层吸纳进代表全民族根本利益的抗日民族统一战线中，完成了社会各阶级、阶层、团体、民族对新政权的认同和拥护。然而这种顺应历史潮流，尊重人民根本利益，尊重社会经济发展规律的进程，在之后的一个时期内由于党的政策失误而被阻断了。在一定程度上破坏了非公有制经济群体与国家政权稳定性之间的正相关性。

从世界范围来看，第三波民主的退潮已经说明，全面“市场化”使劳工群体与中产阶级无法通过资产阶级内部民主机制去改变经济地位不对等的结构性矛盾，国家的社会保障与所得再分配职能被逐渐掏空。在全球化—信息化时代背景下，中国作为社会主义国家置身于现代资本主义世界体系中，其自身的经济活动客观地、必然地要与世界资本主义经济体系发生关联，通过对资本的排斥来避免资本对社会性生产的占有，并不能使中国抽离出资本全球化的利益格局。因此，一方面，应当将资本主义世界体系视为在不同经济制度与要素博弈过程中，不断自我改造与自我扬弃的综合性主体，其在实践中必然通过资本逻辑对社会主义中国施加影响，并将内化于自身。同时，具有中国特色的社会主义发展逻辑也在被其摄入的过程中对资本主义运行体系产生着重大影响，即二者在相互渗透、影响的过程中彼此建构和重塑。另一方面，要在中国与资本主义世界体系共存、相互建构的过程，高度自觉地保持中国的国家主体性，其关键则在于执政党如何通过把握新的社会阶层以驾驭资产阶级法权。①

因此，在今天实现社会主义社会的生产目的需要实现资本社会化，

① 马克思在《哥达纲领批判》中，将按照劳动的等量交换原则（与消费品分配遵循商品等价交换原则相同），“即一种形式的一定量劳动同另一种形式的同量劳动相交换”所获得的“平等的权利”称作资产阶级法权。这种所谓的“平等的权利”不承认任何阶级差别，而将每个人都视为像其他人一样的劳动者，而非完整意义上的人，因此这种“平等”在事实上是“不平等”的。“权利决不能超出社会的经济结构以及由经济结构制约的社会的文化发展”，所以“资产阶级法权”的等价交换原则在资本主义经济结构下无法避免人的异化以及社会分配不平等的现象。（《马克思恩格斯选集》第3卷，人民出版社2012年版，第363—364、1066页。）

即社会财富的拥有者和管理者应当是人民群众的有机组成部分，新的社会阶层是中国先进生产力的运行者，是先进生产力操作和创新的有生力量，其利益诉求的彰显与身份认同是维护社会主义国家人民主体性的重要条件。

二　推动完善收入分配制度维护社会公平正义

马克思指出："分配关系本身是由生产关系产生的，并且是从另一个角度表现的生产关系本身。"① 广义地讲，即指生产要素与产品在社会成员和经济群体之间的分配，就其本质而言即生产关系在社会分配领域的表现，主要取决于两大因素：生产力水平、生产资料和流通资料的所有制形式。② 而从马克斯·韦伯的"三位一体"，即权力、财富、声望三个层面的社会分层理论出发，收入分配结构主要是从财富资源占有程度反映了社会结构性平等问题。因此，收入分配制度及其影响下的收入分配结构集中反映了社会阶级、阶层在财富层面的制度结构合理程度。改革开放以后，由于市场经济的发展和完善，我国社会分层情况由政治不平等开始逐渐转向经济不平等，经济分层的影响不仅表现为收入水平分化，还表现为财产和资产的分化。收入和消费在某种程度上甚至会出现错位。③

（一）允许和鼓励按生产要素分配非劳动性收入

社会主义市场经济的迅速发展，是社会生产过程中必不可少的生产要素，由传统意义上的劳动力、土地等资源、生产工具，拓展为包

① 《马克思恩格斯全集》第31卷，人民出版社1998年版，第160页。

② 按劳分配最早是马克思在《哥达纲领批判》中对共产主义第一阶段分配制度的设想。总结起来有如下几个要点。第一，基础是社会主义的公有制。第二，劳动者完成生产后，先做各种扣除，包括用于扩大再生产和发展社会公益事业所做的各种扣除（共六项扣除）。第三，按每个劳动者所提供的劳动量（当时设想的是按劳动时间计量）进行分配，收入分配有差别，即等量劳动交换，多劳多得，少劳少得，不劳动者不得食。按劳分配的产品只限于消费资料。第四，按劳分配的主体是社会，消灭了商品，劳动也不再表现为产品价值，在全社会按统一标准进行分配。（杨承训：《中国特色社会主义基本分配制度与新民生观》，《毛泽东邓小平理论研究》2016年第7期。）

③ 李强：《政治分层与经济分层》，《社会学研究》1997年第4期。

括资本、技术、知识、管理、信息等在内的现代化社会生产要素，多层次的生产力与多种所有制共同发展，意味着这些生产要素为多元化的利益主体所占有，在参与分配过程时也将产生不同的利益诉求。为充分利用各种生产要素，就必然要在一定程度上给其拥有者回报，满足多元化的利益诉求。① 党的十三大提出，允许并鼓励、支持非公有制经济发展，突破了过去在分配领域必须实行与单一的公有制相对应的单一的按劳分配制度。通过利税改革、价格调节、社会保障制度改革等具体措施，分配制度在统筹兼顾国家、集体、个人三者利益，以及追求效率与公平方面有了新的发展。

1997 年 9 月，党的十五大报告首次提出“把按劳分配和按生产要素分配结合起来……允许和鼓励资本、技术等生产要素参与收益分配”②。中共中央在关于国有企业改革和发展若干问题的决定中提出，要“建立与现代企业制度相适应的收入分配制度，在国家政策指导下，实行董事会、经理层等成员按照各自职责和贡献取得报酬的办法……企业内部实行按劳分配原则，适当拉开差距，允许和鼓励资本、技术等生产要素参与收益分配”③。事实上，按要素分配与市场配置资源是同一个过程，明确提出按要素分配的方式，是通过市场机制实现资源有效配置所不可缺少的条件，④ 进一步完善了我国的分配制度。在此基础上，非公有制经济获得了更充分的发展空间，一方面，这是市场经济有效运行的内在要求和通行法则，同时，承认和肯定按要素分配的必然性与合理性，等同于肯定了非公有制经济发展因素和群体在社会

---

① 李太淼：《中国特色社会主义经济制度论》，人民出版社 2009 年版，第 253—254 页。

② 《十五大以来重要文献选编》（上），人民出版社 2000 年版，第 24 页。

③ 《十五大以来重要文献选编》（中），人民出版社 2001 年版，第 1013 页。

④ 市场迂回解决资源配置的过程使马克思所揭示的那种本质关系采取了它的各种转化形式。在马克思的“未来社会”中会直接计算、扣除、分配的社会总劳动时间的各个部分，在市场关系中就仍要通过价值范畴表现为各种独立的存在形式：作为生产条件的物化劳动表现为资本，用于劳动者个人消费的部分表现为工资，留给扩大再生产等项目的部分表现为利润，等等。而且，市场愈发展，资产愈是充分地票据化、证券化，要素的价值形式就愈是纷繁多样地衍生出来，各种要素的所有者即众多市场主体的独立财产权就愈重要。（周为民、陆宁：《按劳分配与按要素分配——从马克思的逻辑来看》，《中国社会科学》2002 年第 4 期。）

分配领域中的必然性与合理性。

2002 年，党的十六大报告在此前的基础上进一步提出，“一切合法的劳动收入和合法的非劳动收入，都应该得到保护”①。这是新中国成立以来党中央首次公开确认“非劳动收入”的合法性地位，不再把“非劳动收入”视为“不劳而获”和“剥削”，从体制和法律意义上保护个人的非劳动所得。事实上，现代社会生产要素的范畴已经十分广泛，以技术、知识、科技创新、经营管理为代表的生产要素日益从传统生产要素中独立出来，其拥有者具有更多的剩余索取权。随着市场经济的发展，各类产权进一步细化，构成生产要素的因素还会进一步增多，越来越多的人将成为这些生产要素和产权的拥有者，这种必然趋势会造就一大批通过按要素分配实现个人财富增加的社会阶层和群体。另一方面，这些新的生产要素本身蕴含着一部分人的劳动，比如：一个科技工作者拥有的科技发明转让所得，就包含了他在发明过程中的社会劳动。因此，按劳分配与按要素分配②之间存在一定的兼容性，在分配过程中要“确立劳动、资本、技术和管理等生产要素按贡献参与分配的原则”③。2003 年 10 月，《中共中央关于完善社会主义市场经济体制若干问题的决定》强调，要“整顿和规范分配秩序，加大收入分配调节力度，重视解决部分社会成员收入差距过分扩大问题”④。党的十九大进一步提出，明确鼓励更多社会主体投身创新创业；建设知识型、技能型、创新型劳动者大军；加强对中小企业创新的支持；以完善产权制度和要素市场化配置为重点，加快完善社会主义市场经济体制，支持民营企业发展，激发各类市场主体活力。⑤

---

① 《十六大以来重要文献选编》（上），中央文献出版社 2005 年版，第 12 页。

② “按要素分配实际上指的是不同利益主体根据自己所拥有的要素产权参与社会剩余产品分配的一种权利安排，其实质反映的是拥有不同要素产权的不同利益主体间的经济利益关系。”（李太淼：《中国特色社会主义经济制度论》，人民出版社 2009 年版，第 253 页。）

③ 《十六大以来重要文献选编》（上），中央文献出版社 2005 年版，第 21 页。

④ 《十六大以来重要文献选编》（上），中央文献出版社 2005 年版，第 475 页。

⑤ 《中国共产党第十九次全国代表大会文件汇编》，人民出版社 2017 年版，第 27 页。

（二）平衡劳动性收入与非劳动性收入的关系

马克思主义政治经济学意义上的商品运动，实质上研究的是其背后隐藏的人们的经济关系。这种经济关系在不同社会形态里存在具体差异，因此，分配问题是在一定的、具体的社会历史条件下形成的经济关系。分配作为生产、消费、分配、交换整个过程的重要环节，其本身也是一个历史的、具体的发展过程。①

国民经济作为一个有机整体，需要通过健全调节手段，尤其是完善分配制度，对不同情况的收入分配采取相应措施。一方面，要“在国家基本能够直接控制收入分配的范围内（如国营企业、机关事业单位的收入分配等）”实行宏观控制下的分层管理。初次分配时，“国家对企业实行工资总额与经济效益挂钩，企业内部实行个人收入同所作贡献联系；在再分配中，要解决机关事业单位中劳酬不符、收入偏低的问题，同时注意调节企业间生产经营的某些条件和机会不均等，以利公平竞争”②。在具体过程中注意处理好企业和职工、国家和企业、脑力劳动和体力劳动的关系，按劳动贡献程度使一部分工薪人员也能够先富起来。另一方面，“在国家难以直接控制收入分配的范围内（包括其他经济成分的收入分配、某些经济活动的收入分配等）”③，则侧重于健全完善经济制度来管理、监督好市场秩序，注重监管个体户的经营和收入，控制和管理好各类公司收入分配。

（三）限制资本性收入防止贫富差距扩大

进入21世纪以后，国家经济保持高速发展的同时，国民经济中劳动者所得比重出现了持续波动下降的态势。经过40多年的市场化发展，我国在分配层面仍存在诸多问题。在初次分配中，劳动性收入占比过低、资本性收入过高，各个行业都出现了资强劳弱的情况，资本对新兴产业领域的垄断控制日益显著。行业差距大，同工不同酬，分

① 周新城：《研究分配问题必须从生产资料所有制出发——研究分配问题的一个方法论原则》，《当代经济研究》2018年第1期。

② 《江泽民文选》第1卷，人民出版社2006年版，第53页。

③ 《江泽民文选》第1卷，人民出版社2006年版，第54页。

配秩序混乱，以权谋私，偷、漏、逃、抗税等问题，进一步导致社会阶层分化，更引发后续机会不平等、阶层固化等社会结构性问题；在再分配中，国内税收结构仍不够合理，目前我国增值税占比较高，直接税占比较低，民生支出在国家财政支出的占比不高，科研创新公正性真实性监督不够，对家族财产信托、海外信托、资本利得等的监督征收制度不完善；在第三次分配上，慈善事业整体欠发展，制度管理薄弱，监督体系不完善，甚至部分机构人员借慈善之名大敛钱财，滋生贪腐。且企业仍为参与主体，个人占比过低，基本的激励体系和保障制度尚未得到完善，不能有效地刺激企业投身慈善事业。

为防止资本性收入导致贫富差距拉大，中央迅速调整政策思路，强调要在不断把“蛋糕”做大的同时，还要把“蛋糕”分好，才能充分调动人民群众的积极性、主动性、创造性。党的十八大提出“实现居民收入增长和经济发展同步、劳动报酬增长和劳动生产率提高同步，提高居民收入在国民收入分配中的比重，提高劳动报酬在初次分配中的比重”，明确“千方百计增加居民收入”的重要任务。党中央提出：“初次分配和再分配都要兼顾效率和公平，再分配更加注重公平。完善劳动、资本、技术、管理等要素按贡献参与分配的初次分配机制，加快健全以税收、社会保障、转移支付为主要手段的再分配调节机制。深化企业和机关事业单位工资制度改革，推行企业工资集体协商制度，保护劳动所得。”① 规范收入分配秩序，多渠道增加居民财产性收入，特别是要扩大中等收入者比重，“保护合法收入，规范隐性收入，遏制以权力、行政垄断等非市场因素获取收入，取缔非法收入”②。由此形成了新时期国家调节社会收入分配的基本原则和方法，特别是通过扩大中等收入阶层，逐步建构更稳定的橄榄型分配格局，让社会主义制度的优越性得到更充分体现，以不断促进人的全面发展、全体人民共

① 《十八大以来重要文献选编》（上），中央文献出版社2014年版，第28页。
② 《十八大以来重要文献选编》（中），中央文献出版社2016年版，第815页。

同富裕，保证全体人民在共建共享发展中有更多获得感。①

三　丰富和充实中国特色社会主义制度的代表性

中国能否在经济持续快速发展的同时确保社会结构稳定，坚持和发展中国特色社会主义的政治机制具有重要意义：人民代表大会制度、人民政协、基层参与式民主实验、统一战线等，正在不断丰富和发展。中国共产党通过这些制度实践而不断扩大和巩固执政基础，建立和领导跨阶层的政治联盟，以维护国家的基本政治秩序，彰显出新时代中国特色社会主义政治制度的优越性与代表性。

（一）扩大人民代表大会制度群众基础

毛泽东曾提出“中国的事情是一定要由中国的大多数人作主”②的主张，从这里出发逐步建立起了体现社会主义民主实质——“一切权力属于人民”的基本政治制度——人民代表大会制度。在毛泽东时代，人民民主的广泛性、代表性与权力适当集中达到了有机的统一，帮助中国共产党领导广大人民群众翻身做了国家的主人，从而将国家权力牢牢掌握在人民手中。作为我国根本政治制度的人民代表大会制度，各阶级、各阶层、各民族、各地方、各方面、各政党都需要有适当数量的代表。③

随着新时期新形势下新的社会阶层人士的不断涌现，特别是他们当中的代表人士的经济实力增强、社会地位攀升、民主意识和政治参与意愿与日俱增，从而为全面真实地反映社会不同层面的民意呼声，适当增加新的社会阶层代表人数，优化人大代表和政协委员结构组成提供了现实条件。④ 但是，由于遴选代表人物的衡量标准不明确，评价边界不断变化，一些部门选出来的代表人士却代表性不强、代表面不

① 《中国共产党第十九次全国代表大会文件汇编》，人民出版社2017年版，第15、16、19页。

② 《毛泽东选集》第2卷，人民出版社1991年版，第732页。

③ 《三中全会以来重要文献选编》（下），中央文献出版社2011年版，第550页。

④ 冯俊：《执政的生命线——党的群众路线群众工作研究》，人民出版社2014年版，第79页。

宽；一些行业和领域的表达渠道不畅，小产业、新兴行业等问题得不到及时关注；新的社会阶层普通人士的呼声难以进入官方决策的视野。在国家治理体系和治理能力现代化推进过程中，参与渠道和方式仍较有限，必然影响到新的社会阶层人士有序的政治参与。[①]据此，2012年，党的十八大报告提出，“支持和保证人民通过人民代表大会行使国家权力”，“提高基层人大代表特别是一线工人、农民、知识分子代表比例，降低党政领导干部代表比例。在人大设立代表联络机构，完善代表联系群众制度”。[②]事实上，优化代表组成，增加新的社会阶层代表，增加一线劳动者尤其是农民工代表比例，[③]不断吸收各行各业的优秀代表人士，使其刚性“集中”与韧性“民主”最广泛地覆盖到各个社会阶层和群体，是人民代表大会制度彰显其强大生命力和巨大优越性的最充分体现。另一方面，尊重代表主体地位，是提高人民代表服务保障工作水平的根本途径。[④]在关系群众切身利益的重大问题上，应当妥善解决和办理代表提出的批评和建议，积极回应代表和群众的关切。以上两方面共同体现了人民代表大会制度的本质——根植于人民群众之中，继承了党在抗日战争时期边区政府根据“三三制”原则建立民主政权的思想精髓，真正体现出人民代表的人民性和主体性。

（二）优化人民政协制度以巩固与党外代表人士的联系

中国共产党领导下多党派合作的人民政协制度，是在中国革命、建设和改革的历史实践中发展起来的爱国统一战线的组织形式，是符合中国国情、具有鲜明中国特色的制度安排。1950年2月，毛泽东曾说：“民主党派和民主人士是联系资产阶级、小资产阶级的，从他们背后联系人们看，就不是一根头发，而是一把头发，不可藐视。”[⑤]它既不同于

① 陈兴国：《新社会阶层人士发展现状与团结引导机制的构建——基于问卷调查的样本分析》，《内蒙古统战理论研究》2017年第6期。

② 《十八大以来重要文献选编》（上），中央文献出版社2014年版，第20页。

③ 张云飞等：《为了人民的幸福和尊严——中国特色社会主义社会建设的理论与实践》，人民出版社2015年版，第622页。

④ 《十八大以来重要文献选编》（中），中央文献出版社2016年版，第409页。

⑤ 《中国共产党统一战线史》（社会主义时期），中国文史出版社1993年版，第7页。

苏联等国只有一个党，也根本区别于欧美资产阶级互相倾轧的竞争状态所决定的多党制，因为它们谁也不代表广大劳动人民的利益。

在新民主主义革命时期，人民政协是联系民族资产阶级和小资产阶级的重要政治桥梁。进入新时期以后，以非公有制经济人士和自由择业知识分子为代表的新的社会阶层不断涌现，在扩大人民政协联系的阶层范围的同时，丰富了共产党领导的多党合作和政治协商制度内容：民主党派的进步性集中在与中国共产党通力合作，共同致力于建设中国特色社会主义事业；民主党派的广泛性同其社会基础与自身特点紧密相关，来自不同社会阶层群体的党派成员，应当更多更真实地反映他们所代表的阶层群体的利益诉求。因此，作为中国特色社会主义事业的建设者，层出不穷的新的社会阶层进一步加深了这种广泛性。

2004 年 3 月，贾庆林在全国政协十届二次会议上的报告指出，随着我国经济社会的发展，尤其是多种经济成分和分配方式的出现，促使新的利益群体和社会组织发展壮大起来，使统一战线内部构成日益丰富多元。在这种情况下，新时期党的统一战线就要充分调动广大工人、农民、知识分子和其他社会力量为中国特色社会主义事业发展服务的积极性，最大限度地凝聚海内外全体中华民族的智慧和力量。人民政协，作为最广泛的爱国统一战线组织，作为中国共产党领导的多党合作和政治协商的重要机构，要充分发挥其广泛的代表性和巨大的包容性作用，团结一切可以团结的力量，调动一切可以调动的积极因素。新的社会阶层的发展规模和速度，决定了党和政府势必要从各方面加强与党外社会各阶层代表人士的联系，这就要求人民政协必须“把团结新的社会阶层作为一项重要任务，加强与他们的联系，不断为全面建设小康社会增添新力量”，使之与港、澳、台同胞和海内外中华儿女，共同为推进中国特色社会主义伟大事业和中华民族伟大复兴提供强大力量支持，最终形成共建共治共享的社会发展格局。①

① 《十六大以来重要文献选编》（上），中央文献出版社 2005 年版，第 818—819 页。

（三）“人民团体协商”丰富中国特色社会主义协商民主制度

协商民主是中国共产党在长期革命斗争中形成的传统，在不同的历史阶段的具体表现存在差异：从大革命初期与国民党第一次达成国共合作，到抗日战争时期在抗日民主根据地建立“三三制”政权，中国共产党人逐渐形成了协商民主的传统。同时，作为西方特定历史背景下产生的民主协商也被纳入到协商民主制度范围内。新中国成立以后，由于当时全国形势已然明朗，毛泽东曾试图将民主协商的传统在全国范围推开。他强调无论在老的或是新的解放地区都要召开县一级的人民代表大会，要与当地人民群众共同协商大政方针，这一想法由于意识形态上的斗争而没有真正实现，只为我们留下了一个思想资源。①

“中国当前面临的内外动态环境——社会结构与利益群体愈来愈复杂，以个体为单元的主体意识日益牢固，与世界经济体系的依存关系日益紧密，几亿人在农村与城市之间快速跨域流动，网络科技与社会媒体爆发性增长，知识界的意识形态争论既情绪化又混乱，各级公权力机构的独立性也正面临被传统血缘宗派关系与权贵资本主义两头侵蚀的危险——这些复杂的情势更让公共治理的挑战加剧。”② 市场经济条件下的中国，是一个利益日趋分化、价值日益多元的社会，代表不同社会阶层群体的利益诉求不断增加，社会组织的自主功能没有得到充分发挥，社会发展的自主空间十分狭小。而到目前为止中国政治体制所表现出的强劲韧性和调适能力，在于中国共产党“以政治吸纳（国家弹性）和政治控制（国家刚性）二元一体为标志的独特政治实践”③。党的十八大报告在政治体制改革中首次提出了“健全社会主义协商民主制度”，并把协商民主提高到与选举民主同等重要的地位，标志着中国共产党在改革攻坚关键时候的大胆转型。胡锦涛在报告中指

① 张若云：《从协商民主制度的提出看中共意识形态转型》，《成都师范学院学报》2013 年第 12 期。

② 朱云汉：《高思在云：中国兴起与全球秩序重组》，中国人民大学出版社 2015 年版，第 153 页。

③ 阎小骏：《中国何以稳定：来自田野的观察与思考》，香港：三联书店（香港）有限公司 2015 年版，第 6 页。

出："要完善协商民主制度和工作机制……就经济社会发展重大问题和涉及群众切身利益的实际问题广泛协商，广纳群言、广集民智，增进共识、增强合力……深入进行专题协商、对口协商、界别协商、提案办理协商。积极开展基层民主协商。"① 2014 年 9 月，习近平《在庆祝中国人民政治协商会议成立六十五周年大会上的讲话》中提出，"人民政协要充分发挥代表性强、联系面广、包容性大的优势"，尤其是要全面深化改革中的重大问题和群众最为关切的问题。②

"社会主义民主不仅需要完整的制度程序，而且需要完整的参与实践"，人民当家作主必须具体地、现实地体现在国家治理层面、党和国家机关各个层级以及人民对自身利益的实现和发展上来。③ 以新兴社会群体为主体的人民团体协商和基层参与式治理实验④为党领导下的民主协商制度提供了思路。2015 年 1 月，《中共中央关于加强社会主义协商民主建设的意见》（以下简称《意见》）指出，"面对改革开放进程中利益格局深刻调整的新形势，面对社会新旧矛盾相互交织的新变化……加强协商民主建设，有利于扩大公民有序政治参与、更好实现人民当家作主的权力"。《意见》进一步提出，在协商渠道方面，继续重点和加强政党协商、政府协商、政协协商，积极开展人大协商、人民团体协商、基层协商，逐步探索社会组织协商。其中，就如何"做好人民团体协商"，《意见》提出："人民团体作为党和政府联系人民群众的桥梁和纽带……

① 《十八大以来重要文献选编》（上），中央文献出版社 2014 年版，第 21 页。

② 《十八大以来重要文献选编》（中），中央文献出版社 2016 年版，第 69 页。

③ 《十八大以来重要文献选编》（中），中央文献出版社 2016 年版，第 73 页。

④ 民主商谈会被用来听取群众意见，解决社区相关问题，赢得群众对地方项目的支持，就某些问题和政策达成共识、阐明立场和原则。斯坦福大学"审议民主研究中心"主任费什金教授与何包钢教授领导的团队在中国沿海多个地区进行协商民主试验，例如浙江温岭的"预算民主恳谈会"，按照费什金教授所设计的审议民调程序，赋予公民代表在预算范围内决定优先启动哪些公共设施的民主权利。温岭从 1996 年到 2000 年，在乡村进行的协商会有 1190 次，镇级有 190 次，政府部门、学校和企业部门有 150 次。协商会议可分为三个阶段：第一阶段，社区领导安排议程和程序；第二个阶段是公开讨论，参与者表达他们的意见和偏好；在第三阶段，社区领导回答参与者提出的问题，甚至当场作出决策。这一模式先后被江苏无锡、广东顺德、安徽淮南等地方基层政府采用。［何包钢、陈承新：《中国协商民主制度》，《浙江大学学报》（人文社会科学版）2005 年第 3 期。］

对涉及群众切身利益的实际问题，特别是事关特定群体权益保障的，有关部门要加强与相关人民团体协商。”在具体组织引导群众开展协商时，人民团体应当“拓展联系渠道和工作领域，把联系服务新兴社会群体纳入工作范围，增强协商的广泛性和代表性”。①

总而言之，新的社会阶层作为新时期“人民群众”的有机组成部分，中国特色社会主义民主政治制度迈向现代化的群众基石，党和政府必然要将其充分吸纳进政治体制机制，加强党同他们的联系，从而充分体现其作为社会主义事业建设者的人民主体地位。

① 《十八大以来重要文献选编》（中），中央文献出版社2016年版，第292、297页。

结　语

中国特色社会主义新的社会阶层理论是整合新时期中国人民大众的重要理论参考

从2001年首次提出“新的社会阶层”概念，直至2021年《中国共产党统一战线工作条例》正式出台，历经整整20年，经过几代中国共产党人的不懈努力，“新的社会阶层”具体范畴才得以确立。随着时间的推移，党和政府对新的社会阶层经济地位、政治地位、文化地位的承认、肯定和赋权，极大地扩大了新时期我国“中间阶层”群体的规模，形成了多元化、多层次的社会结构体系，顺应了新的时代需求，标志着中国共产党对新的社会阶层特征和发展趋势的科学研判。由此可见，中央对新的社会阶层的认识经历了一个漫长的发展过程，其理论的外延与内涵、时代特征、思想发展轨迹也在这一过程中逐渐清晰。

第一，当代中国共产党新的社会阶层理论在继承发展马克思主义阶级分析方法的基础上，完成了向阶级分析与阶层分析有机结合、人民内部矛盾与社会整体协调相统一的时代转型。列宁在实践社会主义国家建设的过程中，根据社会生产力与生产关系相适应的客观要求，强调通过阶层分析对阶级分析的补充，调动起社会各阶级、阶层投入社会主义建设的积极性，使阶级分析与阶层分析实现了初步融合。中国社会主义革命、建设和改革的实践进一步深化和创新了马克思主义阶级分析理论，使其更具中国化特征。新民主主义革命时期，毛泽东灵活运用马克思主义阶级分析理论解决中国革命的实际问题，尤其是对当时中国社会各阶层经济地位以及革命立场的深入分析和科学把握，提出“各得其所”的价值共识，强调社会各阶级阶层之间“互助互让”，使中国共产党得以在特殊历史时期组织起浩浩荡荡的革命队伍，共同组成抗日民族统一战线，完成民族独立、国家统一的历史使命。在这一过程中，阶级分析与阶层分析互构互嵌，成为中国化马克思主义阶级分析理论相辅相成、有机融合的两个部分，作为毛泽东阶级分析理论的重要特征，为中国特色社会主义新的社会阶层理论形成奠定了理论基础。陆学艺在《三十年来中国社会结构变迁的几个问题》一文中指出，社会阶层结构变化是所有社会结构里最核心的部分。改革开放 30 年来，我们在从原来农业社会转向现代工业社会结构的过程中，产生了“一个私营企业主阶层或者说老板阶层”，据 2007 年统计，全国雇工在 8 人以上的私营企业有 551 万户，私营企业主总数将近 1400 万，党的十五大以后，以工人阶级为主体的社会主义劳动者，与以私营企业主为核心的社会主义建设者，共同成为了推进我国工业化、城市化、现代化发展的两大根本动力。[①] 尤其是社会主义市场经济条件下非公有制经济组织中大量涌现的新的社会阶层，作为先进生产力的代表，是社会主义市场经济得以充分发展的重要参与者和创新者，符合我国社会生产力发展要求。因此，在官方话语体系中，他们以“社会主义事业建设者”的身份成为了新时期人民群众的有机组成部分。因此，我们可以将三十几年来中国社会所经历的复杂而深刻的变革，看作是中国共产党与新的社会阶层之间相互协调、妥协、认同的过程，阶层分析与阶级分析也在这一过程中完全融为一体，使马克思主义阶级分析理论获得了与时俱进的发展和创新。

第二，充分尊重新的社会阶层的政治、经济、文化权利，调动了全民族建设社会主义事业的积极性。对新的社会阶层“社会主义事业

① 陆学艺：《三十年来中国社会结构变迁的几个问题》，《前沿　创新　发展——学术前沿论坛十周年纪念文集》（2001—2010），北京师范大学出版社 2011 年版。

建设者”身份的认同，充分尊重他们的权益、诉求和发展方式，极大地调动起了新时期先进生产力代表群体的积极性和创造性，有利于推动我国社会生产力大踏步发展。在我国进入全面建成小康社会的决胜阶段，也是发展的重要战略机遇期后，经济发展呈现以速度变化、结构优化、动力转换为特点的新常态。对此，中央提出供给侧结构性改革，通过去产能和培育新产能以实现新旧产能更新换代。社会生产力变革意味着生产关系随之发生变化，体现在“互联网+”时代背景下，以技术、知识、管理为资本的先进生产力代表人物逐渐代替了传统私营业主阶层群体，成为社会主义市场经济中最活跃、最具发展潜力的经济主体。2014 年 7 月，中共中央就当前经济形势和下半年经济工作召开党外人士座谈会，习近平总书记在会上发表重要讲话。他对民主党派、工商联和无党派人士提出四点希望：“一是把思想和行动统一到中共中央部署上来，正确认识我国经济发展的阶段性特征，进一步增强信心，适应新常态，共同推动经济持续健康发展。二是紧紧围绕全面深化改革和下半年经济社会运行中的重大问题，深入调查研究，讲真话、献良策、出实招。三是开展富有成效的教育引导工作，把理解改革、投身改革、支持改革、参与改革的人搞得多多的，为深化改革凝聚广泛共识、汇聚强大力量。四是把一切可以团结的力量广泛团结起来，把一切可以调动的积极因素充分调动起来，为全面深化改革、全面建成小康社会、实现中华民族伟大复兴中国梦贡献更大力量。”①中国共产党对这部分群体的经济功能、社会身份、政治地位给予充分承认和肯定，是促进我国经济社会先进生产力进一步发展的必然要求，也是社会主义本质属性的体现。从这个意义上讲，中国特色社会主义新的社会阶层理论丰富了马克思主义生产力与生产关系理论。

第三，实现了按劳分配与按要素分配相结合的分配制度。改革开放初期，邓小平提出共同富裕是社会主义的本质要求，在先富和共富的关系问题上，强调先富是实现共同富裕的手段，是在社会主义条件

① 《中共中央召开党外人士座谈会》，《人民日报》2014 年 7 月 30 日第 1 版。

下通过合法经营、勤劳致富，是社会主义按劳分配制度的具体化表现,[①] 为以后中央在收入分配领域不断突破和创新奠定了思想基础。1997 年，党的十五大报告提出：“把按劳分配和按生产要素分配结合起来，坚持效率优先、兼顾公平，有利于优化资源配置，促进经济发展，保持社会稳定。”[②] 意味着包括资金、技术、知识、管理等更广泛意义上的资本，不仅能够投入生产进行资本积累，而且得以作为主要的生产要素参与全社会分配，这极大地调动起了私营企业、三资企业及公有制经济股份制企业和股份合作企业中经营者和劳动者的积极性，增加投资效应，解决劳动力就业问题，改善经营管理，培养出一批在市场经济激烈竞争环境下善于经营的企业家队伍。[③] 因此，以“按劳分配为主体，多种分配方式并存”这一具有中国特色的收入分配理论，符合我国社会主义初级阶段的基本国情，在以“共同富裕”为目标建构新的社会阶层的实践中，实现了由“允许一部分人和地区先富起来”，“先富带动后富”到“改革成果由人民共享”的巨大飞跃，调动了包括工人、农民、知识分子、个体工商业者、私营业主在内的全民族的劳动积极性，发展和创新了马克思主义分配理论。

第四，“橄榄型”社会是现代国家社会建设和发展的主要方向。改革开放以来，中国经济维持了长达三十年的高速增长，步入了中高收入国家的行列。与此同时，2003—2013 年全国居民收入基尼系数[④]一直徘徊在高位。中共中央在“十一五”规划中提出要“着力提高低收

---

① 金民卿：《邓小平“南方谈话”的重要价值和当代思考》，《马克思主义研究》2012 年第2 期。

② 《十五大以来重要文献选编》（上），人民出版社 2000 年版，第 24 页。

③ 王致胜：《浅谈社会主义市场经济条件下的按资分配》，《邓小平理论与国有企业改革——“全国邓小平理论与国有企业改革”学术交流大会论文集》，1998 年。

④ 基尼系数（或称洛伦茨系数）是 20 世纪初意大利经济学家基尼根据洛伦茨曲线提出的衡量收入分配差异程度的一个指标，其值为 0—1。越接近 0 就表明收入分配越是趋向平等，反之，收入分配越是趋向不平等。按照国际一般标准，0.4 以上的基尼系数表示收入差距较大，当基尼系数达到 0.6 时，则表示收入悬殊。2003—2013 年我国居民收入基尼系数始终处于 0.47 以上。（李培林、张翼：《建成橄榄型分配格局问题研究》，《江苏社会科学》2014 年第 5 期。）

入者的收入水平，逐步扩大中等收入者的比重，有效调节过高收入”，这是对我国经济发展三十多年以来社会收入分配现状的积极回应，是从社会收入层面建构“两头小，中间大”的社会稳定结构形态。“新的社会阶层”作为“中等收入群体”在经济、政治、文化意义上的主体，体现了党中央不仅将其视为中国社会先进生产力的代表，同时，还从社会评价、政治地位、文化功能层面将其视为具有广泛影响力的社会中坚力量。二者实际上是从两个层面对新时期人民群众主体性的体现。因此，“提低、扩中、调高”的策略，有助于低收入阶层在安全平稳的社会条件下改善消费状况，提高他们的消费弹性，使之向中等收入阶层迈进；高收入阶层在个人所得税等一系列再分配政策调控下受到限制，缩小与其他阶层之间的收入差距。因此，社会群体上下流动，以及各行各业新的社会阶层不断涌现，中等收入群体的比重将不断扩大，形成“橄榄型分配格局”。从这个角度上讲，中国特色社会主义新的社会阶层理论的形成与发展顺应了世界文明现代化的潮流。

第五，2018 年 2 月，根据新时代坚持和发展中国特色社会主义的新形势新实践，中国共产党中央委员会关于修改《中华人民共和国宪法》部分内容的建议，将原宪法序言第十段修改为：“社会主义的建设事业必须依靠工人、农民和知识分子，团结一切可以团结的力量。在长期的革命、建设、改革过程中，已经结成由中国共产党领导的，有各民主党派和各人民团体参加的，包括全体社会主义劳动者、社会主义事业的建设者、拥护社会主义的爱国者、拥护祖国统一和致力于中华民族伟大复兴的爱国者的广泛的爱国统一战线，这个统一战线将继续巩固和发展。”① 经由历史的发展，中国共产党领导的统一战线形成了包括全体“社会主义劳动者”“社会主义事业建设者”“拥护社会主义的爱国者、拥护祖国统一和致力于中华民族伟大复兴的爱国者”三大主体的新联盟，使党领导下的统一战线获得了史无前例的发展和壮

① 《中国共产党中央委员会关于修改宪法部分内容的建议》，《人民日报》2018 年 2 月 26 日第 1 版。

大。这一典型的人民民主专政下的群众路线，是新民主主义革命时期毛泽东所创立的中国化马克思主义阶级分析理论的时代演进和重大创新。

在经济飞速发展的过程中，中国共产党通过统一战线组织，以及党领导下的政治协商制度，将形成和发展于社会主义市场经济条件下的代表着多元利益诉求的新的社会阶层广泛吸收进制度内，这些政治实践成为经济社会发展与社会结构转型过程中保障社会稳定的关键环节，也是执政党在社会历史发展的各个时期，始终能够拥有广泛的群众基础，凝聚社会共识，引领社会思潮，带领广大人民群众共同完成民族独立、国家富强、人民幸福的历史使命，永葆政治生命力和活力的根源所在。

随着改革开放持续深入，社会主义市场经济不断完善，新的社会阶层从既有社会阶层中不断分化，意味着中国特色社会主义新的社会阶层理论将在实践中不断丰富和发展。辩证地看，不断涌现的新的社会阶层代表着新的生产力发展方向，他们的发展壮大表明新产业、新业态、新商业模式下的中国经济发展势头良好。另一方面，在中国社会阶层结构剧烈变化的时期，贫富差距增大、机会平等被阻断、阶层固化[①]、阶层代际传递等问题，又反映出长期积累的社会结构性矛盾，即社会结构转型与制度不相适应的一面。可见，要最终兑现“与人民共享改革发展成果”尚需不断完善党的各项理论政策。因此，作为中国特色社会主义理论体系不可或缺的重要组成部分，中国特色社会主义新的社会阶层理论是中国共产党探索中国特色社会主义道路的重大理论创新。

① 汪晖：《再问“什么的平等”——论当代政治形式与社会形式的脱节》（上），《文化纵横》2011 年第 5 期。

参考文献

一　著作

《马克思恩格斯选集》第1—4卷，人民出版社2012年版。

《马克思恩格斯文集》第1—5卷，人民出版社2009年版。

《马克思恩格斯全集》第9卷，人民出版社2009年版。

《马克思恩格斯全集》第31卷，人民出版社1998年版。

《列宁选集》第1—4卷，人民出版社2012年版。

《列宁全集》第3卷，人民出版社1984年版。

《列宁全集》第4卷，人民出版社2013年版。

《列宁全集》第11卷，人民出版社1987年版。

《列宁全集》第13卷，人民出版社1987年版。

《列宁全集》第27卷，人民出版社1990年版。

《列宁全集》第35卷，人民出版社1985年版。

《列宁全集》第36卷，人民出版社1985年版。

《列宁全集》第39卷，人民出版社1986年版。

《列宁全集》第41卷，人民出版社1986年版。

《列宁全集》第42卷，人民出版社1987年版。

《列宁全集》第43卷，人民出版社1987年版。

《毛泽东选集》第1—4卷，人民出版社1991年版。

《毛泽东文集》第1—2卷，人民出版社1993年版。

《毛泽东文集》第3—5卷，人民出版社1996年版。

《毛泽东文集》第6—8卷，人民出版社1999年版。

《毛泽东思想年编》（1921—1975），中央文献出版社2011年版。

《毛泽东在七大的报告和讲话集》，中央文献出版社 1995 年版。
《邓小平文选》第 1—2 卷，人民出版社 1994 年版。
《邓小平文选》第 3 卷，人民出版社 1993 年版。
《邓小平文集》（1949—1974）（上、中、下），中央文献出版社 2011 年版。
《邓小平思想年编》（1975—1997），中央文献出版社 2011 年版。
《陈云文选》第 1—3 卷，人民出版社 1995 年版。
《彭真文选》（1941—1990），人民出版社 1991 年版。
《胡耀邦文选》，人民出版社 2015 年版。
《江泽民文选》第 1—3 卷，人民出版社 2006 年版。
江泽民：《论科学技术》，中央文献出版社 2001 年版。
《江泽民思想年编》（1989—2008），中央文献出版社 2010 年版。
《胡锦涛文选》第 1—3 卷，人民出版社 2016 年版。
《习近平谈治国理政》，外文出版社 2014 年版。
习近平：《在省部级主要领导干部学习贯彻党的十八届五中全会精神专题研讨班上的讲话》，人民出版社 2016 年版。
《习近平总书记系列重要讲话读本》（2016 年版），学习出版社、人民出版社 2016 年版。
《三中全会以来重要文献选编》（上、下），中央文献出版社 2011 年版。
《三中全会以来重要文献选编》（上、下），人民出版社 1982 年版。
《十二大以来重要文献选编》（上、中），人民出版社 1986 年版。
《十二大以来重要文献选编》（下），人民出版社 1988 年版。
《十三大以来重要文献选编》（上、中），人民出版社 1991 年版。
《十三大以来重要文献选编》（下），人民出版社 1993 年版。
《十四大以来重要文献选编》（上），人民出版社 1996 年版。
《十四大以来重要文献选编》（中），人民出版社 1997 年版。
《十四大以来重要文献选编》（下），人民出版社 1999 年版。
《十五大以来重要文献选编》（上），人民出版社 2000 年版。

《十五大以来重要文献选编》（中），人民出版社 2001 年版。
《十五大以来重要文献选编》（下），人民出版社 2003 年版。
《十六大以来重要文献选编》（上），中央文献出版社 2005 年版。
《十六大以来重要文献选编》（中），中央文献出版社 2006 年版。
《十六大以来重要文献选编》（下），中央文献出版社 2008 年版。
《十七大以来重要文献选编》（上），中央文献出版社 2009 年版。
《十七大以来重要文献选编》（中），中央文献出版社 2011 年版。
《十七大以来重要文献选编》（下），中央文献出版社 2013 年版。
《十八大以来重要文献选编》（上），中央文献出版社 2014 年版。
《十八大以来重要文献选编》（中），中央文献出版社 2016 年版。
《中国共产党第十九次全国代表大会文件汇编》，人民出版社 2017 年版。
《党的十九大报告辅导读本》，人民出版社 2017 年版。
《建国以来重要文献选编》第 8 册，中央文献出版社 1994 年版。
《不忘初心：坚守中国共产党人的精神家园》，人民出版社 2016 年版。
陈锡文、赵阳、罗丹：《中国农村改革 30 年回顾与展望》，人民出版社 2008 年版。
《当代中国的统一战线》（下），当代中国出版社 1996 年版。
冯俊：《执政的生命线——党的群众路线群众工作研究》，人民出版社 2014 年版。
高尚全主编，成思危等著：《改革是中国最大的红利》，人民出版社 2013 年版。
国务院法制局编：《中华人民共和国现行法规汇编：1949—1985》（财贸卷），人民出版社 1987 年版。
《国务院关于解决农民工问题的若干意见》，人民出版社 2006 年版。
侯惠勤、范希春：《十八届三中全会精神十八讲》，人民出版社 2014 年版。
胡鞍钢、鄢一龙：《中国国情与发展》，中国人民大学出版社 2016 年版。

胡鞍钢：《中国政治经济史论》（1949—1976），清华大学出版社 2008 年版。

胡绳：《什么是社会主义，如何建设社会主义？——学习〈邓小平文选〉第三卷》，人民出版社 1994 年版。

金冲及：《毛泽东传》（1893—1949），中央文献出版社 2004 年版。

《中国共产党历史》第 1—2 卷（上、下），中共党史出版社 2011 年版。

金钊：《十三届四中全会以来的执政党建设》，人民出版社 2006 年版。

李春玲：《比较视野下的中产阶级形成——过程、影响以及社会经济后果》，社会科学文献出版社 2009 年版。

李培林：《社会冲突与阶级意识》，社会科学文献出版社 2009 年版。

李青：《中国共产党对资本主义和非公有制经济的认识与政策》，中共党史出版社 2004 年版。

李太淼：《中国特色社会主义经济制度论》，人民出版社 2009 年版。

李拓：《和谐与冲突——新时期中国阶级阶层结构问题研究》，中国财经经济出版社 2002 年版。

《廖承志文集》（下），人民出版社 1990 年版。

凌志军：《变化：1990——2002 年中国实录》，人民日报出版社 2011 年版。

刘鸿儒、王佩真：《中国改革全书：1978—1991》（财政体制改革卷），大连出版社 1992 年版。

陆学艺：《当代中国社会建设》，社会科学文献出版社 2013 年版。

陆学艺：《当代中国社会阶层研究报告》，社会科学文献出版社 2002 年版。

陆学艺：《当代中国社会结构》，社会科学文献出版社 2010 年版。

陆学艺：《三十年来中国社会结构变迁的几个问题》，《前沿 创新 发展——学术前沿论坛十周年纪念文集》（2001—2010），北京师范大学出版社 2011 年版。

吕途：《中国新工人：迷失与崛起》，法律出版社 2013 年版。

吕途：《中国新工人：文化与命运》，法律出版社 2015 年版。

马洪、王怀超：《中国改革全书：1978—1991》（总论卷），大连出版社 1992 年版。

逄先知、金冲及：《毛泽东传》（1949—1976）（上），中央文献出版社 2003 年版。

人民日报海外版“学习小组”编著：《平天下：中国古典治理智慧》，人民出版社 2015 年版。

人民日报海外版“学习小组”：《学习关键词》，人民出版社 2016 年版。

苏志宏：《马克思主义大众化的公民认同研究》，中国社会科学出版社 2017 年版。

汤应武：《改革开放 30 年重大决策纪实》，中共中央党校出版社 2008 年版。

陶鲁笳：《毛主席教我们当省委书记》，中央文献出版社 1996 年版。

王东：《改革之路的真正源头》，北京大学出版社 1990 年版。

王开玉、方金友：《中国中等收入者研究》，社会科学文献出版社 2006 年版。

王伟光：《“三个代表”重要思想研究》，人民出版社 2002 年版。

温铁军等：《八次危机：中国的真实经验 1949—2009》，东方出版社 2013 年版。

阎小骏：《中国何以稳定：来自田野的观察与思考》，香港：三联书店（香港）有限公司 2017 年版。

杨光斌：《政治变迁中的国家与制度》，中央编译出版社 2011 年版。

杨光斌：《制度变迁与国家治理：中国政治发展研究》，人民出版社 2006 年版。

杨先农：《毛泽东思想的当代价值与中国特色社会主义道路的拓展研究》，四川人民出版社 2015 年版。

《永葆清正廉洁的政治本色》，党建读物出版社、人民出版社 2015 年版。

张启华、张树军：《中国共产党的思想理论发展史》（下），人民出版社 2011 年版。
张云飞等：《为了人民的幸福和尊严——中国特色社会主义社会建设的理论与实践》，人民出版社 2015 年版。
《〈中共中央关于构建社会主义和谐社会若干重大问题的决定〉辅本导读》，人民出版社 2006 年版。
《中共中央国务院关于“三农”工作的十个一号文件》，人民出版社 2008 年版。
《中国共产党历史》（上），人民出版社 1991 年版。
《中国统一战线史》（社会主义时期），中国文史出版社 1993 年版。
周仁宏：《中国信息化进程》（下），人民出版社 2009 年版。
周晓虹：《中国中产阶层调查》，社会科学文献出版社 2005 年版。
朱云汉：《高思在云：中国兴起与全球秩序重组》，中国人民大学出版社 2015 年版。
［德］盖奥尔格·西美尔：《社会学——关于社会化形式的研究》，林荣远译，华夏出版社 2002 年版。
［法］托克维尔：《论美国的民主》，董果良译，商务印书馆 2017 年版。
［美］C. 赖特·米尔斯：《白领——美国的中产阶级》，杨小东译，浙江人民出版社 1987 年版。
［美］赖特：《后工业社会中的阶级：阶级分析的比较研究》，陈心想、皮小林、杨玉明、陈阳译，辽宁教育出版社 2004 年版。
［美］李成编著：《“中产”中国：超越经济转型的新兴中国中产阶级》，许效礼、王祥钢译，上海译文出版社 2013 年版。
［美］曼纽尔·卡斯特：《认同的力量》，曹荣湘译，社会科学文献出版社 2006 年版。
［美］塞缪尔·P·亨廷顿：《变化社会中的政治秩序》，王冠华等译，生活·读书·新知三联书店 1989 年版。
［美］西莫·马丁·李普赛特：《政治人——政治的社会基础》，张绍宗译，上海人民出版社 2011 年版。

[美] 约翰·罗尔斯：《正义论》，何怀宏、何包钢、廖申白译，中国社会科学出版社 1988 年版。

二 学术论文与学位论文

鲍宗豪：《论马克思主义的社会需求理论》，《马克思主义研究》2008 年第 9 期。

边艳、周春山、张国俊：《西方国家中产阶级研究进展及对中国的启示》，《地理科学进展》2015 年第 4 期。

陈柏峰：《中国农村的市场化发展与中间阶层：赣南车头镇调查》，《开放时代》2012 年第 3 期。

陈东冬：《我国中产阶级研究的现状、意义及需要拓展的几个问题》，《湖北经济学院学报》2004 年第 4 期。

陈雯、何雨：《新社会阶层政治参与研究——基于江苏的调查数据》，《甘肃行政学院学报》2009 年第 3 期。

陈兴国：《新社会阶层人士发展现状与团结引导机制的构建——基于问卷调查的样本分析》，《内蒙古统战理论研究》2017 年第 6 期。

陈燕红：《新社会阶层政治参与存在的问题及对策分析》，《学术月刊》2008 年第 14 期。

陈跃、何玲玲：《马克思主义阶级分析方法的理论与现实思考》，《西南大学学报》（社会科学版）2011 年第 3 期。

陈跃、熊洁、何玲玲：《关于马克思主义阶级分析方法理论与现实的研究报告》，《马克思主义研究》2011 年第 9 期。

陈宗胜、高玉伟：《论我国居民收入分配格局变动及橄榄形格局的实现条件》，《经济学家》2015 年第 1 期。

仇立平：《回到马克思：对中国社会分层研究的反思》，《社会》2006 年第 4 期。

董树：《邓小平对社会主义基本矛盾分析的新贡献》，《陕西师范大学学报》（哲学社会科学版）1998 年第 S2 期。

杜雪：《论客观中产阶层的主观阶层认同》，《学理论》2012 年第

11 期。

范圆圆、赵丽琴:《我国中产阶层的主观认同研究述评》,《黑河学刊》2014 年第 1 期。

冯仕政:《重返阶级分析?——论中国社会不平等研究的范式转换》,《社会学研究》2008 年第 5 期。

傅永军:《哈贝马斯“合法性危机论”评析》,《马克思主义研究》1999 年第 4 期。

高石磊:《马克思主义共同体思想意蕴研究》,《求实》2015 年第 6 期。

龚志宏:《扩大中等收入者比重与构建和谐社会》,《河南师范大学学报》(哲学社会科学版)2007 年第 3 期。

关晓丽:《从阶级分析到阶层分析是历史与现实的选择》,《科学社会主义》2004 年第 6 期。

桂勇、李经纬、唐鑫:《如何认识中国中间群体与底层群体——复旦大学博士生导师桂勇教授访谈》,《社会科学家》2013 年第 5 期。

郭春生:《阶级分析与阶层分析:〈共产党宣言〉的历史价值和当代价值》,《中国特色社会主义研究》2009 年第 6 期。

郭元晞:《有计划商品经济条件下的个人消费品分配》,《中国社会科学》1986 年第 5 期。

韩步江:《毛泽东阶级分析法理论的回顾与反思》,《湖南科技大学学报》(社会科学版)2006 年第 9 期。

韩国明、王凯曦:《从权威政治到农民合作社参与的民主政治》,《华南农业大学学报》(社会科学版)2015 年第 3 期。

何包钢、陈承新:《中国协商民主制度》,《浙江大学学报》(人文社会科学版)2005 年第 3 期。

贺雪峰:《农民的分化与土地利益分配问题》,《法学论坛》2010 年第 6 期。

胡利亚:《对西方中产阶级观的一点疑问》,《当代世界与社会主义》1997 年第 3 期。

胡联合、胡鞍钢:《中产阶层:“稳定器”还是相反或其他——西方关于中产阶层社会政治功能的研究综述及其启示》，《政治学研究》2008 年第 2 期。

胡联合：《政治学最高法则下的中产阶层稳定器建构战略——兼与张翼先生商榷》，《社会科学》2009 年第 1 期。

胡绳：《毛泽东新民主主义论再评价》，《中国社会科学》1999 年第 3 期。

黄凤：《浙江村官有三成是富人》，《乡镇论坛》2005 年第 5 期。

黄仕军：《从毛泽东到邓小平：社会主义社会基本矛盾的提出与解决》，《山东科技大学学报》（社会科学版）2000 年第 4 期。

黄宗智等：《中国非正规经济》（上），《开放时代》2011 年第 1 期。

黄宗智：《重新认识中国劳动人民——劳动法规的历史演变与当前的非正规经济》，《开放时代》2013 年第 5 期。

姜辉：《论当代资本主义的阶级问题》，《中国社会科学》2011 年第 4 期。

金民卿：《邓小平"南方谈话"的重要价值和当代思考》，《马克思主义研究》2012 年第 2 期。

兰夕雨：《中国共产党阶级划分词语之变迁——基于对土地革命和改革的主要法规和文件的文本考察》，《中共党史研究》2012 年第 9 期。

雷云：《再论完整准确理解社会主义本质论——评对邓小平社会主义本质论的若干歧义和误读》，《科学社会主义》2015 年第 3 期。

李崇富：《必须坚持和正确运用马克思主义的阶级观点和阶级分析方法——访中国社会科学院学部委员李崇富》，《马克思主义研究》2008 年第 1 期。

李春玲：《如何定义中国中产阶级：划分中国中产阶级的三个标准》，《学海》2013 年第 3 期。

李春玲：《中国当代中产阶层的构成及比例》，《中国人口科学》2003 年第 6 期。

李风华：《阶级分析与中国马克思主义政治哲学的进路》，《马克思主义研究》2016 年第 2 期。

李路路、陈建伟、秦广强：《当代社会学中的阶级分析：理论视角和分析范式》，《社会》2012 年第 5 期。

李培林：《社会学视野中的中等收入阶层》，《湖南师范大学社会科学学报》2003 年第 4 期。

李培林、张翼：《中国中产阶级的规模、认同和社会态度》，《社会》2008 年第 2 期。

李蓬：《新社会阶层统战工作载体的创新》，《中央社会主义学院学报》2009 年第 5 期。

李强：《关于中产阶级和中间阶层》，《中国人民大学学报》2001 年第 2 期。

李强：《中国中等收入阶层的构成》，《湖南师范大学社会科学学报》2003 年第 4 期。

李雅兴、韩贤胜：《新民主主义革命时期毛泽东文化领导权思想》，《井冈山大学学报》（社会科学版）2014 年第 2 期。

李永进：《新民主主义论》与中国革命话语体系的建构》，《社会主义研究》2014 年第 3 期。

李正东：《论中国中产阶层的社会现代化功能》，《南京社会科学》2002 年第 10 期。

李正东：《论中国中产阶层的社会整合功能》，《学术论坛》2001 年第 1 期。

廉思、冯丹、芦垚：《当前我国新社会阶层的特征分析、杠杆作用以及工作思考——关于新社会阶层的调研报告》，《中国青年研究》2016 年第 11 期。

梁冠立、熊健益、王艳云：《我国中等收入群体测度方法研究文献评述》，《时代金融》2014 年第 3 期。

林其屏：《中国中间阶层的系统考察》，《社会科学论坛》2001 年第 8 期。

刘保国：《阶级观点和阶级分析方法的当代意义》，《马克思主义研究》2009 年第 8 期。

刘长江：《“中产阶级”研究：疑问与探源》，《社会》2006 年第 4 期。
刘芳：《用社会主义核心价值体系引领意识形态建设的战略思考》，《社会科学》2008 年第 9 期。
刘剑：《阶级分析在中国的式微与回归》，《社会学》2012 年第 9 期。
刘庆东、韩宏亮：《加强新社会阶层整合的对策思考》，《当代世界与社会主义》2010 年第 3 期。
陆梅：《中产阶级的概念及理论回顾》，《南通大学学报》（社会科学版）1998 年第 3 期。
陆学艺：《当代中国社会阶层的分化与流动》，《江苏社会科学》2004 年第 4 期。
陆学艺：《中国社会阶级阶层结构变迁 60 年》，《中国人口·资源与环境》2010 年第 7 期。
马文彪：《对非公有制经济人士入党有关问题的几点思考》，《青海学刊》2002 年第 1 期。
马艳：《宁夏新社会阶层发展现状的量化分析与引导——基于宁夏回族自治区的问卷调查》，《湖北省社会主义学院学报》2016 年第 6 期。
潘其胜：《透视富豪村官现象》，《领导之友》2006 年第 3 期。
彭恒军：《一种将阶级分析和阶层分析结合起来的努力——赖特的阶级理论及其价值》，《学术论坛》2007 年第 2 期。
彭五堂：《“国家资本主义”概念辨析》，《河北经贸大学学报》2014 年第 3 期。
商孝才：《坚持马克思主义阶级分析方法与依法治国》，《马克思主义研究》2015 年第 2 期。
石仲泉：《我观邓小平六论》，《上海党史与党建》2014 年第 6 期。
史为磊：《中产阶级理论探源及其在中国的发展变迁》，《兵团党校学报》2012 年第 5 期。
孙应帅：《马克思主义的阶级阶层理论及其新变化》，《观察与思考》2015 年第 2 期。
谭元敏：《论对新社会阶层认识的误区》，《社科纵横》2009 年第 2 期。

唐辉、张俭松：《对马克思主义阶级分析方法“过时论”的批判性思考》，《马克思主义研究》2016 年第 4 期。

唐洲雁：《邓小平理论对毛泽东思想的继承和发展研究述评（2004—2014）》，《党的文献》2014 年第 3 期。

汪晖：《两种新穷人及其未来——阶级政治的衰落、在形成与新穷人的尊严政治》，《开放时代》2014 年第 6 期。

汪晖：《再问“什么的平等”——论当代政治形式与社会形式的脱节》（上），《文化纵横》2011 年第 5 期。

王斌、黎明艳、郭玉婷：《我国马克思主义阶级分析方法研究评述》，《西南大学学报》（社会科学版）2011 年第 3 期。

王丹：《毛泽东阶级分析法与阶层分析法的思考》，《求索》2013 年第 12 期。

王海霞、刘华南、宗亚飞：《扩大农村中等收入者是提高中等收入者比重的关键》，《生产力研究》2014 年第 7 期。

王建平、马林芳：《新社会阶层的构成、特征及其政治参与》，《学术交流》2009 年第 5 期。

王建平：《中产阶级研究：理论视角及其局限》，《天府新论》2004 年第 3 期。

王锦丽：《论新社会阶层的特征及作用》，《法制与社会》2009 年第 30 期。

王克忠：《试论存在商品货币关系条件下的按劳分配》，《社会科学》1983 年第 6 期。

王四炯：《改革开放以来我国新社会阶层的现状及发展趋势》，《沈阳大学学报》2009 年第 6 期。

王永年：《马克思的“中间阶层”理论及其在我国社会主义市场经济条件下的意义》，《当代经济研究》2004 年第 10 期。

王玉栋：《“80 后”知识精英的社会政治态度——基于对 6 所 985 高校在校生和毕业生的对比分析》，《黑龙江社会科学》2013 年第 1 期。

王远启：《新社会阶层政治参与障碍试析》，《河北省社会主义学院学报》2008年第3期。
魏志奇：《现代化视域下“发展成果更多更公平惠及全体人民”的三个维度》，《延安大学学报》（社会科学版）2015年第4期。
温静：《中国社会中间阶层的发展和问题》，《社会》2003年第7期。
文道贵、陈志宇：《新社会阶层的政治参与及执政党的政策引导》，《社会主义研究》2005年第6期。
邬思源：《对马克思主义阶级阶层理论的再认识》，《岭南学刊》2005年第3期。
巫文强：《人民是经济发展的基础也是经济发展的目的——兼谈坚持以人民为中心的中国特色社会主义政治经济学学理》，《改革与战略》2016年第10期。
吴青荣：《中国梦视域下中等收入者群体扩容之路》，《云南财经大学学报》2014年第6期。
吴青荣：《中国梦视阈下中等收入群体扩容之路》，《云南财经大学学报》2014年第6期。
吴玉军：《现代性语境下的群体身份问题——对查尔斯·泰勒承认政治的一种考察》，《同济大学学报》（社会科学版）2012年第3期。
吴玉敏：《全球化背景下中国社会阶级分析与阶层分析辨析》，《社会主义研究》2009年第4期。
武三中：《中国新社会阶层产生的社会根源》，《广州社会主义学院院报》2004年第4期。
萧功秦：《当代中国社会的中产阶级与知识分子》，《金融博览》2014年第2期。
萧功秦：《改革开放以来意识形态创新的历史考察》，《天津社会科学》2006年第7期。
萧诗美、蒋贤明：《论毛泽东的阶级分析方法——马克思主义中国化的第一步》，《东岳论丛》2012年第8期。
谢小芹、简小鹰：《阶层重塑：土地流转对社会阶层的影响》，《华南农业大学学报》（社会科学版）2014年第1期。

徐行、薛琳琳：《当代中国社会结构研究中的阶层分析与阶级分析》，《江汉大学学报》（社会科学版）2009 年第 3 期。

徐行、薛琳琳：《阶级与阶层两种分析方法的比较研究》，《甘肃理论学刊》2009 年第 3 期。

薛秀军、杨楹：《邓小平社会主义本质论的人本取向》，《科学社会主义》2004 年第 48 期。

杨承训：《中国特色社会主义基本分配制度与新民生观》，《毛泽东邓小平理论研究》2016 年第 7 期。

杨华：《“中农”阶层：当前农村社会的中间阶层——“中国隐性农业革命”的社会学命题》，《开放时代》2012 年第 3 期。

杨君武：《新社会阶层统战工作现存问题及其对策初探——以湖南省为例》，《湖北省社会主义学院学报》2016 年第 6 期。

杨胜群：《毛泽东新民主主义理论与中国社会主义现代化》，《新湘评论》2014 年第 2 期。

杨亚利、李景华：《培育中国社会中等收入阶层成长问题研究》，《理论导刊》2012 年第 9 期。

雍涛：《从新民主主义到中国特色社会主义——新民主主义理论的历史命运及其现实启示》，《重庆邮电大学学报》2009 年第 1 期。

俞可平：《当代西方政治哲学的流变：从新个人主义到新集体主义》，《社会科学战线》1998 年第 5 期。

俞良早：《社会主义史上“利用资本主义促进社会主义”的第一篇文献——研读列宁〈论粮食税〉》，《扬州大学学报》（人文社会科学版）2014 年第 2 期。

张海东、陈群民、李显波：《上海新社会阶层人士调查报告》，《科学发展》2017 年第 3 期。

张浩：《人民群众是实现中国梦的中坚力量》，《前进》2013 年第 6 期。

张继焦：《中国阶层结构由刚性向弹性的转型》，《吉首大学学报》1997 年第 1 期。

张萍芬：《关于韦伯的科层制理论》，《河北理工大学学报》（社会科学版）2011 年第 6 期。
张瑞兰：《革命的话语结构：中国共产党新民主主义理论表达的基本方式》，《上海党史与党建》2014 年第 5 期。
张若云：《从协商民主制度的提出看中共意识形态转型》，《成都师范学院学报》2013 年第 12 期。
张宛丽：《对现阶段中国中间阶层的初步研究》，《江苏社会科学》2002 年第 4 期。
张惟英：《中国“社会中间人群”的特点与社会稳定》，《理论前沿》2002 年第 23 期。
张翼：《户籍改革释放制度红利》，《决策探索》（下半月）2014 年第 8 期。
张翼：《中国人社会地位的获得——阶级继承和代内流动》，《社会学研究》2004 年第 4 期。
张滢：《论扩大中产阶层与和谐社会构建》，《消费导刊》2007 年第 4 期。
张兆本：《“中国特色社会主义事业的建设者”——新社会阶层社会角色的科学定位》，《理论前沿》2001 年第 24 期。
赵林、林美卿：《赖特与马克思的“中间阶级”理论比较》，《重庆交通大学学报》（社会科学版）2013 年第 2 期。
赵喜顺：《近年来理论界对我国中产阶级研究概述》，《天府新论》2003 年第 2 期。
郑琦：《发挥社团纽带作用，《做好新社会阶层的统战工作》，《毛泽东邓小平理论研究》2007 年第 4 期。
郑曙村、郭永奎：《当前我国新社会阶层的政治需求及其引导》，《当代世界与社会主义》2008 年第 1 期。
钟华祥、徐琴玉：《需求是马克思价值理论的生产内因》，《经济研究导刊》2012 年第 2 期。
周杰成：《阶级划分与阶层划分是马克思主义的起点——兼论西方中间阶层的概念和特征》，《上海社会科学院学术季刊》1992 年第 1 期。

周平远：《新民主主义理论创新论》，《湖南社会科学》2014 年第 1 期。

周为民、陆宁：《按劳分配与按要素分配——从马克思的逻辑来看》，《中国社会科学》2002 年第 4 期。

周晓虹：《中产阶级：何以可能与何以可为？》，《江苏社会科学》2002 年第 6 期。

周晓虹：《中国中产阶级：现实抑或幻象》，《天津社会科学》2006 年第 2 期。

周新城：《研究分配问题必须从生产资料所有制出发——研究分配问题的一个方法论原则》，《当代经济研究》2018 年第 1 期。

邓向辉：《当代中国新社会阶层及其统一战线工作》，博士学位论文，南京航空航天大学，2006 年。

管前程：《新社会阶层政治参与研究》，博士学位论文，中共中央党校研究生院，2009 年。

梁焱：《中共对我国新社会阶层的政策变迁研究》，硕士学位论文，陕西师范大学，2014 年。

刘丽峰：《协商民主视域下的新社会阶层统战工作研究》，博士学位论文，河北工业大学，2013 年。

史为磊：《社会主义和谐视野下我国中等收入阶层研究》，博士学位论文，中共中央党校研究生院，2014 年。

宋华忠：《新社会阶层的兴起与中国共产党领导权实现路径》，博士学位论文，中共中央党校研究生院，2013 年。

易蓓：《新社会阶层网络舆情分析与引导机制研究》，硕士学位论文，湖南农业大学，2012 年。

三　报纸、电子阅览资料

文凌云：《不断增强人民的获得感幸福感安全感》，《光明日报》2017 年 11 月 4 日第 2 版。

《习近平在布鲁日欧洲学院的演讲》，《人民日报》2014 年 4 月 2 日第 2 版。

叶晓楠：《中国新社会阶层引起关注》，《人民日报》（海外版）2007 年 2 月 13 日第 1 版。

《中共中央召开党外人士座谈会　习近平主持并发表重要讲话》《人民日报》2014 年 7 月 30 日第 1 版。

《中国共产党中央委员会关于修改宪法部分内容的建议》，《人民日报》2018 年 2 月 26 日第 2 版。

《官方解读中国“新社会阶层”人士》，中国新闻网，http://www.chinanews.com/gn/2015/08－04/7447147.shtml，2015 年 8 月 4 日。

《国家统计局局长就 2016 年全年国民经济运行情况答记者问》，国家统计局官网，http://www.stats.gov.cn/tjsj/sjjd/201701/t20170120_ 1456268.html，2017 年 1 月 20 日。

黄金雄：《激发新社会阶层的正能量》，人民网，http://opinion.people.com.cn/n1/2017/0830/c1003－29502571.html，2017 年 8 月 30 日。

《就业形势持续向好　民生之本亮点纷呈——党的十八大以来经济社会发展成就系列之十一》，中国信息报，http://www.zgxxb.com.cn/jqtt/201707240005.shtml，2017 年 7 月 24 日。

《科技历程》，中华人民共和国科学技术部，http: www.most.gov.cn/kjfz/kjlc，2017 年 1 月 3 日。

廉维亮：《中央统战部成立社会阶层人士工作局》，人民政协网，http://www.rmzxb.com.cn/c/2016－07－06/903445.shtml，2016 年 7 月 6 日。

刘杰：《如何定义“新社会阶层”》，人民网，http://theory.people.com.cn/GB/49154/49156/5674454.html，2007 年 4 月 27 日。

沙雪良：《统战部 11 年后再设新局　负责新社会阶层人士工作》，新浪网，http://news.sina.com.cn/o/2016－07－05/doc-ifxtrwtu9870823.shtml，2016 年 7 月 5 日。

《世界最富 85 人拥有财富相当于全球 35 亿人资产总和》，人民网，http://world.people.com.cn/n/2014/0121/c1002－24181177.html，2014 年 1 月 21 日。

田芬：《小微企业发展状况研究》，国家统计局官网，http://www.stats.

gov. cn/tjzs/tjsj/tjcb/dysj/201509/t20150921_ 124 7703. html，2015 年 9 月 21 日。

西南财经大学中国家庭金融调查与研究中心：《2014 中国财富的分布及高净值家庭财富报告》，百度，https://wenku. baidu. com/view/b300c391 c1c708a1284a44a9. html，2014 年 1 月。

谢志强：《新社会阶层进十七大的重要意义》，人民网，http://theory. people. com. cn/GB/40764/105054/105055/7323761. html，2008 年 5 月 30 日。

《中共中央召开党外人士座谈会　习近平主持并发表重要讲话》，中国共产党新闻网，http://cpc. people. com. cn/n/2015/1031/c64 094 - 27760713. html，2015 年 10 月 31 日。

《中央统战会议召开　习近平新提重点团结三类人》，中国日报网，http://www. chinadaily. com. cn/interface/toutiao/1138561/2015 - 5 - 21/cd_ 20783437. html，2015 年 5 月 21 日。

四　外文文献

Louis Althusser，*On Ideology*，London：Verso，2008.

Terry Eagleton，*Ideology*：*An Introduction*，London：Verso，2005.

Antonio Gramsci，*Selections from Prison Notebooks*，New York：International Publishers，1951.

Francis Fukuyama，*State-Building*：*Governance and World Order in the* 21st *Century*，Cornell University Press，2004.

后　记

本书根据我的博士学位论文修缮而成，对核心议题的研究时间跨度为1978年至2018年，故对近两年党的相关思想论述涉及较少，挂一漏万之处实属遗憾，希冀能以此为新的起点，沿着核心思想议程继续丰富充实理论内容，以备形成中长期研究成果。

撰写书稿的过程虽艰难曲折，但收获颇丰。经历过彻夜难眠，推翻重来，也体会过心流产生时的思想脉冲，那种忘记时间流逝专注于一事的状态在工作以来甚少再体会到。

时隔两年，复又拾起之际却发现理论再次跑在了实践身后。随着数字经济时代的到来，数据资本主导下的全球社会经济发展模式不可与过去同日而语，由互联网、交通物流、仓储三大要素为核心的零边际成本社会业已形成。党和政府大力倡导“互联网+”金融、医疗、文化、政务服务等产业行业全面数字化转型升级，意味着本就动态变化着的新的社会阶层内涵更加丰富了，更多社会职业、身份与互联网大数据产生关联。更重要的是，当数据成为最基本的劳动对象，数字机器则是最具时代性的劳动资料，与之相对应的是与这些生产资料深刻联系的劳动者——那些在线购物、浏览广告、点赞、评论、转发的网络用户群体，他们被称为“数字劳工”。其线上行为与数据资本交互作为一种无意识参与数据生产消费的活动创造了难以估量的经济价值，这一过程被称为“数字劳动”，成为媒介创造资本的生产力，构建了崭新的数字资本价值体系。

这些全新的实践发展和理论动态是近两年我所关注的焦点，也由此引发了我对“新的社会阶层理论”的进一步思考。当前，我们对新的社会阶层的认识主要集中于阶层分野、社会稳定、制度认同层面，鲜少将之置于马克思主义生产力理论视域中进行考察，而新的生产力发展方向既已转向，与之相适应并不断作出调整的生产关系是把握今天中国社会经济发展的重要靶向。新的社会阶层作为40年来我国社会经济发展的先进生产力代表，仍在跟随时代的发展进步、科技的突飞猛进而日新月异，从中生长出了更丰富的有生力量。这也意味着必须进入新的研究阶段，如同马克思研究资本主义生产方式一样，深刻考量当下社会历史现实条件，深入中国社会经济根源从生产力与生产关系辩证互动层面进一步理解和看待马克思主义政治经济学的中国化发展中的一般概念和范畴。

值此出版之际，我想向诸多师长亲友表达由衷的感激之意！衷心感谢我的导师苏志宏先生倾囊相授其治学方法，使我的理论基础得以扎实丰厚，学术视野日益开阔，学术思维敏锐灵活，引导我找到学术研究兴趣点。正是严格的科班训练，为我从事马克思主义理论研究工作打下了坚实的基础。现在，我已站在思想政治理论课第一线，在教学过程中逐渐明白了老师的苦心孤诣。无不惭愧的是，老师的教诲言犹在耳，而我却没有坚持不懈地在学术之路上披荆斩棘，近两年缺乏足够的理论成果做支撑，深以为憾，只愿以后不断改善进取。读博期间，师母郝丹立在生活上对我关怀备至，时常嘱咐我学习之余也要注意身体，坚持锻炼，这般感情也早已胜似母女。二老一个严肃一个活泼，却都以他们最独特的方式温暖了我枯燥的博士生活。

衷心感谢西南交通大学马克思主义学院诸位老师在我读博期间为我授业解惑，以及在论文撰写过程中给予我无私的指导与帮助！由衷感谢何云庵老师全程参与我博士论文的开题、中期答辩、毕业答辩，对论文提出了许多建设性意见，使我深刻感受到作为一名新时代知识分子所负有的历史责任感和社会担当。

诚挚感谢郑永廷教授作为我博士学位论文开题答辩委员会主席，为博士论文写作方向把脉，使我得以在理论建构之初打下坚实根基。

感谢清华大学刘书林教授参与我的博士论文预答辩，既充分肯定研究的前沿性和创新性，又提出了中肯具体的修改意见，鼓励我继续沿着这一问题深耕。

2018 年 7 月，我进入电子科技大学马克思主义学院工作，在这个温暖的新集体中得到众多领导同仁的关怀和帮助，尤其是在我伤病期间，学院对我关怀备至，这份情谊令我铭记于心。正是学院领导的大力支持和帮助，本书得以获得学术专著出版资助，极大推动了本书的出版进程。希望自己不负学院期望，结出更丰硕的学术研究成果。

与 2014 级马列博士班全体同学同窗 4 年的美好时光将是我人生中最难忘、最宝贵的回忆。不要忘记，我们永远是马克思主义理论的“博斗士”。感谢余卉，与我组成“学习搭档”，在论文撰写过程中相互监督，共同探讨，也分享生活中的烦恼和欢乐，与其结下的深厚友谊是我博士生涯的意外惊喜。还有那些在我科研成长生涯中帮助过我的同门师兄：赵小波、何毅、董波、汪铮。对你们的感激之情不胜言表。

最后，感谢我的家人！“谁言寸草心，报得三春晖”，自幼父母为我营造了轻松快乐的成长环境，我因而能心无旁骛地念书，无忧无虑地长大。如今已是而立之年，虽越来越能体会为人父母的不易，但依旧无法尽数报答，在此由衷地感谢你们多年来的辛苦付出和全力支持！感谢我的丈夫柳臣中，作为人民解放军的一员，常年戍守边疆，你的敬业精神和理想抱负使我深感这个世界上还有人在坚守使命，人活一世要充满热血和情怀，对于我们来说，最长情的告白也许不是陪伴，而是守望。家人的理解和支持是我努力完成学业的强大动力！

谨以此著献给你们！

张若云

2020 年秋于成都